경제학 진작 배울걸 그랬네

경제학 진작 배울걸 그랬네

초판 1쇄 인쇄 2019년 9월 20일
초판 1쇄 발행 2019년 9월 27일

지은이 장위치엔
옮긴이 정우석
펴낸이 고정호
펴낸곳 베이직북스

주소 서울시 마포구 양화로 156,1508호(동교동 LG팰리스)
전화 02) 2678-0455
팩스 02) 2678-0454
이메일 basicbooks1@hanmail.net
홈페이지 www.basicbooks.co.kr

출판등록 제 2007-000241호
ISBN 979-11-6340-030-1

* 가격은 뒤표지에 있습니다.
* 잘못된 책이나 파본은 교환하여 드립니다.

경제학적 통찰의 힘을 길러주는 초단기 일주일 경제학 여행

경제학
진작
배울걸
그랬네

장위치엔 지음 | 정우석 옮김

베이직북스

1주일 1학과, 광범위한 분야의 흐름을 한번에 정리
세 시간 만에 경제학을 독파한다? 말도 안 된다. 한 달
은 또 너무 길다. '1주일 1학과' 학습을 목표로 독자에
게 1주일 분량의 학습내용을 제시했다. 요일별로 '입
문', '기원과 발전', '주요 인물과 이론', '경제학의 갈래',
'경제학으로 세계 바라보기', '경제학 실천하기'를 접할
수 있다. 1주일 만에 경제학의 요점을 한눈에 파악할
수 있을 것이다.

일목요연한 경제학의 역사, 유명한 경제학자와 경제학이론
체계적인 경제학 학습이 가능하도록 구성했다. 우선
경제학의 기원과 발전사를 이해한 다음 경제학자와
그들의 이론을 배우고 마지막으로 경제학에서 뻗어
나온 학과들을 익히게 된다. 여러 방면에서 경제학을
다루었지만 주입식 내용 전달이 결코 아니다.

시공간을 초월하여 지식의 틀 깨뜨리기
개방적인 수업 과정을 바탕으로 자기주도 학습이 가
능하다. 독자들은 자신의 능력에 맞게 학습 내용을 선
택하여 틈틈이 가벼운 마음으로 읽으면 된다. 한 번만
봐도 이해가 되고, 경제학은 어렵다는 선입견을 깰 수
있도록 쉽게 쓰려고 노력했다. 경제학 전공자뿐만 아
니라 직장인과 학생들도 충분히 읽을 수 있다.

경제학 지식 세상에 응용하기

금요일은 '경제학으로 세계 바라보기'라는 주제로 특별히 일상생활과 관련 있는 경제학 문제를 선별하여 하나하나 짚어가며 해답을 제시했다. 독자 여러분들은 고정관념과 잘못된 사고에서 벗어나 경제학의 가치를 새롭게 발견하기를 바란다.

경제학을 일상생활에서 실천하는 방법 제시

주말에는 '경제학 실천하기'를 목표로 배운 내용을 응용하여 똑똑하게 내 집 마련하는 방법을 살펴본다. 경제학이 생활에 미치는 영향을 직접 찾다보면 학습에 자극을 받을 수 있고, 책에서 배운 지식을 실제로 사용해 보는 기쁨을 느낄 수 있다.

경제학자들의 숨겨진 이야기로 사생활 엿보기

다른 책에서 볼 수 없었던 경제학자들의 성장 스토리, 교우 관계, 학문 탐구 과정, 사랑, 인생 경험 등의 이야기를 '숨겨진 이야기' 코너에 특별히 소개했다. 그들의 인간적인 면모에 더욱 감동을 받을 것이다.

인생의 나침반이 되는 경제학자들의 명언 한마디

경제학자들의 깨달음이 담긴 문장을 수록했다. 그들의 삶이 녹아든 명언을 통해 학문 탐구 노력과 인생의 지혜를 느껴보기 바란다.

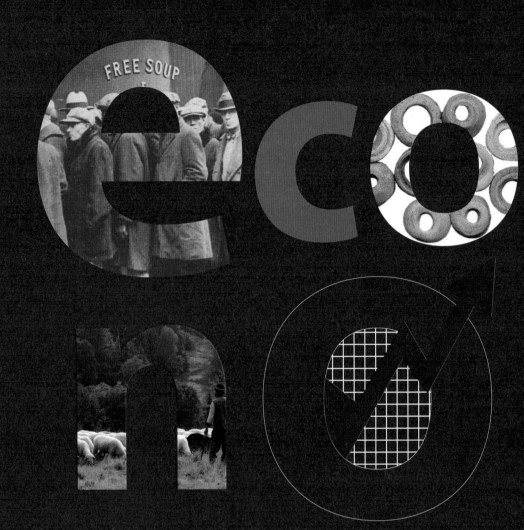

1

월요일

———

입문

———

경기순환과 교통 혼잡의 상관관계에 대해 생각해 본 적이 있는가?

또는 야시장의 포장마차 장사와 GDP의 상관관계에 대해서 호기심을 가져본 적이 있는가?

선거철 현수막의 개수에 따라 투표를 결정하는 사람이 없음에도 입후보자들이 어째서 여러 곳에 현수막을

내거는지 생각해 본 적이 있는가? 인류의 행동과 그 현상에 대해 호기심을 가지고

깊이 생각해 본 적이 있다면 당신은 분명 경제학에 흥미를 느낄 것이다.

만약에 그래 본 적이 없다면 더더욱 지금부터 경제학을 알아보자.

경제학이란 무엇인가?
– 경제학의 정의, 주제 및 탐구방법

우선 간단한 안부 인사로 경제학 공부를 시작해 보자. 아침 식사는 하셨습니까? 혹시 밥과 국이 아니라 시리얼과 우유를 드셨습니까? 우리의 인생 여정은 소소한 아침식사에서부터 집과 차를 사고 중요한 투자를 하기까지 다양한 선택의 연속이다. 그 선택이 설사 빨간 신호를 보고 나서야 급히 브레이크를 밟듯이 심사숙고를 거치지 않은 반사작용일지라도 말이다.

이런 선택의 배후에는 매력적이고 연구 가치가 있는 재미있는 이야기가 가득하다. 예를 들어 아침 식사로 시리얼과 우유를 선택한 이유가 입맛에 맞아서, 또는 그저 빠르고 편해서 바쁜 출근 시간에 적당하기 때문일 수도 있다. 우리는 늘 반복되는 행위에 별다른 의미를 부여하지 않지만 아침 식당의 주인에게 이 문제

는 중요한 의미가 있다.

　경제학은 수준 높은 수학이 아니다. 수학은 그저 경제학을 공부하는 데 필요한 도구일 뿐이다. 심지어 노벨 경제학상을 받은 논문들 중에도 수학과 상관없는 수상작들이 많다. 그렇다고 경제학이 GDP와 경기 상황만을 토론하는 학문도 절대 아니다. 그랬다면 우리는 《법률 경제학》《의료 경제학》《정치 경제학》 같은 응용 학문은 접하지 못했을 것이다. 경제학은 우리가 상상하는 이상으로 중요하다. 인류의 대다수 행위는 이성과 자기 이익을 추구하는 본능이며 그 이면에는 순환의 실마리가 있기 때문이다.

　그럼에도 불구하고 여전히 사람들은 궁금증을 가지고 물어볼 것이다. "경제학의 공급 곡선이나 기타 정리(定理)는 현실에선 필요 없는데 왜 경제학을 알아야 하나요?" 심지어 미국의 어떤 경제학과 교수는 "경제학의 가장 중요한 용도는 경제학자들에게 일자리를 제공하는 것이다."라고 비꼬기도 했다. 경제학이 지금까지 굳건히 버티고, 다른 학과의 영역으로까지 뻗어나가 왕성하게 발전할 수 있는 매력은 무엇일까?

　바로 논리적이기 때문이다. 경제 이론을 공부하는 목적은 이론을 준수하거나 어명으로 받들어 적용하기 위함이 아니라 빠르고 정확하며 직관적인 판단력을 기르기 위해서다. 경제학을 배우면 이해할 수 없는 경제행위에 맞닥뜨렸을 때 명석한 사고와 변별력을 가지고 이에 대해 논할 수 있다.

　경제학을 이해하기 위해 어려운 수학이나 이론 공식을 죽어라 외울 필요는 없다. 하지만 다른 학문과 마찬가지로 우선

핵심 포인트
어떤 결정이든 '어떻게 선택할까' 고민하는 사고 과정이 일종의 경제행위이며, 탐구와 토론하는 모든 배경의 기승전결이 '경제학'이다.

경제학의 정의를 이해해야 운용 목적을 알고 운용 방식을 이해할 수 있다.

대다수의 학문은 오랜 시간을 거쳐 오늘날 통용되는 정의가 수립됐다. 경제학도 마찬가지로 처음에는 단순하게 철학적 연구로 시작해 정치학 범주에 들어간 뒤 결국 전문적인 연구학과로 독립했다. 이런 변화과정에서 유일하게 변하지 않은 이치는 바로 '이성'이다. 인류에게 이성이 없었다면 경제학은 아마 존재하지 못했을 것이다.

서양식 정의

지성인의 가설

서양 경제학의 개념과 정의는 약 세 번의 변화 과정을 거쳤다. 경제학을 이해하려면 우선 '경제'를 뜻하는 영어단어 'economy'에서 시작해야 한다.

'economy'는 두 부분으로 나눌 수 있다. 'eco-'의 어원은 '집, 생활, 내재된 상호 순환'이라는 뜻을 가진 고대 그리스어 Oikos다. 같은 어원을 사용하는 단어로는 생태학을 뜻하는 'ecology'가 있다. '-nomy'는 법칙이라는 뜻이다. 글자를 표면적으로 해석하면

'경제'란 무엇인가?

어떻게 이성적으로 사고하고 인간과 만물의 상호작용을 연결하는가, 이것이 바로 경제이다.

economy는 '생활 속에서 사람과 만물이 상호작용하는 법칙'이라는 뜻이다.

이성은 인류의 본능이다

다섯 살 때를 떠올려보자. 어린 시절 친구들과 술래잡기를 할 때 우리는 왜 '밀고자'가 되어 친구를 배신하지 않았던가? 규칙을 어기면 재미없을 뿐만 아니라 다시는 아무도 나와 놀지 않을 걸 알았기 때문이다.

재미있는 예를 더 들어보자. 초등학생 때 숙제를 몇 번이나 제때에 완성했는가? 왜 항상 선생님 말씀을 듣지 않았는가? 나와서 놀자고 부르는 친구와 숙제 사이에서 '숙제를 다 하고 나가면 아마도 아이들은 없겠지?' 갈등하며 마음속으로 계산기를 두드린 적은 없는가? 이 같은 상황에서 선택의 동력은 바로 경제학에서 흔하게 언급하는 '이성'이며, 그 이성은 종종 생존 본능에서 나온다.

생활 속 이성, 이성적 생활

이제 다시 '이성'이라는 개념을 생활 속에 대입시켜 생각해보자. 생존 본능에서 나오는 이성의 목적은 당연히 생존이다. 인류는 유사 이래 집단 생활방식을 따랐다. 세월이 흐르고 문화적 변화를 겪으며 인류는 일대일로 싸우는 것보다 힘을 합쳐 역할을 분담하는 것이 생존에 유리함을 발견했다.

인류는 끊임없는 분쟁과 사상적 충격을 거쳐 부족의 규범, 풍습, 법률 등을 제정하였고, 후에 분업제도를 통해 안정을

재미있는 이야기

경제학자의 경제성장 예측 적중률은 50%, 경기쇠퇴 예측 적중률은 90%에 달한다.

추구했다. economy는 이 일련의 과정이 생존하려는 이성의 작용임을 나타낸다. '이성적 생활 방식' 즉 '생활 속에서 상호 작용하는 방식의 규칙'인 것이다.

경제의 어원을 재해석해 보면 '이성 행위'와 '사회 전체 이익'의 균형이라는 중요한 개념이 나온다. 당신이 부족의 일원이라고 상상해 보자. 하루 평균 두 마리의 멧돼지를 잡아올 수 있을 정도로 용감하고 힘이 센 당신은 사냥 담당이다. 사실 당신은 낚시를 가장 좋아하지만 문제는 낚시 실력이 부족해 하루에 피라미 두 마리밖에 잡지 못한다는 것이다. 설사 사냥을 원하지 않는 수많은 이유를 댈 수 있더라도 부족원들은 당신이 사냥하기를 바랄 것이다. 당신이 낚시를 하면 식량부족으로 부족원들은 불만이 생길 것이고 당신도 즐겁게 생활할 수 없을 것이다. 결국은 부족이 최대한의 식량을 확보할 수 있도록 사냥에 전념하고 낚시는 취미생활로 만족해야 할 것이다.

핵심 포인트
서양 경제학의 오래된 정의 : 생활 속 이성의 상호작용 관계를 토론하는 것은 윤리학과 정치학의 한 지파이다.

부족 생활의 예는 사람의 이성이 서로 다른 생활 배경, 교육, 정보의 완성도 등의 영향을 받음을 알려준다. 그렇다면 이 사회에 이성의 최대 공약수가 있을까? 법률제도는 어떤 이성에 근거해 제정해야 할까? 사람마다 다른 이성적 사고방식은 사회에 어떠한 생활 방식을 가져올까? 경제학 토론의 문은 여기서부터 열린다.

고대 그리스의 위대한 철학자 아리스토텔레스는 윤리학에 이성의 개념을 포함시켰다. 그는 경제와 정치는 뗄 수 없는 관계라고 여겼다. 개인이 추구하는 만족은 자신이 백퍼센트 다 결정할 수 없고 외재적 환경의 영향을 받기 때문이다. 외부와의 상호작용을 어떻게 고려해서 취사선택할지가 정치와 경제행위에서 하는 토론이다. 이성은 때와 장소, 사람, 물질에 따라 달라진다. 같은 일이라도 사람마다 다른 행동과 동기가 있기 때문에 경제학에서는 오래전부터 '생활 속 이성의 상호작용 관계를 토론하는 것은 윤리학과 정치학의 한 지파'라고 정의했다.

아리스토텔레스는 이성적인 생활의 영위를 교육목적으로 여겼다. 그는 개인이 타인과 접촉할 때 이성에 의해 모든 행위를 하도록 하는 교육체계를 요망했다. 인간의 최고기능은 사고와 행위를 이성적으로 하는 데 있다고 보고, 과학과 철학을 통한 이성의 훈련을 주장했다.

우리 모두 이성이 있지만 표현 방식은 다르다

엄마가 피자 두 조각을 사서 당신과 남동생에게 나눠주었다. 당신은 두 조각 다 먹고 싶지만 하나는 동생에게 나눠줄 것이다. 왜 그럴까? 피자 두 조각을 다 먹어치우면 엄마에게 야단을 맞고 동생이 울고불고 난리치는 모습을 보아야 하기 때문이거나 엄마와의 약속을 지키지 않으면 앞으로 다시는 피자를 먹지 못하기 때문일 수도 있다. 물론 그 밖에도 여러

핵심 포인트

서양 경제학의 현대적 정의: 인류의 모든 사회 행위, 이성 행위 및 자원 분배 균형의 결과를 탐색하는 연구와 사고방식

가지 고려 사항이 있을 것이다. 만족을 추구하는 과정에는 반드시 여러 가지 구속이 있다. 우리는 이성이 있기 때문에 최후의 결과를 고려할 줄 안다.

사람마다 고려하는 결과가 다르기 때문에 자원 분배의 문제는 상호간의 작용과 연결된다. 피자의 예에서 동생에게 피자의 반을 나눠줄 수 있는지 묻는 사람도 있을 것이다. 잘하면 더 먹을 기회가 생길지도 모르지 않나. 자원 배분의 문제로 깊이 들어가 보면 현대 경제학의 영역으로 들어가게 된다. 이성에서 출발하여 자원을 어떻게 사용해야 하는지 탐구하는 것이 바로 현대 경제학의 개념이다.

18세기에 애덤 스미스(Adam Smith)의 경제학 저서 《국부론(The Wealth of Nations)》이 세상에 나온 뒤 경제학의 체계와 범주가 어느 정도 모습을 갖추게 됐다. 애덤 스미스는 이성에 대한 가설과 당시 영국 사회 경제 현상의 분석을 통하여 현대 경제학의 정의를 규정하고 경제학 연구의 불을 밝혔다. 그 내용에는 토지, 자본, 노동력(생산 요소), 제품 가격, 수입(생산 총액), 자원 분배 및 국제 무역과 자유 무역 등이 포함됐다. 특히 '보이지 않는 손'이라는 중요한 개념은 균형, 효율 등을 중시하는 현대 경제학의 문을 열었다.

경제학의 범주와 정의는 시대에 따라 바뀌었다. 하지만 '제한된 자원, 무한한 욕망'이라는 핵심문제와 '인류의 행위는 이성에서 나온다.'는 기본적인 가설은 변함없다. 경제문제는 인류의 역사에서 늘 끊이지 않고 존재했다. 게다가 과학 기술의 발전과 인구 증가에 따라 자원은 더 줄어들고 욕망은 더 커져 훨씬 복잡한 문제가 됐다. 이런 기술의 발전을 이용하여 더욱 효율적인 자원분배나 선택 방식을 찾아 인류의 삶을 바꿀 수 있을까? 이것이 경제학에서 가장 재밌고도 중요한 부분이다.

동양식 정의

경세제민(經世濟民)의 도

경제학은 '경세제민의 학문'이다

청나라 이전에 경제(經濟)는 '나라를 다스리고(經世) 백성을 구제하다(濟民)'라는 '경세제민의 도'를 뜻했다. 이 개념은 아리스토텔레스가 당시 경제와 정치에 대해 논했던 내용과 많이 닮았다. 고대 서양에서도 이성이 생활에 상호작용하는 관계에 관심을 갖고 있었던 것이다. 반면 중국은 경제학이라는 개념을 직접적으로 발전시키진 못했으나 춘추 시대 백가쟁명 이후 '경세제민'이 통치계층에서 덕(德), 인(仁), 애(愛), 의(義) 등을 실시하며 생긴 결과로 관심을 쏟기 시작했다. 예로, 맹자는 '인민이애물(仁民而愛物)'이라 했다. 왕은 자원을 적절히 아껴 백성들이 사용하는 데 도움이 되게 해야 한다는 뜻이다. 《예기(禮記)·대학편(大學篇)》에는 왕이 덕으로 사람을 대하면 좋은 인재가

핵심 포인트
동양 경제학의 오래된 정의: 경제는 '나라를 다스리고 백성을 구제하다'라는 '경세제민의 도'를 뜻한다.

정치는 민심을 따르면 흥하고 민심을 거스르면 피폐해진다. 백성은 곡식창고가 가득 차야 예절을 안다.
-관자

국토를 개발하는 것을 도울 수 있고, 국토를 개발해야 재물이 쌓이며, 재물이 쌓여야 나라를 다스리고 사회를 안정시킬 수 있다고 언급했다.

고대 중국에는 '경세제민'을 전문적으로 탐구한 관련 문헌이 적지 않다. 예를 들어 주나라 때《정전제도(井田制度)》, 서한의《감철론(鹽鐵論)》등이 있다. 전자는 토지 관리와 부역세 간의 문제를 다뤘고 후자는 당시의 회의 기록이지만 민생 필수품의 분배 방식에 대해 토론한 내용을 담고 있다. 이 문헌들은 주로 통치와 관리 정책에 대해 언급하고 있지만 그 안에 경제학의 중요한 논리를 담고 있다.

주류가 된 서양 경제학

중국의 학술계가 서양 경제학의 개념을 정식으로 받아들인 시기는 청나라 말 해외로 유학생을 보내 연구하던 때다. 당시 유학생들이었던 량치차오(梁啓超), 캉유웨이(康有爲) 등은 무술변법을 통해 과거 시험 범위에 경제 과목을 정식으로 포함시켰다. 비록 서양에서 다룬 수요공급 등의 문제는 아니지만 당시 중국이 '경제학'이라는 전공에 대해 긍정적이었음을 알 수 있다. 후에 쑨원(孫中山), 후스(胡適), 옌푸(嚴復) 등이 더 많은 서양 경제 사상을 들여왔다. 특히 옌푸는《국부론》을 번역하여 중국 경제학의 발전에 기초를 마련했다.

쇄국정책을 끝낸 일본은 중국보다 먼저 서양의 경제학 사상을 받아들였고 대만은 이 두 나라의 영향을 받았다. '통화팽창' 같은 일부 경제학 용어들은 일본에서 유래했다. 동서양

숨겨진 이야기

근대 중국을 봉건제도에서 자본주의로 전향한 공이 큰 캉유웨이와 량치차오는 서로 성격이 현저히 다르고 사이가 그다지 좋지 않았다. 캉유웨이는 보수적이고 현실에 안주했던 반면에 량치차오는 "나는 공자를 사랑하지만 진리를 더 사랑한다. 선배를 사랑하지만 나라를 더 사랑한다. 옛 성현들을 사랑하지만 자유를 더 사랑한다."라고 말했다.

이 경제의 정의와 개념을 어떻게 발전시켜왔는지에 상관없이 오늘날 전 세계는 방법은 달라도 같은 방향을 추구한다. 경제학 연구는 일종의 인류의 행위 과학 연구로 더 이상 일반적으로 생각하는 경제 영역에 국한되지 않는다.

현대의 경제학은 물리와 계량의 개념이 추가된 후 방법학으로 불린다. 철학적 가설과 추론에 편향되었던 과거의 경제학보다 더 객관적이고 더 측정 가능한 학과로 가고 있는 것이다. 미래의 경제학은 '이성, 효용, 효율, 공급과 수요, 균형' 이 다섯 가지 과제를 중심으로 발전할 것이다.

미국 경제학협회(American Economic Association, 약자로 AEA)의 사이트에는 경제학 분류 범주에 대한 규범 등 경제학의 정의에 대해 더 정확한 소개가 있다. 이에 따르면 경제학은 '사람들이 어떻게 자원을 이용하는가'에 대한 학문이다. AEA는 현재 전 세계 경제학 연구 발전의 중요한 선구자 역할을 하고 있다. 경제학에 대해 더 깊이 있게 알고 싶다면 시간을 투자해 AEA 사이트를 자세히 살펴보는 것도 좋을 것이다.

5대 주제

이성, 효용, 효율, 수요와 공급, 균형

경제학은 몇 가지 주제를 담은 질문에서 시작됐다. 경제학 총서에서 가장 자주 출현하는 단어는 '이성', '효용', '효율', '수요와 공급', '균형'으로 경제학 탐구의 주제는 이 다섯 가지로 구성돼 있다.

이 주제들은 각자 독립된 것이 아니라 서로 영향을 미친다. 추상적이지만 재미있게 기초를 공부하는 가장 좋은 방법은 자신을 예로 들어 상상해보는 것이다. 가능하다면 반박과 도전을 해보자. 반복하다보면 경제학 베테랑이 될 것이다.

주제1: 이성
어떤 동기(흡인력, 정보, 목적)가 어떤 행위를 유발하는가?

모든 경제학 연구는 인류가 이성적 동물이라는 가설을 세운다. 하지만 '이성'이란 무엇인가? 인류는 대부분의 경우 자아 효용의 최대치에 따라 선택을 한다. 이것이 이성이다. 따라서 경제학의 이성이란 '인류가 자아의 **최대 효용을 이루는 행위를 추구한다.**'는 의미다. '자기 자신을 위하지 않으면 천벌을 받는다.'는 오래된 명언도 있다. 경제학이 인류의 행위를 연구하는 학문인 이상 '인류가 이성적'이라는 전제로 가설을 세우는 것은 일리가 있다.

야시장을 거닐며 이성을 이해하다

야시장에 치킨을 파는 노점이 두 개 있다고 가정해 보자. A는 1인분에 4,000원, B는 1인분에 4,500원이다. 당신은 1인분만 먹고 싶고 가지고 있는 돈은 5,000원뿐이라면 A와 B 중에 어디를 선택할 것인가? 열 사람에게 물으면 열 사람 다 다른 답을 한다. 가격이나 맛집 평가, 기다리는 시간을 고려하는 사람들이 있을 것이고, 세 가지 요소 모두 다 고려하는 사

핵심 포인트
경제학의 5대 탐구 주제: 이성, 효용, 효율, 공급과 수요, 균형

람도 있을 것이다. 물론 아무렇게나 선택하는 사람도 있을 것이다. 어쨌든 간에 고려하는 과정은 모두 일종의 '이성적 행위'이다. 하지만 이 문제에서 더 깊이 들어가 보면 우리는 모두 이성적인데 똑같은 상황에서 과연 우리의 '이성적 사고 과정'은 동일한가? 혹은 우리가 사색하는 우선순위가 모두 같은가? 라는 의문이 생긴다.

사실 다른 사람의 이성 행위가 우리 눈에는 이상하게 보이기도 한다. 타인이 가진 의도를 이해할 수 없기 때문이다. 또한 이성은 자아 효용의 극대화를 추구하지만 여기서 '자아'란 현실생활 중 단순하게 자신만을 고려하는 것이 아니다. 소아를 희생하여 대아를 완성하는 것을 비이성적인 행위로 판단할 수 없는 것과 마찬가지다. 이처럼 경제학은 과거에 윤리학의 일부분으로도 여겨졌던 만큼 '이성'에 중심을 두는 토론이 자연스레 진행된다.

핵심 포인트

우리는 모두 이성적이다. 단지 사고하는 경로가 다를 뿐이다! 경제학을 배우는 것은 '이성의 형성 원인'을 이해하는 것이다.

경제학의 최우선 주제 : 이성에 영향을 미치는 요소

인간은 왜 로또에 당첨되기 어렵다는 걸 알면서도 로또를 살까?

인간의 이성을 전제로 연구하는 경제학이 말하는 '이성'이란 무엇일까? 앞서 언급했던 부족의 생활 방식과 피자의 사례를 떠올려 보자. 여기서 우리는 이성의 선택 과정이 정보의 양에 영향 받는다는 것을 알 수 있다. 경제학의 세계는 항상 어느 사회 현상에서 어떤 이성 행위가 존재하는지 혹은 불합리해 보이는 현상에서의 이성 행위가 어떤 요소의 영향을 받는지 연구한다. 예를 들어 유가가 오르면 허리띠를 졸라매야 함을 안다. 하지만 어떤 물건은 가격이 비쌀수록 더 많은 사람들이 구매한다. 똑같이 가격이 올랐는데 다른 행위가 발생한다. 이성 행위에는 연구할 가치가 있는 흥미로운 이야기가 많이 있음을 알 수 있다.

또 다른 예를 들어 보자. 누구나 로또에 당첨될 확률이 굉장히 낮음을 알고 있다. 1,000원으로 로또 용지 한 장을 사면 거의 99% 실패한다. 하지만 누적된 당첨금을 보며 많은 사람들이 로또를 사러 간다. 이것은 어떻게 해석해야 할까? 마치 심리학 같지만 경제학자는 이에 대한 자신만의 해석을 가지고 있다.

경제학의 이성 연구에서는 '이성의 형성 원인'을 중요하게 여긴다. 어떤 동기가 어떤 행위를 만드는가, 어떤 정보가 어떤 행위를 만드는가. 이것이 경제학의 최대 과제이다.

주제2: 효용
효용의 변화, 영향 및 한계

"여러분, 오늘 즐거운가요?" "즐거워요!" 이 질문은 경제학의 핵심 주제 가운데 하나인 '효용(utility)'과 관련 있다. 경제학에서 효용은 이익(benefit)과 다르고 효율(efficiency)과는 더욱 다르다. 효용은 우리 자신이 어떤 행위를 하여 얻은 만족의 정도를 가리킨다. 즉 경제행위의 목적이다.

수학으로 '효용'의 정의 내리기

경제학 교재를 펼쳐보면 '효용 함수'라는 표현을 자주 볼 수 있다. 많은 사람들이 함수라는 단어를 보면 바로 수학을 연상하고 머리가 지끈거릴 것이다. 사실 수학은 효용을 이해하는 보조 도구일 뿐이다. 반드시 수학으로 설명할 필요는 없다. 효용은 시시각각 우리에게 발생하는 주관적인 판단이기 때문이다. 앞서 질문한 "즐거운가요?"에 "즐거워요"라는 대답만 가지고는 당신이 도대체 얼마나 행복한지 상상하기 어렵다. 시각을 달리해서 생각해 보자. 당신의 행복감과 나의 행복감이 똑같은가? 대부분의 경우 만족의 정도는 구체적인 수치로 표현할 수 있다. 예를 들어 친구와 만두를 먹으러 가면 한 사람이 적어도 10개를 먹어야 배가 부르다. 가장 흔한 예인 설문조사는 '5분'이라는 숫자로 정서적으로 적은 양임을 표현한다.

딱 5분이면 됩니다.
여기 설문지에 체크 좀 해주세요~

주관적 문자를 제거하고 효용을 토론하다

이렇게 수치화하는 이유가 무엇일까? 사회 현상을 관찰하고 토론할 때는 형용사의 주관적 묘사를 배제하는 것이 효과적이기 때문이다. 예를 들어 어떤 사람은 "정부가 전철을 만든 후 교통이 편리해졌다."라고 말한다. 이 말은 언뜻 맞는 말처럼 들리지만 도대체 얼마나 편리한 것인지 모호하다. 30%의 사람만 편리하다고 느낀다면 그것도 편리하다고 말할 수 있겠는가? 때문에 토론이 필요하다면 이런 주관적 느낌을 수치화해야 한다. 수학은 이런 주관적 견해를 구체화하는 도구로 쓰여 계산을 가능하게 한다. 이런 계산 방식이 **효용의 변화 과정과 정도**를 나타내는 '효용 함수'다.

효용 함수는 단순히 '획득한 수량과 만족 정도 간의 변화'를 평가하기 때문에 예산 제한, 생산요소 제한 같은 실제 제한조건을 고려할 필요가 없다. 효용은 때로 배열의 방식으로 표현되기도 한다. 예를 들어 저녁 식사 메뉴로 스테이크, 생선가스, 불고기 덮밥이 있다면 나는 스테이크보다 불고기 덮밥이 더 좋고, 생선가스보다는 스테이크가 좋다. 그래서 내가 오늘 저녁에 불고기 덮밥을 먹었다면, 생선가스를 먹었을 때보다 더 행복할 것이라는 점을 쉽게 추측할 수 있다.

효용 함수가 있어서 경제행위는 더 논리적인 방법으로 추론할 수 있게 됐다. 이것이 수치화의 가장 중요한 목적이다.

핵심 포인트
인류의 경제행위는 효용을 얻기 위해서 이루어진다. 이성과 효용은 경제학의 기본 핵심이다.

효용은 항상 변한다

경제학은 상당히 엄격하게 '효용 함수'를 설정한다. 효용

함수를 잘못 사용하면 전체 논증이 잘못되기 때문이다.

물과 다이아몬드의 예가 있다. 물 한 잔 대접하는 것보다 비싼 다이아몬드를 선물하는 것이 상대방을 더 기분 좋게 할 것이다. 하지만 당신이 사막을 헤매고 있을 때 눈앞에 물 한 잔과 다이아몬드가 있고 그중 오직 하나만 선택할 수 있다면 누구나 주저 없이 물을 선택할 것이다. 이유는 간단하다. 그 순간 물 한 잔의 효용이 다이아몬드를 훨씬 능가하기 때문이다. 반대로 당신이 다른 사람에게 다이아몬드가 귀하기 때문에 어떤 상황에서든 다이아몬드를 선택해야 옳다고 말한다면 대단한 잘못을 범하고 있음이 틀림없다. 다이아몬드와 물의 예에서 알 수 있다시피 효용의 가치는 시간, 장소, 대상에 따라 유동적이다. 현재의 효용 함수는 다른 상황에서 완벽하게 적용하지 못할 수도 있다. 따라서 경제학에서 효용은 반드시 엄격하게 가정해야지 절대로 착오가 있어서는 안 된다.

욕망은 무궁하나 개별 효용은 유한하다

경제학은 왜, 어떻게 효용에 대해 토론해야 하는가? 앞에서 얘기했던 이성 행위를 다시 돌이켜 보자. 자아의 최대 효용을 추구하는 행위가 경제학에서 정의한 이성이다. '효용의 획득'이 인류 경제행위의 목적임을 알 수 있다. 하지만 앞에서 말한 것처럼 효용은 언제 어디서든 변화한다. 때문에 효용의 '변화', '영향', '제한성' 이 세 가지가 경제학에서 주축이 된다.

효용의 변화에 관해 예를 들어 보자. 당신이 배고플 때 스테이크 도시락은 큰 만족을 줄 수 있으나 도시락을 연이어 두

핵심 포인트
경제학은 효용의 변화, 영향 및 제한에 대해 토론한다.

한계 효용의 체감상황

도시락 수량	총 효용	한계효용
0	0	신뢰감 vs. 불안감
1	75	75-0=75
2	100	100-75=25
3	100	100-100=0

개, 세 개 먹으면 아마 불쾌감에 얼굴이 찌푸려질 것이다. 이것이 이른바 '한계효용체감'의 개념이다. 옆의 표에서 보듯이 도시락 하나를 먹었을 때 한계효용은 75였으나 세 개째 먹을 때 한계효용은 0이 됐다. 물론 예외도 있다. '유리 지갑, 사이버 머니'라는 표현만 봐도 월급쟁이들의 고통을 알 수 있다. 이런 상황에서 보통 사람들은 월급이 오르는 것을 거부하지 않는다. 다다익선이라고 월급이 많다고 싫어할 사람은 결코 없을 것이다. 하지만 회사는 그렇지 않다. 효용의 변화는 앞으로 얘기할 '수요'와 밀접한 관계가 있다.

효용의 영향에 관한 또 다른 재미있는 토론이 있다. 게임이론 중 하나인 죄수의 딜레마는 모든 범인이 최소한의 형량을 얻으려 하다 결국 아무도 기대대로 되지 못하는 것이다. 서로가 최대 효용을 추구하는 행위를 한 것이 어떤 문제를 일으킨 것일까?

최근 들어 환경보호에 관한 의식이 이슈가 되고 있다. 이런 분위기 속에서 기업들은 최대 이윤을 추구한 결과 심각한 환경오염을 일으켜 법적 제재와 벌금을 물게 됐다. 이윤의 최대화가 가장 좋은 목표가 아닐 수 있음을 알 수 있다. 각각의 효용이 서로 영향을 끼칠 때 경제학자들은 이에 대해 추측, 판단을 하고 관리 방식 또는 합작 방식을 찾으려 시도한다.

효용의 제한은 경제학에서 가장 자주 토론하는 문제다. 쇼

죄수의 딜레마

A와 B가 공범으로 감옥에 갇혀 있다.

검사가 A에게 말한다.

"둘 다 자백하면 5년, 둘 다 부인하면 1년, 너만 자백하면 석방, 너만 부인하면 10년"

A는 B가 먼저 자백하면 어쩌지 고민하다 먼저 자백하는 것을 선택한다.

"도저히 불안해서 안 되겠다. 그냥 자수하고 광명 찾자!"

죄수는 자신의 이익만을 고려한 선택을 함으로써 자신뿐 아니라 상대방에게도 불리한 결과를 가져온다.

죄수의 딜레마는 협동을 하면 모두에게 이익이 됨에도 불구하고 배반을 선택하게 되는 상황을 말한다.

폐수가 콸콸

낙동강 상류에 있는 한 제련소가 오랫동안 영남인들의 식수원인 낙동강에 중금속을 흘려보냈다는 사실이 논란이 되고 있다. 기업은 오염된 물이 외부로 유출되지 않는다고 반박했지만 실제 조사에서는 상당량의 카드뮴이 물에서 검출되었다.

핑을 하는데 예산의 제한이 있다면 그 제한은 쇼핑 만족도에 영향을 미친다. 효용 최대화를 추구하는데 제한을 받으면 목표를 달성할 수 없다. 어떻게 해야 할까? 주어진 제한 아래 최대의 효용을 찾아야 할까? 아니면 아예 다음 기회를 기다려야 할까?

경제학에서 관찰하는 대상은 사람이다. 누구나 욕망을 가지고 있으며 욕망이 있으면 이기적 행위와 만족 정도가 생긴다. 따라서 이성과 효용은 경제학에서 가장 근본적인 핵심이며 경제학을 토론할 때 반드시 먼저 수립해야 하는 두 가지 대전제이다. 이성은 경제학의 심장과 같고 효용은 경제학의 혈관과 같다. 다음 장에서 다룰 '효율', '공급과 수요', '균형'은 이 두 가지 핵심 주제의 연장이다.

주제3: 효율

어떻게 자원을 효율적으로 운용하고 배치할 것인가?

직장인들은 보통 일을 빨리 완성시키는 것이 효율이라고

생각한다. 사실 이는 절반만 맞다. 소홀히 여기기 쉽지만 나머지 절반은 일을 다 완성했는가이다. 언제부터인가 '경제'라는 단어는 '싸고도 쓰기 좋은'이라는 상업적 개념이 되어버렸다. 경제학에서의 '경제'가 정말로 이 같은 상업 개념과 같은지는 토론하지 않겠지만 적어도 한 가지 이치는 서로 통한다. 우리는 **최소한의 자원으로 최상의 결과를 기대한다는 것이다.** 이것이 바로 이번 장에서 얘기할 주제, 효율이다.

명언 한 마디
효율은 일을 제대로 하는 것이고 효용은 제대로 한 일이다. -피터 드러커

자원이 운용되는 지표

영역마다 효율에 대해 서로 다른 정의가 있다. 용법도 다르다. 예를 들어 물리를 배운 사람은 자동차가 휘발유의 연소로 동력이 생긴다는 것을 안다. 만일 이 동력이 백퍼센트 운용될 수 있다면 이 과정을 효율이 높다고 말할 것이다. 즉 유효한 에너지의 아웃풋과 인풋의 비교가 물리학에서 말하는 '효율'이다. 하지만 투자에서는 일정 기간 투자로 획득한 보수의 비율이 당신의 투자효율이다.

위와 같이 '효율'의 용법을 비교해보면 영역에 따라 다르게 쓰임을 알 수 있다. 그러나 근본적인 개념인 '자원 이용과 효용 간의 분석'이라는 의미에서는 같다. 경제학이 인류가 어떻게 자원을 운용하여 자신을 만족시키는가 탐구하는 학문이라면 '효율'은 판단의 지표다.

효율의 취사선택

인류 활동에는 무형과 유형의 자원이 있다. 인류는 자신의

수요를 만족시키기 위해 반드시 자원을 이용한다. 하지만 우리 주변의 자원을 어떻게 운용해야 할까? 경제학에서 '효율'을 토론하는 이유는 이런 문제를 해결하기 위해서다. 자원을 효율적으로 사용하는 방안을 찾는 한편 어떻게 '취사선택' 할지 토론하는 '효용과 효율 간의 취사 문제'인 것이다.

마치 정유 공장에서 가솔린을 추출한 후 기술의 발전으로 남은 원료를 버리지 않고 더 많이 사용 가능한 재료로 만드는 것과 같다. '효용과 효율 간의 취사 문제'는 우리가 '어떤 목적을 달성해야 하는지'와 관련되기 때문에 판단이 쉽지만은 않다.

야시장의 치킨 문제로 되돌아가 보자. 5,000원이 있는데 A 노점의 치킨은 4,000원이고 B 노점의 치킨은 A 노점보다 500원이 더 비싸다. 두 집의 만족도는 똑같다. A 노점은 20분간 줄을 서야 하고, B 노점은 3분만 줄을 서야 된다면 경제학자는 "당신의 1분은 얼마의 가치가 있나?"라고 물을 것이다. 만약 당신이 다른 가게도 둘러보고 싶고 시간은 금이라는 마음가짐이라면 당신의 1분은 100원보다 가치가 있을 것이다. 이때 가장 효율적인 방법은 당연히 B의 치킨을 사는 것이다. 500원을 더 쓰지만 17분을 아끼는 것은 수지가 맞기 때문이다. 당신이 꼭 1,000원을 남겨 버스를 타고 집에 가야 하기 때문에 B의 치킨을 사면 500원밖에 남지 않으므로 효율이 떨어지는 선택이 된다. 바꿔 말하면 A의 치킨을 사면 남는 돈으로 차를 타고 집에 갈 수 있지만 더 오랜 시간 줄을 서야 하며 야시장을 구경하는 효용은 줄어든다. B의 치킨을 사면 차를 타고 집에 갈 수는 없지만 남는 시간으로 야시장을 구경하는

핵심 포인트
목적이 동일할 때 효율은 비교의 의의가 있지만 목적이 다르면 서로의 효율은 의미가 없다.

빌 게이츠는 길에 떨어진 100달러를 주울까?

만약 빌 게이츠가 길을 가다가 바닥에 떨어진 100달러짜리 지폐를 발견했다면 어떻게 할까? 보통 사람들이 그 돈을 줍기 위해서는 약 5초의 시간이 걸린다. 빌 게이츠는 어쩌면 그냥 지나칠지도 모른다. 왜냐하면 빌 게이츠가 벌어들이는 천문학적인 돈을 분이나 초로 환산해 보면 아마 100달러를 줍기 위해 허리를 숙이는 시간이 오히려 낭비라고 생각될 수도 있기 때문이다.

만족감은 더 커진다. 이 둘 중 취사선택을 해야 하는 것이다.

효용을 제한하는 요소는 돈, 시간, 거리, 수량 등 매우 많다. 따라서 경제행위가 효율적인지를 논하기 전에 반드시 목적을 먼저 확인해야 한다. 시간을 절약해서 야시장을 구경할 것인지 아니면 집에 편하게 돌아갈 것인지. 이처럼 경제학의 효율은 '상대적 개념'이다. 동일한 '효용 목적' 안에 효율의 높고 낮음을 비교하는 것은 의미가 있지만 '효용 목적'이 동일하지 않다면 효율의 비교는 많은 문제를 고려해야 한다.

고효율이 곧 고효용은 아니다

경제문제는 마치 '내가 비록 백인(伯仁)을 죽이지는 않았지만, 백인은 나로 인해 죽었다.'는 고대 명언처럼 서로 긴밀하게 연결돼 있다.(동진(東晉)의 왕도(王道)가 한 명언) 즉 내가 어떤 일의 상황을 모른다고 변화에 영향을 주지 않았다는 의미는 아닌 것이다. 이것이 경제학에서 말하는 '외부적 요인'이다. 시각을 바꿔 생각해보면 효율을 추구하면서 그와 동시에 숨어있는 실패를 발견하지 못하면 효용이 전부 사라질 가능성도 있다는 뜻이다.

예를 들어보자. 정부가 전철을 건설한 목적은 도시의 교통혼잡을 개선하기 위해서다. 예산이 1,000억이면 30%의 시민의 통근시간이 개선되고, 예산이 2,000억이면 75%의 시민이 개선된 환경을 누릴 수 있다. 그럼 우리는 직감적으로 후자의 효율이 더 높고 효용 역시 높다고 할 것이다. 하지만 후자는 경찰 행정과 소방 예산 같은 기타 예산의 지출을 배제했을 수 있다. 전자는 범죄율 상승에 영향을 미치지 않지만 후자는 범죄율을 20% 정도 높인다고 가정하면 비록 환경 개선의 효율은 높지만 전체 시민에게 가장 효용이 높은 방법은 아닐 수 있는 것이다. 무엇을 고려해야 하고 무엇은 방치해도 되는지는 때때로 내리기 어려운 결정이다. 그 안에 많은 정치와 철학적 논점이 관련되어 있기 때문이다.

고효율이 꼭 고효용을 가져오는 것은 아니다. 마찬가지로 저효율이 저효용인 것만도 아니다. 독과점 생산자의 생산 작업은 가장 효율적인 방법이 아니지만 생산자에게는 가장 효용이 높은 방법이다. 효율 관련 문제는 단순히 높고 낮음만을 고려하지 않는다.

주제4: 수요와 공급
효율과 효용의 기초 토론

경제학 교사는 "수요공급곡선을 이해할 수 있으면 기본 경제학 개론의 80~90%는 수료한 것이다."라고 말한다. 일리 있는 말이다. 앞에서 언급한 이성, 효용, 효율이라는 3가지 주제는 어떻게 수치화해서 판단해야 할까? 이것은 수요와 공급 곡선에 대입해서 설명할 수 있다. 우선 가장 기초적인 '수요', '공급'의 개념에서 시작해보자.

수요가 있으면 반드시 효용이 있다

수요는 사물 혹은 행위에 대한 수량화된 욕망이다. 경제학에서는 통상적으로 가격에 대입해 수요곡선을 그린다. 예를 들어 시장에서 사과 1개를 1,000원에 팔 때는 10개를 사고 싶었는데 다음 날 가격이 1,500원으로 오르면 아마도 6개를 사고 싶은 욕망만 남을 것이다. 그다음 날 2,000원으로 오르면 아마 2개만 살 것이다. 이런 가격과 수량의 관계가 바로 '수요'이다.

하지만 수요가 일종의 욕망이라면 효용을 생각하지 않을 수 없다. 경제학에서 수요는 통상 효용 함수로 유도해낼 수 있다. 예를 들어 배가 고플 때 불고기 도시락 하나를 먹으면 75%의 만족감을 느낄 수 있다. 두 번째 도시락을 먹으면 나머지 25%의 만족감을 채울 수 있지만 세 번째 도시락을 먹을 때는 태도가 바뀔 것이다. 75%의 만족감에 이르기 위해 당신은 10,000원을 내고 도시락을 사길 원하지만 나머지 25%의 만족감을 위해 당신은 여전히 10,000원을 쓰기를 원하는가?

핵심 포인트
가격과 수량의 관계를 탐구하는 것이 경제학에서 연구하는 공급과 수요이다.

맛있는 것도 한두 번
아무리 맛있는 도시락이라도 계속 먹으면 처음 먹었을 때보다 만족감이 떨어지게 된다. 처음 배가 고팠을 때는 꿀맛이었지만 많이 먹을수록 배만 부르고 불쾌감이 늘어날 것이다.

어쨌든 당신이 다시 10,000원을 들여 세 번째 도시락을 사야 한다면 화를 낼 것이 틀림없다.

더 간단하게 말해보자. 구매한 수량이 많을수록 대다수의 사람이 판매자가 할인해 주기를 바란다. 예를 들어 도시락 10개를 사면 하나를 덤으로 주지 않을까 기대하게 된다. 경제학에서 수요를 토론하는 이유는 사람들이 새로운 상품에 얼마의 가격을 지불해서 효용을 획득하기를 원하는지 알기 위해서다. 이를 기초로 효율적인 경제행위와 결정 방안에 대해 한층 더 깊이 토론할 수 있다.

공급이 있는 곳에 반드시 자원 이용이 있다

공급의 개념은 수요와 동일하다. 단지 바라보는 시각이 정반대일 뿐이다. 소비자가 도시락을 사는 이유는 배를 불리기 위해서지만 도시락 가게 주인은 돈을 벌기 위해 도시락을 판다. 우리가 주인이고 도시락의 가격이 10,000원이라면 당신은 하루에 도시락 100개를 팔기 바랄 것이고 가격을 8,000원으로 잡는다면 하루에 150개를 팔 수 있기를 바랄 것이다. 이와 같이 당신이 희망하는 판매 수량과 가격의 관계가 바로 '공급'이다.

경제학에서 공급에 대해 논할 때는 통상적으로 가격을 가지고 비교한다. 공급자는 기대 수입에 맞춰 공급을 하고 싶어 한다. 다시 말해 공급자는 수입이 증가하기를 기대하며 원가를 고려할 것이다. 하지만 원가는 일종의 자원분배(효율) 문제다. 어느 회사에서 일당 20만 원을 주고 한 사람을 데려와 일을

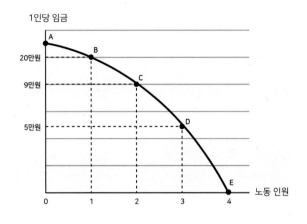

1인당 임금

20만원

9만원

5만원

0　　1　　2　　3　　4　　노동 인원

생산가능곡선

시켰다. 그런데 인당 9만 원을 주고 두 명을 부르거나 인당 5만 원을 주고 세 명을 불러도 하루에 완성할 수 있다고 하자. 이들 조합이 달성하는 효과는 모두 같다. 이를 도표로 만든 것이 소위 말하는 '생산가능곡선'이다. 이 곡선은 매우 중요하다. 공급자의 공급곡선을 유추할 수 있기 때문이다. 방금 전의 예에서 제품의 원가가 15만 원이라면 공급자가 시장에서 이 제품의 가격을 정할 때 최소한 15만 원은 되어야 한다. 경제학에서 공급 문제를 토론하는 이유는 자원이 효율적으로 사용되는 상황을 이해하는 데 있다. 이를 통해 공급자에게 향상된 생산 전략을 제공하여 효용을 만족시키는 것이다.

　　간단하게 경제학의 '공급'과 '수요'에 대해 알아보았다. 역시 주제가 효율과 효용에서 벗어나지 않음을 느꼈을 것이다. 처음 말한 것처럼 '이성', '효용', '효율' 이 세 가지 주제는 공급과 수요의 개념을 가지고 토론한다. 다음 장에서는 '균형'의 개념을 살펴보면서 우리가 지향하는 좋은 정책과 좋은 방법은 어떻게 판단할 수 있는지 알아보자.

주제5: 균형
이상적 경제행위의 추구

　　경제학에서 균형(equilibrium)과 평형(balance)은 다른 개념이다. 평형은 양쪽의 가치가 동일한 것이다. 양쪽의 수량이 같은 경우다. 균형은 공급과 수요 중 한쪽이 너무 많거나 부족한 문제가 발생하지 않는 상태이다.

예를 들어 2014년 한국에 허니버터칩 광풍이 분 적이 있다. 허니버터칩을 구하기 어렵다는 소문이 퍼지면서 먼저 구매한 사람들은 너도나도 자랑처럼 사진을 SNS에 올리기 시작했다. 허니버터칩은 출시 이후 그해 매출만 200억 원을 달성했다. 수요가 폭증하여 거의 모든 가게에서 매일 날개 돋친 듯이 팔려나갔다. 전국 곳곳에서 재고 부족 현상이 일어나자 기업은 공장까지 증설하여 생산량을 늘렸다. 소위 말하는 '수요 과잉'이 형성된 것이다. 그러나 늘어난 공급으로 어디서든 과자를 쉽게 구할 수 있게 되자 지겨워진 소비자들은 더 이상 유행을 따르지 않게 됐다. 허니버터칩의 인기는 사그라들었고 지금은 반값 행사를 하는 곳도 쉽게 찾아 볼 수 있다. 수요량의 감소로 소위 말하는 '공급초과'가 형성된 것이다. 최근에는 이 과자의 수요와 공급이 더 이상 크게 오르내리는 현상이 없어졌고 시장은 이미 균형 잡힌 상태에 이르렀다.

핵심 포인트
균형은 공급과 수요의 쌍방이 모두 한쪽이 너무 많거나 부족하지 않은 상태이다. 균형은 언제든 변할 수 있다.

균형은 안정이 아니다

균형은 분명 이상적인 상태이고 수요와 공급 쌍방이 가장 쉽게 받아들이는 결과이다. 그렇다고 절대 바뀔 수 없는 것은 아니

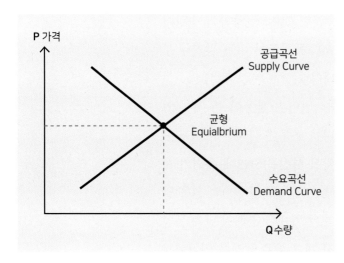

공급곡선, 수요곡선과 균형

며 균형의 변화는 장단점이 있다. 경제학은 이상적인 상태를 바꿔야 하는 원인과 이런 상태를 벗어난 경제행위가 어떤 결과를 가져오는지 이해하기 위해 균형점을 연구한다.

일상생활 속에는 균형점이 변동되는 예가 많다. 예를 들어 여름이 되면 고객을 불러 모으기 위해 편의점마다 경쟁적으로 특가 음료를 내놓는다. 한 병에 2,000원짜리 음료수를 A 편의점에서는 20% 세일을 하고, B 편의점에서는 1+1 행사를 한다. 분명 2,000원에도 잘 팔았던 물건인데 어째서 규칙을 깨는 것일까? 여름이 되면 사람들의 수분 보충 욕구가 높아져 음료 구매 수요가 증가할 잠재력이 있기 때문이다. 원래의 균형점은 수요가 증가하며 변화가 생긴다. 편의점들은 이 늘어난 구매 수요를 빼앗기 위해 가격을 낮춰서 판매를 꾀하는 것이다. 할인 후에 음료 한 병을 판 이윤이 2,000원에 팔 때보다 적지만 대량 판매로 인한 전체 영업이득은 상승할 것이다. 이것이 '박리다매(薄利多賣)' 개념이다. 이는 판매자가 일부러 기존의 균형점을 깨뜨리려는 것이 아니다. 균형점은 불변이 아니기 때문에 판매자는 언제든 상황을 파악하고 전략을 세워 임기응변을 하는 것이다.

균형의 변동은 때로 악영향을 끼치기도 한다. 좋은 예가 바

핵심 포인트

경제학을 위해 두 가지 심리 준비: 이성적인 논리로 반드시 신중하게 전제조건을 이해해야 한다. 분석이 인과관계를 대표하지는 않는다.

로 '가격 인하 경쟁'이다. 어쩌면 가격과 선택이라는 면에서 할인은 소비자에게 좋은 일일 수 있다. 하지만 생산자는 이득을 취하기 위해 임금을 삭감하고, 품질을 떨어뜨리거나 심지어 환경을 소홀히 하는 등 원가 절감(cost down) 전략을 채택한다. 결국에는 이윤은커녕 현상유지나 겨우 하는 상태가 된다. "생명의 위험을 무릅쓰는 장사는 해도, 손해 보는 장사는 하지 않는다"는 말이 있다. 한 나라 전체의

발전을 놓고 보면 과도한 가격 인하 경쟁은 좋은 일이 아니다.

균형을 이해하려면 행위의 변화를 알아야 한다

균형은 언제 어디서든 공급측 혹은 수요측의 영향을 받아 변하기 때문에 경제학자는 변동의 원인, 더 나아가 자원배치 낭비에 따른 효율 문제인 '시장 실패'를 연구한다. 때문에 균형은 종합적 토론 주제이자 경제행위 변화의 축소판이다.

2가지 작업

초보자의 심리 구축

경제학자들이 탐구하는 5대 주제를 배웠다. 이제 어디서부터 토론을 시작해 어떤 문제를 찾아내고 어떻게 결론을 내려

야 할까? 우선 경제학의 농담 하나를 들어보자. 박물관의 공룡 화석 앞에서 경제학자가 옆의 방문객에게 미소를 지으며 말했다. "이 공룡의 나이는 20억 살 10개월이랍니다." 깜짝 놀란 방문객은 물었다. "어떻게 그렇게 정확하게 아십니까?" 경제학자는 자신 있게 대답했다. "10개월 전에 여기 온 적이 있는데 그때 해설자가 이 공룡이 20억 살이라고 알려줬거든요."

10개월을 더한다고 화석의 연도가 정말로 20억 살 10개월이 되는 것은 아니지만 경제학자의 추론도 틀린 것은 아니다.

핵심은 논리에 있다. 경제학의 토론은 반드시 논리를 바탕으로 이루어져야 한다. 논리는 구체적이고 질서가 분명하다. 인류에게 논리는 생활 속에서 여러 모습으로 존재했다. 그저 일상적인 논리적 사고에 익숙해지면서 소홀히 하다 보니 자주 곡해됐던 것이다. 때로는 논리적 추론이 어렵기 때문에 많은 사람들이 경제학을 오해하고 배척하기도 했다. 사실 논리와 경제학은 모두 재미있다. 단지 우리가 먼저 상투적인 관점을 떨쳐버려야 한다.

준비작업 1: 논리적이려면 신중하게 가설의 전제를 이해해야 한다

경제학은 반드시 신중한 추론과정이 있어야 한다. 계량이든 수학이든 논리학처럼 신중하게 모든 문제의 가설의 전제를 이해해야 한다.

누구나 견해와 지식이 부족한 면이 있다. 때문에 자신의 경험에만 의지하면 논리적 오류가 생길 수 있다. 가벼운 예를 들어 보자. "모든 조류는 날 줄 안다. 펭귄은 조류이다. 따라서 펭권도 날 줄 안다." 이 말을 들은 사람은 물을 것이다. "이게 무슨 논리야? 펭귄은 날 줄 모르잖아." 누가 맞을까? 사실 전자의 논리는 맞고, 후자의 비난은 일리가 있지만 핵심은 틀렸다.

경제학도 자주 비슷한 문제에 빠진다. 많은 사람들이 수요공급곡선이 문제해결에 하나도 도움이 되지 않는다고 비판하지만 사실은 그렇지 않은 것과 같다. 첫머리에 요지를 밝힐 때 한 말이 있다. "모든 경제학 연구는 인류가 이성적 동물이라는 가설을 세운다." 경제학을 배우는 과정에서 반드시 신중하게 이해해야 할 전제는 무엇인가? 관찰하고 추론할 때 결론이 자기의 경험과 어긋난다고 모든 것을 부정해서는 안 된다는 것이다.

펭귄이 날 수 있다는 얘기를 다시 보자. 이는 결코 논리적 착오가 아니라 오히려 오류가 없는 정확한 추론이다. 이 이야기에 대해 비평해야 할 것은 '어째서 모든 조류가 날 줄 안다고 여기는가?'이지 '나의 경험에 의하면 펭귄은 절대 날 줄 몰라'가 아니다. 만일 5,000만 년 전 펭귄이 정말 날 줄 알았다면 어떻게 할 건가?

준비작업2: 경험에서 벗어나라. '관련'은 '인과'가 아니다

이성적인 인류의 모든 행위를 탐구하는 경제학은 '관련성', '상호 인과관계' 같은 키워드와 연관돼 있다. 경제학을 배울 때 새겨두어야 할 원칙은 '관련이 있다고 반드시 인과관계가 성립되는 것은 아니며, 인과관계가 있다고 반드시 관련 있는 것도 아니다'라는 점이다.

핵심 포인트

경제학의 토론은 반드시 논리를 바탕으로 해야 하며 가설의 전제를 등한시 해서는 안 된다.

관련성은 관찰하는 객체의 서로 관련된 성질을 가리키지만 그 배후에는 우리가 모르는 중요한 원인이 있다. 그에 반해 절대적으로 필연적인 변화를 '상호 인과관계'가 있다고 한다. 이러한 인과관계에는 순서가 있기 때문에 반드시 신중한 추론을 거쳐야 증명할 수 있다. 설사 100% 관련이 있어도 상호 인과관계가 없을 수 있다. 따라서 경제학에서는 인과관계라 얘기하지 않고 대부분 관련성이라는 표현으로 대체한다. 그 밖에 여기서 말하는 인과는 법률, 종교의 인과와는 정의가 다르다.

예를 들어 왕첸밍(王建民: 대만출신 야구선수)이 양키스에서 투수로 있을 때 한 매체에서 그의 2006~2007년의 성적을 관찰한 결과 왕첸밍이 승리 투수일 때 대만 주식이 오르는 비율이 68%에 달한다는 통계가 나왔다. 당시 많은 매체

왕첸밍 승률과
주식시장 자료표

2007년 경기일	상대팀	승	패	당일 주식시장
5/22	레드삭스	1	0	+47
5/27	에인절스	0	1	−3
6/2	레드삭스	1	0	+44
6/7	화이트 삭스	1	0	+40
6/13	다이아몬드백스	1	0	−23
6/18	매트로폴리스	1	0	+182
6/24	자이언츠	0	1	+126
6/29	오리올스	0	1	−9
7/4	미네소타트윈스	1	0	+72
7/9	에인절스	1	0	+181

가 "왕첸밍이 승점을 올리면 타이베이 주식시장에 붉은 등이
켜진다"고 썼다.

매우 흥미로운 결과처럼 보이지만 정말로 왕첸밍의 경기
성적에 따라 주식을 산다면 결국에는 낭패를 보고 말 것이다.
분명 그 두 해 동안 왕첸밍의 승점과 주식의 오르내림은 상당
한 관련성을 보였다(아래표 참고). 하지만 왕첸밍이 승점을 올
린 것은 결코 주식이 오른 원인이 아니다. 간단한 이유를 하
나 들면 그가 승점을 올렸을 때 주가가 크게 떨어진 적도 있
다. 그가 경기에 나가지 않았을 때도 주가는 오르거나 내렸
다. 당시 주식 시장은 투기 열풍에 휩싸였었고, 왕첸밍의 승
률도 높았다. 교묘하게 맞아 떨어진 부분이 많았던 것이다.

또 하나 재미있는 예가 있다. 친구가 원망 섞인 목소리로
"아, 비가 많이 오네. 집에 또 물이 새겠군."이라고 했다. 매우
간단한 말이지만 정말로 비가 와서 물이 새는 것일까? 시각
을 바꿔서 생각해 보자. 비가 오는 것이 누수의 원인이라면
어째서 이웃집은 물이 새지 않는 것일까? 비가 오지 않아도
물이 샐 가능성은 없는가? 사실 비가 오는 것은 누수의 여러
조건 가운데 하나이다. 비와 누수 간에는 커다란 관계가 있지
만 둘 사이에 인과관계가 있다고 말할 수는 없다. 집에 물이
새지 않게 하고 싶다면 하늘에 비를 내리지 말라고 요구할 게
아니라 수리점을 찾아가야 한다.

철학 문제처럼 보이기도 하지만 앞의 두 가지 예는 일이 발
생하는 원인은 다양하며 각각의 원인은 오직 하나의 조건만
을 대표할 뿐 반드시 결과와 주된 인과관계를 가지는 것은 아

핵심 포인트
관련 있다고 반드시 인과관계
가 있지는 않지만 인과관계가
있으면 반드시 관련 있다.

님을 말해준다. 경제학을 배우는 과정에서 조건에 대한 의심을 유지하며 조건의 배후에 있는 기타 형성 원인을 찾아보자. 경제학의 탐구는 이런 주제의 겉옷을 한 벌 한 벌 벗겨 버리고 진정한 경제의 상호 관계를 찾는 것이다.

3가지 방법

수학, 통계, 역사 사상의 해석

경제학은 우리의 일상생활을 토론한다. 단지 우리가 깊이 생각하지 않아 모르고 지나갈 뿐이다.

"내가 하기 싫은 일은 남에게 억지로 시키지 말아야 한다"는 말이 있다. 이 말을 경제문제에 대입하여 토론할 수 있다. 이 같은 행동이 서로의 효용을 만족시키는 데 부합되는가? 이성에 부합되는가? 시장의 수요공급 균형을 잃게 하지는 않는가? 물론 답은 여러 각도에서 생각할 수 있다. 여기서는 경제학에서 자주 사용하는 분석 방법에 대해 소개하고자 한다.

핵심 포인트
수학은 경제문제를 단순화하고 논리적으로 만드는 최선의 선택이며 도표화하는 중요한 초기 작업이다.

수학(수량화)해석 – 단순화, 논리화, 도표화하기

또 수학이다! 하지만 걱정할 필요 없다. 간단한 산수만 할 줄 알면 수학적 방식으로 해석할 수 있다.

경제학은 수학과 밀접하게 연결돼 있다. 경제 활동 자체가 가격, 돈, 수량과 관련 있는 데다가 수학은 경제문제를 단순화하고 논리적으로 만드는 최선의 선택이자 도표화하는 중요한 초기 작업이기 때문이다. '효율', '효용' 등을 얘기할 때 '높고', '낮음'이라는 표현은 사람마다 정의가 달라 주관적일 수 있으므로 숫자로 표현하는 것이 가장 정확하다.

저녁 식사를 위해 쓸 돈이 10,000원 있다고 치자. 치킨가스는 10,000원, 새우튀김 덮밥은 9,000원, 계란볶음밥은 7,000원이다. 경제학자가 당신의 선택을 돕는다면 메뉴가 당신에게 주는 만족 정도를 물을 것이다. 최저 1점부터 최고 10점까지다. 당신에게 치킨가스는 10점, 새우덮밥은 8점, 계란볶음밥은 7점이다. 거기에 음료가 주는 만족도까지 더하면 2,000원짜리 콜라는 5점, 3,000원짜리 커피는 7점이다. 경제학자가 내린 결론은 다음과 같다. "음, 그렇다면 7,000원짜리 계란볶음밥과 3,000원짜리 커피를 사세요! 이때 당신의 효용(7+7=14)이 가장 높으니까요."

물론 현실에서 이렇게 표현하는 사람은 없을 것이다. 하지만 경제학에서 수학적 개념을 응용하면 추상적인 서술을 간단하고 논리적으로 표현할 수 있다. 더 나아가 이 저녁 식사 문제를 도표로 바꿀 수도 있다.

통계(계량)해석 – 통계로 해석과 예측하기

통계는 응용수학이다. 자료를 귀납하고 통합해 한층 깊이

해석하고 예측해서 운용하는 것이다. 보험료, 부동산 가격, 선물 옵션 등은 반드시 통계를 사용해야 한다. 경제학에서는 특별히 통계를 '계량'이라고 부른다. 확률뿐 아니라 상관성의 정도 검증 등 경제 모델 수립에 주로 사용된다. 앞서 '상관성'과 '인과'에 대해 소개한 것을 기억할 것이다. 통계(계량)해석은 경제학에서 이 같은 문제를 규명하는 데 유용하게 사용된다.

예를 들어 '교통사고의 열의 아홉은 과속 때문입니다'라는 교통 구호가 있다. 교통사고 발생을 줄이기 위해서는 반드시 과속 단속 카메라를 광범위하게 설치해야 한다는 주장은 매우 논리적인 말처럼 들리지만 달리 생각해보면 길에서 빠른 속도로 운전하는 비율은 원래 높은 것은 아닐까? 만약 99%의 운전자가 과속을 한다면 교통사고 발생 원인으로 과속의 비율이 당연히 높게 나오지 않겠는가? 이때 통계의 중요성이 드러난다.

이는 왕첸밍과 주식등락의 예와 비슷하다. 구호 속의 데이터에서 교통사고와 차량 속도의 관련성을 짐작할 수 있다. 하지만 교통사고와 속도 간의 인과관계, 더 나아가 과속 단속 카메라의 설치에 대한 찬반토론은 아마도 더 엄격한 통계와 추론이 있어야 정확한 답을 얻을 수 있을 것이다.

데이터의 배후에는 수많은 부정확성이 내포돼 있다. 특히 경제 활동은 숫자 문제와 깊이 연관되기 때문에 경제학은 반드시 통계를 이용해야 한다. 그래야 경제행위에 영향을 미치는 핵심요소를 이해하고 토론할 때 더 명확한 답을 얻을 수 있다. 예를 들어 통계에 의하면 급여가 5% 늘 때 예상 소비는

핵심 포인트
통계는 자료의 귀납과 통합을 이용하여 해석하고 운용과 예측을 하는 것이다.

1% 증가한다든지 경찰 행정 예산이 1% 증가할 때마다 범죄율은 10% 줄어든다는 등의 추론을 할 수 있다. 앞서 말한 교통사고의 90%가 과속 때문에 발생하니 과속 단속 카메라를 추가 설치해야 한다는 정책은 효용이 있는가? 운전 개선의 효율은 얼마나 될까? 카메라는 어디에 설치해야 할까? 이런 문제는 정확한 통계 분석을 통해 대부분 쉽게 해결할 수 있다. 어쨌든 간에 과속은 좋은 일이 아니다!

역사 사상 해석 – 경험과 철학을 이용해 추론하고 분석하기

경제학은 오랜 시기 동안 정치학과 윤리학의 분파에 속했었다. 때문에 역사 및 철학의 시각에서 출발한 탐구 방법이 지금까지 이어져왔다.

이런 탐구 방법은 경제학보다 사회학의 탐구 방법과 비슷했기 때문에 늘 의문점이 생겼다. 방법에 대한 논쟁이 있지만 경제학자들은 여전히 자신의 견해를 입증할 때 역사 경험을 증거로 삼고 역사 자료를 연구하는 방법으로 사회의 경제행위 변화를 해석한다. 역사경험을 이용하는 탐구 방법이 상당히 중요하다는 점은 부인할 수 없다.

언론의 경제 정책 분석에서는 경험을 이용한 토론을 자주 볼 수 있다. 대만 정부가 소비 쿠폰을 발행했을 때 경제학자들은 일본의 경험을 예로 들어 정부에서 발행한 소비 쿠폰이 일으킬 수 있는 문제점에 대해 논했다. 나라의 위기상황에서 중앙은행이 금리를 결정할 때는 현재의 경기 데이터 외에 다른 나라의 방법을 참고하거나 과거 정책 결정 경험을 참고한

지금의 한국은 20년 전 일본?

노령화 문제나 부동산 경기 등을 얘기할 때 일본의 경험을 근거로 드는 경우가 많다. 지금 한국의 모습이 딱 20년 전 일본의 모습과 닮았다는 것이다.

다. 이처럼 역사 사상 해석은 광범위하게 운용된다. 하지만 정확하게 비교 분석을 하려면 또 다른 노력이 필요하다.

철학 토론도 마찬가지다. 마르크스주의, 자본주의 등 경제 이데올로기의 배후에는 수학이나 통계만 있는 것이 아니라 철학을 기초로 한 가치관이 담겨있다. 마르크스는 유물변증법으로 사회 문화 현상을 해석하고 공산주의 경제학설을 세웠다. 기타 경제학파의 선구자들도 거의 모두 경제학설의 가치 체계를 세우는 것을 목표로 했다. 경제학의 아버지 애덤 스미스도 철학자였다.

현대 사회의 철학 가치관의 논쟁 중에는 경제와 관련된 토론이 적지 않다. 후생경제학은 가치관의 논쟁에 자주 부딪친다. 건강보험 정책에서 의료의 상품화 토론의 핵심은 가치관 문제다. 최근 많은 사람들이 주목하는 환경 보호 의제도 마찬가지다. 농지와 해안 습지를 사들여 석유화학공장을 세우려면 경제 생산 가치가 생태보호보다 우선하는지에 대해 토론해야 한다.

역사 사상 해석법은 우리의 생활과 밀접한 관련이 있다. 또한 자신만의 인생 경험과 가치관이 있기 때문에 토론에서 논리와 객관성을 지키도록 유의해야 한다. 이를 지키지 않으면

의식의 흐름을 따라가는 논쟁이 되기 쉽고 경제학의 탐구 의의를 잃게 된다.

종합 - 규범(規範)경제학과 실증(實證)경제학

경제학에서 자주 접할 수 있는 3가지 탐구 방법에 대해 간단히 소개했다. 이와 같은 경제학의 탐구방법은 '규범경제학'과 '실증경제학'으로 분류할 수 있다.

규범경제학이란 주관적이고 가치판단이 필요한 토론이다. 역사 사상의 해석 방식이 대표적이다. **실증경제학**은 객관적이며, 도덕적인 가치판단 대신 증거를 추구하는 연구 방법이다. 실증경제학에서는 통계를 주로 사용한다. 현대 경제학의 주류 학파들이 대부분 이에 해당한다. 화폐주의, 합리적 기대학파 등은 통계(계량)를 연구의 기초로 사용한다. 규범경제학은 '어떻게 할지'를 토론하고 실증경제학은 '앞으로 어떻게 될지'에 대해 토론한다.

그렇다면 수학 분석방식은 어디 갔는지 궁금한 사람들이 있을 것이다. 사실 실증이든 규범 분석이든 모두 수학(수량화)의 방식으로 토론한다. 문제를 간략화하고, 논리화하는 가장 기본 과정이기 때문이다. 어떤 학파이든 수학 분석 방식에서 벗어나기 어렵다. 더 깊이 들어가 보면 실증과 규범은 결코 양립하는 연구 방법이 아니며 누가 우세한지 열세한지의 문제도 아니다. 누가 먼저인지는 더더욱 중요하지 않다. 둘은 상호 보완하는 연구방법이다. 결론적으로 경제학은 가치 판단과 증거 추구 둘 다 떼어 놓고 생각할 수 없다.

"내가 하기 싫은 일은 남에게 억지로 시키지 말아야 한다" 는 말을 분석 방식에 대입해 보자. 규범경제학에선 다음과 같은 결론을 얻을 수 있다. 이 일이 정말 남에게 해를 끼치고 나에게도 도움이 되지 않으면 다른 사람에게 떠맡기지 말아야 한다. 만일 남에게는 손해지만 나에게 이득이면 도덕적 문제에 대해 토론해야 한다.

핵심 포인트

규범경제학은 주관적이고 가치판단을 필요로 하며 실증경제학은 객관적이며 증거를 추구한다.

실증경제학에 대입하면 먼저 자신은 하고 싶지 않지만 다른 사람에게 부탁해야 하는 사례를 정리해야 한다. 이런 사례 가운데 타인의 효용이 손해를 입을 비율은 얼마인가? 만일 통계상 95%의 사례가 타인에게 손해이고 나에게도 이득이 없다면 누구나 피해자가 되고 싶지 않다는 기초 하에 내가 하기 싫은 일을 최대한 남에게 억지로 시키지 말아야 한다. 안 그러면 사회 경제 총 효용은 마이너스가 된다.

철학적 사고방식을 대입한다면 다른 사람에게 베푸는 것이 정말 자신이 원하는 것인지 물을 것이다. 만일 증명할 수 없다면 이 말이 대표하는 것은 효율적이고 효용 있는 경제행위가 아니다. 이 3가지 방법은 언뜻 궤변처럼 보이지만 그 안에 논리적 추론이 들어 있다.

2가지 분류

거시경제학과 미시경제학

경제학을 대형 쇼핑센터 건설에 비유하면 경제학의 정의,

토론 주제, 탐구 방법은 기초를 다지는 것에 해당한다. 다음은 구역을 나눠 시공을 해야 한다. 튼튼한 기초를 이용하여 이 건물의 가치를 높이자.

중학교 때 배운 생물 과목을 떠올려보자. 생물은 DNA의 유사 정도에 따라 '계문강목과속종'으로 분류된다. 또는 식성에 따라 '초식', '육식', '잡식'으로 나뉘기도 한다. 경제학의 세계에도 이런 개념이 있다. 앞 장에서 탐구 방법에 따라 '규범경제학'과 '실증경제학'으로 나눈 것처럼 다양한 분류방식이 있다. 경제학에서 가장 기본적으로 광범위하게 쓰이는 분류 방식은 연구 목적의 범위에 따라 구분하는 것이다. 현대 서양 경제학은 이에 따라 '거시경제학'과 '미시경제학'으로 구분한다.

신흥 경제학 학과, 환경경제학, 법률경제학 등은 모두 이 두 학문을 기초로 한다. 재미있는 것은 각 경제학과의 학술 연구는 모두 독립적이지만 각 영역은 완전히 독립할 수는 없다는 점이다. 심지어 반드시 서로 협조해야만 발전할 수 있다. 그래서 거시와 미시의 기초를 완벽히 마스터하면 마치 온몸의 맥이 통하는 것처럼 이치에 통달할 수 있다. 많은 학문이 서로 통하는 것도 경제학 덕분이다.

경제학이 언제부터 거시와 미시 두 부류로 나뉘기 시작했는지는 의견이 분분하여 정론을 찾기 어렵다. 20세기 이전에 경제학은 정부의 증세, 화폐 정책, 국제 무역 등 주로 '부의 증가'에 초점을 둔 경제활동에 대해 토론했다. 고전경제학파는 오랫동안 서양 경제 사상의 발전을 이끌었다.

전 세계가 전쟁과 1930년대 미국의 '경제대공황(Great

핵심 포인트

거시경제를 이해하려면 어떻게 한 나라의 경제를 안정시키는지 알아야 하며, 미시경제를 이해하려면 자신의 모든 선택과 결정을 관리하는 법을 배워야 한다.

거시경제학의 아버지 케인스 (1883~1946)

케인스는 영국 경제학의 대표자이다. 케인스의 이론들은 케인스 경제학의 뿌리가 되었을 뿐만 아니라 다른 거시경제학파들에게도 큰 영향을 미쳤다. 20세기에서 가장 큰 영향을 미친 경제학자로 인정받고 있기도 하다.

숨겨진 이야기

케인스는 자신의 스승 마샬을 무척 존경했다. 그는 훌륭한 경제학자는 반드시 여러 가지 천부적 재능이 결합돼야 한다고 말했다. 부호를 알아야 하고 문자로 표현할 수 있어야 하며 편향적이지 않아야 하고, 때로는 초연한 예술가 같으며 때로는 속세에 발을 담근 정치가 같아야 한다. 케인스는 이 말을 스승 마샬에게 바쳤다.

Depression)'의 심한 타격을 받은 뒤에는 케인스(John Maynard Keynes, 1883~1946)가 고전경제학파를 비판하며 새로운 경제학 개념을 제시했다. 전통적인 모델을 깨고 '수요'를 사고의 출발점으로 삼아 산업, 소비자 행위와 정부 행위를 강조한 것이다. 케인스의 학설이 담긴《고용, 이자 및 화폐의 일반 이론(The General Theory of Employment, Interest and Money)》이 발표된 후 정식으로 현대 거시경제학의 기초가 세워졌다.

미시경제학은 처음에 고전경제학 안에 개념이 있었다. 당시에는 일종의 토론 방법으로만 여겨졌지 경제학자들의 탐구대상이 되지 못했다. 19세기 말 영국 경제학자 알프레드 마샬이《경제학 원리(Principles of Economics)》를 발표한 후 수요·공급·균형의 개념이 완전하게 자리잡았고 '미시경제학'의 기초가 다져졌다. 후에 케인스의 저서《일반 이론》의 영향으로 미시경제학의 연구가 간접적으로 시작되었으며, 거시와 미시경제학도 명확한 발전 방향성이 생기기 시작했다.

이후 경제학의 분류가 분명해졌다. '거시'는 한 나라, 한 경제체제, 심지어 전 세계의 '경제 현상'을 연구 범위로 한다. 예를 들어 한 나라의 경제 성장률, 글로벌 경기 혹은 한 도시의 실업률 등을 연구하는 것이다. 이는 경제학의 가장 보편적인 개념이기도 하다. 반면에 '미시'란 개인, 생산자, 국가가 행한 '경제행위'의 상호작용과 영향을 가리킨다. 사회복지정책, 생산정가전략, 게임이론전략 등이 그 예다.

이쯤에서 거시와 미시의 구분이 '사람'이나 '국가'를 기준으로 연구하는 것이 아님에 주목해야 한다. 오히려 '경제현

상'과 '경제행위의 상호 관계'를 기준으로 삼고 구분하는 것
이다. 전자는 총합을 강조하고 후자는 **상호작용**을 강조한다.
하지만 이 또한 상당히 추상적인 개념이다. 그렇다면 우리는
도대체 무엇을 배워야 할까?

거시경제학은 무엇에 관심을 가지나?

경제체제를 안정시키는 경제 질서

모두들 거시경제학이라는 단어가 낯설지 않을 것이다. 우
리가 가장 관심 있는 GDP성장률, 중앙은행의 금리 정책, 경기순
환, 통화팽창 등이 모두 거시경제학의 연구 범위다. 또한 일반
사람이 경제학에 대해 가지는 통속적인 인상이기도 하다. 엄
밀히 말해 거시경제란 거대한 경제체제를 토론 단위로 삼아
그 안의 '**토지, 자본, 노동력, 자연자원의 변동**' 등으로 인한 경제
현상을 연구하는 것이다. 그중 자본은 가장 중요한 연구 대상
이다. 모든 생산요소의 운용과 변동이 '돈'에서 벗어날 수 없
기 때문이다. 거시경제연구의 최종 목적은 경제체제의 발전
을 안정시켜 경제행위의 극단적인 편향으로 사회가 질서를
잃지 않도록 만드는 것이다.

국민소득과 취업

거시경제학의 목적이 전체 경제체제의 안정이라면 그중
최대 관심사는 **국민소득과 취업**문제다. 지출 방면에서 국민소
득에 영향을 미치는 요소는 민간 소비, 투자, 정부지출, 수출,

● **생산요소** : 토지, 자본, 노
동, 기업능력 등 생산과정에
투입되거나 서비스를 제공
하는 자원을 가리킨다. 경제
를 운용하고 유지하기 위한
필수 기본 요소다. 초기 투입
(primary input)과 중간 투입
(intermediate input) 두 가지
로 나뉜다. 초기 투입은 가공
을 거치지 않은 생산요소이고
중간투입은 초기 투입에 가공
을 한 생산의 중간 과정이다.

수입이다(Y=C+I+G+X-M). 더 자세히 설명하면 소비는 급여 및 물가와 관련 있고, 투자는 이율과, 정부지출은 세수와, 수출입은 기술 및 환율과 관련 있다. 그 배후에는 다시 급여와 실업률의 관계처럼 각각 다른 영향을 주고받는 요소가 있다. 항목들 간에도 밀접하게 관계되어 또 다른 주제가 파생된다. 이런 토론이 거시경제학의 범주를 구성한다.

이처럼 복잡하게 얽혀있기 때문에 경제 정책은 사소한 일로도 전체에 영향을 미치는 위기가 닥칠 수 있다. 예를 들어 중앙은행의 이율 정책을 결정할 때는 금리의 변동이 가져올 화폐공급과 수요 상황, 물가에 미치는 영향까지 종합적으로 살펴본 후 실패할 가능성은 없는지 판단해야 한다. 잘못된 방향으로 갔을 때의 결과가 가져올 파급력은 매우 심각하기 때문이다. GDP를 자극할 방안을 탐구할 때는 정부의 지출 확대로 발생하는 효용과 효율을 고려하는 동시에 민간의 투자를 배제한 것은 아닌지도 고려해야 한다. 물론 경제학자마다 서로 다른 관점이 있을 것이다.

자본주의에 대한 의문

국부론, 화폐주의, 케인스주의 등은 모두 거시경제를 탐구하는 과정에서 나온 개념으로 당시에도 수많은 집정자들의 정책 결정에 도움이 됐다. 하지만 사회는 결코 불변하는 존재가 아니다. 과학기술과 상업이 발전하며 전 세계 모든 국가는 빠르게 발전하고 싶어 한다. 투자 수요가 많아질수록 금융거래와 '생산요소의 변동' 상황도 복잡해졌다. 자본 문제는 거시경제의 핵심이다.

거시경제학의 많은 이론은 끊임없이 도전을 받았다. 케인스학파에서는 수정된 개념이 파생되었고, 과거에 추종을 받던 '보이지 않는 손'의 자유주의 개념은 최근 유럽 재정위기, 리먼브라더스 등 금융위기 발생 후 정부의 시장 개입의 중요성을 인정하게 됐다. 자본주의의 과도한 자유가 일으킨 경제 실패를 바로잡는 것이 최근 거시경제학자들이 직면한 최대의 도전이다.

미시경제학은 무엇에 관심을 가지나?

어떻게 관리하는가

고전학파는 미시경제학을 거시경제를 연구하기 위한 기초 도구로 여겼다. 대부분의 대학과정에서 경제학은 초반에 미시경제학의 수요·공급, 가격탄성, 산업경쟁 등의 문제에 대해 배운 뒤 다음 학기에 거시경제문제를 토론한다. 어째서 그럴까? 미시경제 행위를 종합하면 거시경제학에서 관심을 가지는 요소가 되기 때문이다. 생산자 경쟁 환경, 시장 산업의 규모 등등 미시경제 요소가 거시경제의 요소에 영향을 미치기 때문에 미시와 거시는 뗄 수 없는 관계다.

미시경제학이 거시경제학에서 분리되어 나온 이유는 연구

핵심 포인트
미시경제학의 연구대상은 개별 소비자와 생산자이며 주로 소비이론, 가격이론 및 분배이론에 대해 토론한다.

범위가 거시경제와 다르기도 했지만 가장 주요한 원인은 연구 목적에 있다. 미시경제학은 '어떻게 관리'하는지를 탐구하기 때문에 의료법, 상업관리, 정부관리 등 '응용경제학'이라는 새로운 경제학의 영역으로 확장됐다. 기업 관리의 일부인 **생산자의 가격 결정 전략, 상품 성질 및 이윤 결정** 등은 미시경제학의 핵심 내용이다. 정부정책으로 범위를 확대하면 정책의 관리를 위한 공공행정 범위의 과세방식, 복지정책, 공공재 제공 등이 미시경제에 포함된다.

효용과 효율

관리의 목적은 자원을 더 효율적으로 운용하고 효용을 확대하는 것이다. 효율과 효용은 미시경제학이 가장 관심 갖는 주제다. 현대 미시경제학은 **소비이론과 가격이론, 분배이론** 이 세 가지에 대해 연구한다.

소비이론은 비용문제를 포함해 개인 소비 효용의 문제를 탐구하고 가격이론은 수요 공급의 가격균형 문제와 시장경쟁 문제를 연구한다. 분배이론은 수입과 자원배치의 효율 문제를 탐구한다.

미시경제학의 확장 - 응용경제학

고리타분한 학문처럼 보이지만 미시경제학은 사실 상당히 재미있다. 앞 장에서 언급한 치킨을 사고 도시락을 사는 예는 모두 미시경제학의 범주에 들어간다. 미시경제학을 논하면서 영화 〈뷰티풀 마인드(A Beautiful Mind)〉의 주인공, 노벨경제학상을 수상한 실존인물 존 내쉬(John Nash)에 대해 언급하지 않을 수가 없다.

수학에서 경제학의 영역으로 넘어온 사람이 내쉬가 처음은 아니지만 가장 칭송받아 마땅한 학자 가운데 하나인 것은 분명하다. 특히 그의 내쉬 균형(Nash Equilibrium)은 미시경제학의 균형 관점을 새로 해석하였고 정치, 마케팅, 화폐정책, 국제무역 등 미시와 거시 전략에 광범위하게 운용됐다. 최근에는 전산화로 경제학 연구 범주가 한 걸음 더 확장됐다. 미시경제학은 '응용경제학'의 이론적 기초로 쓰인다. 현대사회에서 각종 응용경제학은 점점 경제학계의 주류로서 자리 잡아가며 발전하고 있다.

철학 문제의 도전

20세기 초 '미시경제학'에 대한 개념이 여전히 논쟁을 벌일 때 실용적인 분석 방식 덕분에 새로운 경제학과가 나타나자 미시경제학의 존재 가치가 높아졌다. 그러자 법, 상업, 군사, 공공의료 등 응용 영역의 경제 연구가 주목을 받기 시작했다. 오늘날 미시경제학자들은 자신이 잘하는 연구 영역이 있다. 최근 노벨상을 수상한 미시경제학자 중에는 게임이론과 제도경제학에 밀접한 관계가 있는 사람들이 많다.

미시경제 연구가 전문적이 될수록 윤리의 문제, 즉 규범경제학에서 토론하는 '어떻게 해야 옳은가'의 문제와 부딪치게

숨겨진 이야기

수학천재 존 내쉬는 어려서부터 너무나 비범했기에 정신병 징조가 보였을 때 모두들 대수롭지 않게 여겼다. 그는 각종 숫자와 문자를 억지로 이어 붙이고 종교와 정치 해석을 더하거나 자신을 학교와 정부기관에 밀고하려 하기도 했다. 프린스턴대학은 내쉬가 일을 크게 저지를까 걱정이 되어 편지를 보내지 못하도록 하였다. 내쉬는 프린스턴대학의 '유령'이 되어 자유롭게 교정을 드나들었고 교수와 학생들은 내쉬가 조현병 환자인 것을 모두 알아차렸다고 한다.

됐다.

재미있는 예를 들어 보자. '복제인간이 필요할까?' 현대과학 기술로 복제인간을 제작하는 것은 크게 어려운 일이 아닐 것이다. 하지만 그 배후에는 생각해봐야 할 수많은 문제들이 있다. 대다수의 소비자는 단순히 의료방면에서 복제인간을 이용하는 것을 생각할 것이지만 의사와 생물학자는 임상실험의 문제를 고려할 것이다. 거시경제학자들은 복제인간이 가져올 시장경제 효익이 얼마나 국가 경쟁력을 높여줄 수 있는지를 탐구할 것이다. 전통 미시경제학자들은 시장의 수요와 공급 그리고 가격문제를 탐구할 것이다.

하지만 경제학자들은 여기서 만족하지 않는다. 현대 미시경제학자들, 예를 들어 법 경제학자는 복제인간에게 인권이 있는지 아니면 타인의 재산권에 속하는지 연구할 것이다. 어떤 사람을 복제해야 하고 어떤 사람을 복제해서는 안 될까?

미시경제학 Micro Economics	거시경제학 Macro Economics
개인의 소득 연구	국가 소득 연구
수요와 노동 공급 분석	경제 전체 고용 분석
가계와 기업의 결정을 다룸	총체적 결정을 다룸
개별 가격 연구	총체적 가격 수준 연구
재화의 수요와 공급 분석	총체적 수요 및 공급 분석

개별 경제 주체의 최적화 행위를 분석하여 균형점을 찾고자 하는 경제학.
돋보기로 각각의 '나무'를 관찰하는 것과 같음.
(개인, 가계, 상품)

시장 전체의 균형점을 찾고자 하는 경제학.
망원경으로 '숲'을 내다보는 것과 같음.
(GDP, GNP, 물가, 경제성장, 실업)

복제인간을 상업화한다면 더 많은 사회의료 비용이 파생될 것인지도 고민해 봐야 한다. 이 같은 문제들은 복잡하지만 피할 수 없는 사회발전의 현실이다. 한편으론 경제학을 배우고 운용하면서 얻는 최고의 즐거움이기도 하다.

3분 리뷰

오늘 배운 내용을 정리하며 점검해보세요.

1. 서양경제학은 이성을 연구하는 철학의 시각에서 출발하며 동양경제학은 군주가 나라를 다스리는 법칙이라는 시각에서 출발한다.

2. 경제학은 '이성, 효용, 효율, 공급과 수요, 균형'이라는 다섯 가지 주제를 연구한다.

3. 인간의 행위는 이성적인 면을 반드시 지닌다. 생각이 적다고 비이성적인 것은 아니며 생각이 많다고 반드시 이성적인 것만도 아니다. 핵심은 얼마나 정확하게 생각하느냐에 있다.

4. 경제학은 어떤 동기가 어떤 행위를 만드는가, 어떤 정보가 어떤 행위를 만드는가 같은 '이성의 형성 원인'을 이해하는 학문이다.

5. 효용의 극대화는 모든 경제인의 목표이지만 그 과정 중 종종 제한에 부딪친다. 모두가 자신의 효용만을 추구하다가는 양쪽이 함께 망하는 결과를 초래한다.

6. 경제행위는 때때로 외부적 요인 때문에 효용이 깨진다. 따라서 고효율이 꼭 고효용을 가져오는 것은 아니며 저효율이 저효용인 것도 아니다. 이 사이에서 취사선택하는 것이 경제학에서 탐구하는 내용이다.

7. 수요는 경제의 동력이고 공급은 효용의 교환이다. 효용은 경제의 목적이며 이성은 경제행위의 방식이다.

8. 효용 함수로 수요를 해석하고 자원배치의 효율성으로 공급을 해석한다.

9. 균형은 어떤 원인으로 인해 장기간 불균형이 되기도 한다. 만일 독과점, 외부적 요인 등 시장 자체가 원인이라면 '시장 실패'라고 하고 정부 본위주의, 재정 정책 등 정부가 원인을 조성했다면 '정부 실패'라고 한다.

10. 논리는 추리의 정확성을 중시하지만 경험의 일치 여부는 개의치 않는다. 관련 있다고 반드시 인과관계가 성립하지는 않지만 인과관계가 있으면 반드시 관련된다. 하지만 인과관계는 종종 확인하기 어렵다.

11. 경제학은 가치판단을 하기 어렵고 증거를 추구하지도 않는다. 실증경제학과 규범경제학 간에는 우열의 문제가 없다.

12. '탐구 방법'에 따라 실증/규범경제학으로 구분하고, '연구 범위'에 따라 거시/미시경제학으로 나눈다.

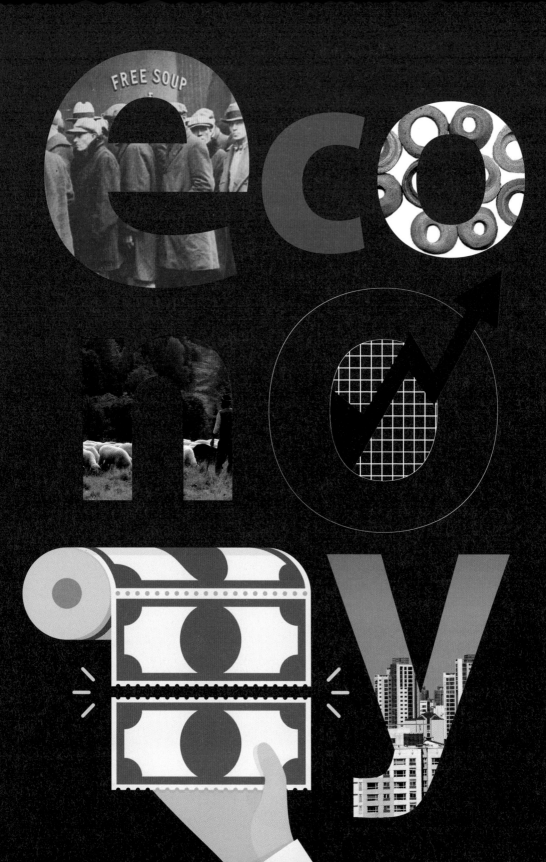

2

화요일

기원과 발전

경제학의 대가 마샬은 "자연은 비약하지 않는다(Natura non facit saltum)"라고 했다.

경제학은 수백 년간 지혜를 쌓아 왔으며 지금도 발전을 거듭하고 있다. 지난날을 거울삼아 미래를

예측하는 것은 경제학 공부에서 꼭 필요하고 중요한 과정이다. 이 장에서는 경제학의 발전 궤적과

진전을 함께 살펴보도록 하자.

경제학은 시작부터 발전까지 어떤 단계를 거쳤을까?

– 경제학의 기원 및 발전

19세기 이전

경제학 사상의 계몽시대

15~18세기: 중상주의(重商主義, Mercantilism)

중상주의는 초기 경제발전 시기에 비교적 완벽한 이데올로기로 여겨졌었다. 하지만 학술 논문에 의거한 학설이 아니라 후에 경제학자들이 중세 유럽의 정치 경제 현황을 근거로 새로 구성하였기 때문에 정치 철학에서 분리되어 나온 일종의 실천방식으로 여겨졌다.

중상주의라는 명칭과 정의는 18세기에야 등장했지만 사실 더 이른 시기부터 실천되고 있었다. 춘추전국시기 나라들인 초(楚), 상(商), 당(唐), 송(宋), 원(元), 명(明)의 대외 무역, 중세 유럽의 대항해시대 모두 중상주의 행위에 부합된다. 이 같은 경제행위의 배후에는 중요한 요소가 있다. 국내에 식량과 자원이 부족해지자 국가의 발전과 생존을 위해 교역을 확대하고 식민지 건설에 나선 것이다. 이는 현재까지도 유효한 요소다.

중상주의의 발전은 15세기 말의 영국 튜더(Tudor)왕조로 거슬러 올라간다. 영국이 봉건사회에서 자본주의로 전환하는 중요한 시기로 정부는 방직업 수출로 귀금속(황금, 은)을 벌어들였고, 화폐의 증대(금과 은이 화폐 주조의 원재료였다)가 국가의 부를 상징한다고 여겼다. 자본이 축적되자 영국에서는 수공업을 발전시키며 공예품을 제작하는 동시에 스페인, 네덜란드 등 해양대국에게서 해외 시장을 빼앗기 위해 영해권을 중시하기 시작했다. 영국의 변화는 당시 유럽에 회오리바람을 몰고 왔다. 많은 국가들이 영국을 따라 하기 시작하면서 이 같은 변화는 중상주의 사상의 기초가 됐다.

엘리자베스 1세(1533~1603)

1558년 11월부터 44년간 잉글랜드 왕국 및 아일랜드 왕국을 다스린 여왕으로 본명은 엘리자베스 튜더이다. 엘리자베스 1세는 열강의 위협, 급격한 인플레이션, 종교 전쟁 등으로 혼란스럽기 그지없던 16세기 초반 당시 유럽의 후진국이었던 잉글랜드를 세계 최대 제국으로 만드는 데 이바지하였다.

중상주의의 주요 개념

18세기 말 애덤 스미스의 《국부론》이 중상주의를 비판하기 시작하며 중상주의에 대한 명확한 정의가 생겨났다. 영국의 발전 모델과 역사적 과정에 근거해 종합한 중상주의의 특색은 다음과 같다.

1. 전쟁, 탐험 등을 통해 귀금속을 획득한다.
2. 대외무역을 독려하고 무역을 통해 타국의 금, 은을 획득한다.
3. 인구의 증가를 장려하고 식민지 통치를 강화하여 자원을 취득하고 소비 시장을 확보한다.

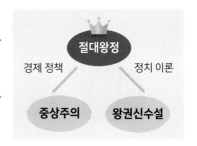

식민지 무역

15세기에 시작된 대항해의 흐름은 16세기 유럽에 팽창의 시대를 가져왔다. 유럽의 나라들은 더욱 공격적으로 식민지를 개척해 갔으며 16세기 후반으로 갈수록 영국의 힘이 강해졌다. 식민지 개척을 위한 세계 진출은 폭력적으로 바뀌어 아시아, 아프리카, 아메리카에서 무자비한 착취가 이루어졌다. 유럽은 점점 부유해졌지만 나머지 대륙은 큰 고통을 겪었다.

4. 국가가 감독하며 수시로 간섭해야 한다. (예: 관세보호 등)

중상주의가 가장 중요하게 고려한 것은 금, 은, 귀금속의 점유였다. 국가 자본을 축적하고 이를 바탕으로 공예와 군사의 발전을 직접적으로 촉진시킬 수 있었기 때문이다. 중요한 점은 자본의 축적이 간접적으로 중세 유럽 봉건제도의 막을 내리게 하였다는 점이다. 당시 유럽에서는 토지의 소유주가 생산력의 소유를 의미하지 않았기 때문에 반드시 부를 축적한 것은 아니었다. 게다가 정부가 나날이 상업을 중시하자 봉건지주와 상인 계급 간의 심한 충돌이 야기됐다. 중상주의는 '현대자본주의'와는 많이 다르다. 둘 다 자본 축적의 중요성을 인정하지만 근본적인 목적에서 차이가 난다. 전자는 국가의 강성을 위하여 자본을 축적했으며 이로 인해 만족한 이들은 통치계급의 외척으로 얽힌 파벌 관계자들이었다. 자유로운 경제 시장을 바라는 후자는 정부가 상업제도를 보호하지만 간섭을 하지 않고 개인이 완전하게 자신의 노력으로 이득을 취하게 한다.

정치적으로도 중상주의는 상당히 중요하다. 16세기 대항해 시대에는 영해권을 확장하고 중상주의 국가 개념을 발전시켰다. 영해권 획득 때문에 식민지와 전쟁 문제가 발생했고 민족주의와 제국주의의 정치사상이 심화됐다. 지금까지도 여전히 이런 사상의 흔적을 쉽게 볼 수 있다. 한국과 중국의 괄목할 만한 성장 배경에는 민족주의가 작용하였고 미국은 군사와 외교 능력으로 민간의 강력한 다국적 기업을 배출했다. 학자들은 미국이 새로운 경제 패권제국이라고 여긴다. 중상주의가 많은 국가의 발전을 이끌었음은 부인할 수 없다.

중상주의의 주요 발전

대다수의 경제 역사학자들은 14세기 유럽의 르네상스시대부터 자본 축적의 사상이 생겼다고 여긴다. 종교 개혁과 대항해 시대에는 중상주의의 중요성을 부각시켰다. 200여 년간 유럽은 크게 변화하였고 중상주의도 17세기 중엽 전성기를 맞았다. 그중 가장 주목할 만한 사람이 프랑스의 재무장관 콜베르(Jean - Baptiste Colbert, 1619~1683)이다.

프랑스는 종교전쟁의 우환을 겪고 17세기 초에야 발전을 도모하기 시작했다. 프랑스 왕 루이 14세는 1643년 등극 후 프랑스를 유럽의 강국 중 하나로 이끌었는데 콜베르는 이 시기의 재무대신이었다. 1665년 국가의 발전이 모든 것에 우선한다고 여긴 콜베르는 무역 수지를 증대하려 애쓰며 4가지 방면에서 국가 건설을 주도했다. ①공업 강화 및 프랑스 과학원 설립 ②상업 확장 및 자국 제품의 관세 보호 ③군사 건설 강화 및 해군 방어 확대 ④세율 조정으로 국가 재정수입 안정. 이 밖에도 식민지에서 들어오는 자원을 안정적으로 관리하기 위해서 콜베르는 프랑스 국민의 식민지 이주를 장려했

다. 오늘날 캐나다의 불어 사용 지역, 미국 일부 지역의 불어 지명은 모두 당시의 정책과 관련 있다.

프랑스는 콜베르의 경제 개혁으로 마침내 강대국이 되었고, 영국, 스페인, 포르투갈, 네덜란드 등 옛 해양대국에게 큰 위협이 됐다. 하지만 빠른 국력 성장이 좋은 일만은 아니었다. 자본의 축적을 과도하게 중시한 결과 내부적으로 빈부 격차의 위기가 생긴 것이다. 프랑스는 국내 상품을 보호하고 정치 군사역량으로 상업 발전을 보조하였지만 그렇게 얻은 이익은 대부분 황실과 세도가들에게 돌아가 심각한 계급의 대립이 조성됐다. 이에 더해 조급한 영토 확장과 자원 점유로

1639년경 클로드 로린이 그린 프랑스 항구

루이 14세와 루이 15세가 집정한 100여 년간 군사 지출이 크게 늘었다. 이는 재정의 부담뿐만 아니라 프랑스를 쇠퇴하게 한 '7년 전쟁'의 도화선이 됐다. 군사 지출의 과중, 빈부 격차의 심화에 자원의 쟁탈까지 일어나자 유럽의 철학자들은 중상주의를 반성하기 시작했고 이에 '중농주의'가 생겨났다.

콜베르는 경제학자가 아니었지만 성공적으로 중상주의 이념을 집행한 정치가였다. 콜베르의 개혁 조치는 프로이센, 러시아 등의 발전에도 영향을 미쳤다. 후세 사람들은 '중상주의'를 '콜베르 주의'라고 부르기도 했다.

중상주의의 전환

콜베르가 중상주의를 최전성기로 이끈 뒤 반세기도 되지 않아 중상주의는 도전을 받았다. 애덤 스미스의 《국부론》이 유럽 중상주의의 분수령이 되고 경제학의 중요한 새 기점이 됐다. 중상주의 전환의 시작이었다.

중상주의를 성공시킨 18세기 유럽은 지난 정치 경제를 반성하며 많은 저서들에서 부국강병 정책이 가져온 경제문제를 분석하기 시작했다. 재미있는 점은 대다수의 견해가 상인, 은행가, 비전문학원 출신의 학자에게서 나왔다는 것이다. 이 중에 토머스 먼(Thomas Mun, 1571~1641), 리샤르 캉티용(Richard Cantillon, 1680~1734)은 화폐와 물가에 대해 중요한 주장을 했다. 이들은 집정자에게 중상주의 정책을 부정하지 않는 선에서 대량의 화폐 주조로 인한 통화팽창 문제, 국내 급여수준과 수출 문제, 농업생산 문제 등에 대해 자신의 경제적

숨겨진 이야기

토마스 먼은 중상주의 시기의 가장 중요한 이론 창시자이면서도 일개 상인이었다. 그는 콜베르처럼 부국강병을 실현시키지는 못했지만 '무역차액설'을 주장했다. 국가가 본국의 화폐를 써서 외국의 금, 은 등 귀금속을 들여와야 한다는 것이다. 토마스 먼은 세무에도 일가견이 있어 중상주의의 가장 중요한 사상가라고 불렸다.

의견을 제시했다.

핵심 포인트
중상주의 이데올로기는 반역 사상과 계급 간의 대립으로 유럽을 무너뜨렸다.

　끝없는 사상 반대와 계급 대립으로 사회 불안이 지속되자 중상주의는 유럽에서 몰락했지만 그렇다고 완전히 사라지지는 않았다. 오히려 더 많은 경제 학설에 스며들었다. 19세기 일본, 독일, 미국 같은 나라들이 여전히 보호관세 정책, 무역 차액 취득, 공업 우선 발전 등 몇몇 중상주의의 기본 원칙을 유지한 것이 좋은 예다. 중상주의가 중시하는 군사역량은 국제 정치 담판과 자유 무역 개념으로 대체되었고 귀금속을 비축하여 자본을 누적하는 것은 외환포지션 실력 및 석유, 석탄 등 천연 자원 장악으로 대체됐다. 학자들은 이런 중상주의 사유의 변화를 '신중상주의'라고 해석했다. 지금까지도 신흥국가의 경제 발전은 이 기본 원칙을 따르고 있다. 한국, 중국의 최근 몇 년간의 놀라운 성장은 '신중상주의'의 좋은 예다.

　중상주의는 비록 완벽한 기초를 갖추지는 못했지만 중세의 부국강병을 이끈 수단임은 분명하다. 중상주의에 대해 우리가 더 알아야 하는 이유는 화폐, 관세제도, 세수, 공유지 비극, 게임 경쟁 등과 같은 경제학의 소재를 제공했기 때문이다.

18세기: 중농주의(重農主義, Physiocracy)

중농주의의 주요 개념

　농업은 인류의 가장 원시적인 자연 생활 방식으로 중세까지 동서양은 여전히 농업의 발전에 의지해왔다. 상업을 중시한 중상주의의 발전 이후 세법과 자원 투입에서 불균형적인 정책이 나타나기 시작했다. 그러자 18세기 프랑스에서는 콜베르 주의에 대한 반발로 중농주의가 탄생했다.

중상주의에 비해 중농주의는 학파와 학설이 있고 철학이론의 근거도 있어 훨씬 더 논리적이고 이상적으로 보인다. 중농주의는 '자연법(nature law)' 사상에 바탕을 두고 인류의 경제활동이 천체 운행과 마찬가지로 하늘의 이치와 자연의 법칙과 연관된다고 여겼다. 모든 균형을 깨는 행위는 일시적일 뿐 결국 자연으로 돌아가니 경제 활동은 인간의 기본 자유에서 출발해야 한다고 주장했다. 이런 사상은 노자의 《도덕경(道德經)》에서 천명한 '청정무위(淸靜無爲)'의 개념과 닮았다. 하지만 당초 중농주의는 국가의 간섭에 저항하여 자유롭고 자연스러운 방법만이 안정적으로 경제발전을 이룰 수 있다는 주장이었지 개인 수양과 희생을 말하는 사상학설이 아니었다.

프랑수아 케네(François Quesnay, 1694~1774)는 《경제표(Tableau économique)》에서 농업은 모든 경제활동의 기초이며 부의 유일한 근원이라고 서술했다. 중농학파는 화폐를 부의 상징으로 삼는 것에 반대했다. 화폐는 교역의 매개일 뿐이며 공업과 상업 활동은 농산물을 가공한 후 고가로 팔아 차액을 남기는 것이지 실질적인 생산활동이 아니라고 주장했다. **모든 가치는 토지에서 나온다는 것**이다. 중농학파는 토지에 비용을 투입하고 생산(토지세)해 내

핵심 포인트

중농주의는 대자연을 보호하기보다 개인 자본의 축적을 중요시한다.

프랑수아 케네

프랑스의 경제학자이자 의사이다. 초창기 경제학자로 농업을 중시하는 중농주의로 잘 알려져 있다. 흔히 그의 사상은 "농업은 국부의 원천"이라는 말로 요약된다. 애덤 스미스 등과 함께 자유 방임주의를 주장한 것으로 유명하다.

● 지세(地稅): 땅 주인에게 지불하는 임대료와 기타 수익을 가리킨다. 중세 유럽은 모든 사람이 경작할 수 있는 땅을 가지고 있는 것이 아니었기에 농민은 반드시 지주에게 땅을 빌려 생산해야 했다. 지주는 기본 임대료 외에 수확량에 따라 곡물이나 현금을 더 받았다. 잉여가치와 경제 발전 토론에서 중요하게 취급하는 경제현상이다.

는 문제를 중요시했다. 애덤 스미스도 이 같은 사유방식에 영향을 받았다. 안정적인 농업 생산에 관심을 기울인 중농주의였지만 당시 프랑스 중농학파는 농민들의 경제생활 문제보다는 기업형의 농업으로 생산을 증대시키는 쪽에 더 관심을 두었다. 결국 중농주의는 본질적으로 **자본주의의 또 다른 유형**이라고 할 수 있다.

중농주의는 중상주의를 개혁하려고 했지만 둘 다 자본축적을 중시한다는 공통점이 있다. 단지 축적하는 수단과 사유방식에서 각자 의견이 다를 뿐이다. 중농주의의 핵심은 **자유,자연의 이념을 존중하는 것**이다. 학자들은 이것이 '현대 자본주의'의 '자유방임(laissez-faire)' 개념을 제공했다고 여긴다.

중농학파는 18세기 중엽 프랑스의 경제 사상과 정책에 영향을 미쳤다. 콜베르 주의 이후 프랑스 사회에 군사지출과 세법 불공평 등 후유증이 지속되자 중농학파의 옹호자인 당시 프랑스 재정부장관 튀르고(Jacques Turgot)는 두 가지 정책을 제시했다. 첫째, 자유로운 무역을 지지하며 관세보호를 취소한다. 둘째, 공평한 세법을 추구하고 농업 생산을 보호한다. 하지만 사회 문제로 야기된 궁정 투쟁으로 튀르고의 개혁은 지지를 얻지 못했다. 튀르고는 자리에서 물러났고 중농학파는 정치적 무대를 잃어버렸다. 얼마 뒤 1786년의 심각한 가뭄에 뒤이어 3년 뒤에는 프랑스 대혁명이 발발했다. 그럼에도 중농주의의 자유정신과 농업 생산가치에 대한 관심은 여전히 지속됐다. 19세기 초에 철학자 칼 마르크스는 농산품의 잉여가치를 강조한 《잉여가치론(Theories of surplus-value)》을 발표했다. 자유방임 사상은 애덤 스미스의 분석을 거쳐 지금까지도 경제학에 중요한 영향을 미치고 있다.

중농주의의 주요 발전

중농주의에 대해 논하려면 케네라는 인물을 빼놓을 수 없다. 중농주의의 창시자인 케네는 궁정 의사였다. 생물학 외에도 철학과 수학도 연구한 케네는 철학을 기초로 생물의 행위에 대한 글을 썼으며 말년에는 농업 중심의 경제이론을 냈다.

케네는 평생 많은 저서를 남겼는데 중농주의 관련 저서 중에는 《경제표》가 가장 중요하다. 《경제표》에는 사실 간단한 경제 흐름표만 있다. 작가의 목적은 도표를 이용하여 화폐의 운행방식을 해석하는 것으로 이는 후에 중농학파 이론의 기초가 됐다. 케네는 전체 사회 경제를 ①생산계급 – 농민 ②지주계급 – 군주와 지주 등 토지 소유자 ③비생산계급 – 상공업자 이렇게 3개의 계급으로 나누었다. 그는 화폐가 이 세 계급 사이를 유동하는 과정을 통해 생산계급이 부의 주축적원임을 증명했으며 농업생산을 중시해야만 진정으로 국가를 부강하게 만들 수 있다고 주장했다.

《경제표》의 순환도표를 자세히 보면 경제학 교과서에서 볼 수 있는 '경제유통도표'와는 차이가 있다. 시대적 배경이 다르기 때문이지만 적어도 대략의 윤곽은 묘사했다고 볼 수 있다. 《경제표》가 중요한 의의는 경제 순환 외에도 다음 다섯 가지로 정리할 수 있다.

명언 한 마디
부가 주는 안전감이 없다면 대지도 그저 황무지일 뿐이다. - 케네

● 잉여가치(剩餘價値): 노동자는 제품을 만들고 급여를 받는다. 상인의 제품 판매 가격이 노동자에게 준 급여와 생산원가를 더한 것보다 훨씬 더 높을 때 나는 차이가 바로 잉여가치이다.

핵심 포인트
중농학파는 일반적으로 케네와 정치, 철학, 경제학 등을 토론한 학자들을 가리킨다.

1. 가장 오래된 경제학 방법론: 케네가 제시한 경제 순환방식은 후에 레온티에프(Wassily Leontief, 1905~1999)의 생산요소 연구에 영향을 미쳐 국제 무역의 새로운 개념을 제시했다.

2. 잉여가치의 개념 : 잉여가치는 제품 가격에서 노동자의 임금을 제하고 생산 원가를 더한 것으로 케네는 농산품이야말로 잉여가치의 기원이며 농업이론 경제의 기초라고 강조했다. 마르크스는《잉여가치론》에서 한층 더 깊이 있는 주장을 펼쳤다.

3. 소비, 생산, 재소비, 재생산의 순환은 국가 화폐의 축적이 부의 축적과 같지 않음을 설명한다. 이 개념은 후에 고전경제학파의 공급과 수요에 대한 견해에 영향을 끼쳐 생산이야말로 부강으로 가는 길임을 강조했다.

4. 지주 계급은 생산과정에 도움을 주지 않고 불로소득을 얻었기 때문에 지주 계급에 세금을 더 부과해야 한다. 케네는 후에《부세론(Impôts)》을 써서 개념을 통합 정리했다. 이는 후대의 재정학자들의 과세 개념과 애덤 스미스의 '토지세' 관련 주장에 막대한 영향을 끼쳤다.

5. 순환은 국가의 개입이 필요 없다. 케네는《경제표》에서 자유 경제의 중요성을 설명하며 국가가 간섭을 배제하고 자유 무역을 확대해야 한다고 주장했다. 당시 정치적 요소 때문에 이런 주장은 주목받지 못했지만 현대 경제의 발전에 지대한 영향을 끼쳤다. 농업지상, 자유존중의 개념도 여기에 잘 드러난다.

케네는 말년에 많은 이론을 제시하여 중농학파의 사상에 깊이를 더했다. 저서 중에 가장 유명한 것은 《인구론(Hommes)》이다. 소비 문제를 중시한 케네는 《인구론》에서 소비, 물가, 부의 축적과 인구 간의 관계에 대해 얘기했다. 마르크스는 그를 천재라고 예찬했으며, 30년 후 고전학파 경제학자인 맬서스도 케네의 주장에 영향을 받아 '맬서스 인구 함정'이라는 중요한 학설을 제시했다. 중농주의는 비록 유럽에서 더 이상 찾아보기 힘들지만 경제학에 지혜의 창을 열어주었다는 사실은 변함없다.

중농주의의 변화

중농주의는 중상주의보다 경제학 발전에 더욱 큰 공헌을 하였지만 수명은 길지 않았다. 경제사학자들은 일반적으로 케네가 1756년 발표한 《토지세론(Evidence)》때부터 1776년 튀르고가 경제개혁으로 물러나기까지 20년을 중농주의 시기로 본다.

그 밖에 1776년 발표된 《국부론》은 중농학파의 화폐, 토지, 노동력, 자유 무역 분석의 부족함은 보완하고 '자유방임'에는 더욱 실용적인 정책과 해석을 부여했다. 전문적인 경제 분석이 주입되고 정치적인 색채는 옅어졌다.

19세기 유럽에 대규모의 공업 혁명이 시작된 뒤 농업 생산 계급의 세력은 약해지고 상공업자들이 사회 대부분의 생산 자원과 이익을 장악했다. 이들은 새로운 생산 계급, 즉 블루칼라 노동자를 만들어냈다. 이후 중농주의의 이상에 대해 언급하는 사람은 더욱 줄었다. 현재는 환경보호 단체들이 중농주의 중에서 '자연' 개념을 연구하기 시작했다. 흥미롭고 새로운 발전 방향이다.

　공업 혁명이 서양 세계에 대규모의 변화를 가져올 수 있었던 것은 자유방임 시장경제의 역할이 컸다. 자유경제가 시장의 주목을 받은 덕분에 현대 자본주의 사회는 공업 혁명시기부터 튼튼한 기초를 닦을 수 있었다. 비록 고전경제학파가 현대 사회의 기초를 만들었다고 말해도 중농주의가 연 '자유'의 풍토가 오늘날 자유경제를 이끈 것이다.

19세기 ~ 20세기

경제학 백가쟁명(百家爭鳴) 시기

고전경제학(Classical Economics, 1766~1870)

　19~20세기는 경제학의 백가쟁명 시기로 중상주의와 중농주의의 뒤를 이어 고전경제학파가 등장했다. 고전경제학파는 경제학에서 굉장히 중요한 이정표이다. 현대 자유 경제의 모든 개념은 고전경제학에서 중요한 기초를 찾을 수 있기 때문이다.

고전경제학의 주요 개념

　고전경제학파는 18~19세기 영국과 프랑스의 경제학자를 가리키는 통합된 호칭이다. 고전경제학의 기본 사상은 《국부론》이라는 위대한 저서에 담겨있다. 고전경제학파는 경제 사상면에서 중농학파의 자유방임을 계승했지만 부강한 국가와 사회를 만드는 방법에 대해서는 상당히 다른 견해를 가지고 있다. 고전경제학은 농업 활동에만 주의를 집중하지 않고 어떠한 형식의 생산도 경제에 도움이 된다고 강조한다. 고전경제학의 중심사상을 가장 잘 해석한 주장은 세이 법칙(Say's Law)이라 불리는 '공급이 수요를 창출한다(Supply creates its own demand)'라는 학설이다.

세이(Jean - Baptiste Say, 1767~1832)는 프랑스의 고전경제학자이자 상인으로 애덤 스미스의 '작은 정부', '자유경쟁'을 추종했다. '공급이 수요를 창출한다.'는 학설도 《국부론》개념의 연장이다. 글자 그대로 해석하면 아무렇게나 제품을 생산만 하면 누군가 구매할 것이라고 오해하기 쉽지만 사실은 전혀 아니다. 세이는 시장이 정부의 간섭이 없는 자유경쟁 상황에서 공급자가 스스로 적당한 수량을 제공하고 더 좋은 제품이나 서비스로 경쟁에 참여하면 공급은 자연히 수요를 찾는다고 여겼다. 예를 들면 미국의 스타벅스가 들어오기 전까지는 대부분의 사무실이나 가정에서 믹스로 된 인스턴트 커피를 마셨다. 스스로 원두를 갈아 내리는 커피에 대한 개념이 낯설었으며 커피는 자판기에서 쉽게 뽑아서 마실 수 있는 기호 식품 정도에 불과했다. 그러나 국내에 스타벅스가 진출하면서 원두 커피는 누구나 쉽게 즐길 수 있는 대중적 음료가 되었다. 이제는 길에서 커피를 들고 다니는 모습은 너무 흔한 풍경이 되었다. 커피는 손쉽게 얻을 수 있는 상품이 되었고

장바티스트 세이 (1767~1832)

프랑스의 경제학자 · 실업가이다. 그는 자유주의적 관점을 정식화하였으며, 경쟁, 자유 무역의 활성화와 경제적 규제 철폐를 주장했다.

● **공급이 수요를 창출한다 :** 세이 법칙의 핵심 개념이다. 고대 물물교환 사회에서는 먼저 자신의 물건을 내놓고 교환을 원하는 자가 있는지 기다리다 마지막에야 만족한 결과를 얻을 수 있었다. 고전경제학은 공급이 먼저 발생하면 수요는 이어서 발생한다고 보았다. 그 안에는 시장에 불로소득은 없다는 의미가 내포돼 있다.

'원두 커피'의 사업성도 커져 편의점까지 진출할 정도가 됐다. 이런 수요의 확장이 바로 '공급이 수요를 창출한다.'는 가장 좋은 예일 것이다.

핵심 포인트
세이 법칙의 '공급이 수요를 창출한다.'는 고전경제학의 중심사상이다.

그런데 이 개념이 어째서 고전경제학파의 주요 정신일까? 시장의 자유 경쟁을 통해 경제의 안정적인 균형 순환을 가져올 수 있다고 믿기 때문이다. 이른바 '보이지 않는 손'은 시장의 안정적이고 균형적인 역량을 표현하는 것이다. 나쁜 제품은 시장에서 자연히 도태될 것이다. 생산자는 경쟁에서 두각을 드러내기 위해서 더 좋은 제품을 제공할 것이고 자연히 더 많은 수요가 생길 것이다. 정부가 유일하게 할 일은 '보이는 발'을 뻗어 간섭하지 않는 것이다.

고전경제학파의 위대함은 자유 시장 경제의 이념을 전달하고 체계적으로 분석도구를 이용해 경제학의 중요한 한 걸음을 내디뎠다는 점에 있다. 당시 소수의 국가만이 고전경제학파의 '작은 정부' 이론을 채택했지만 거의 모든 국가가 경제 제도, 법률 제도, 조세 제도, 무역 제도 등에는 고전경제학파 이론의 영향을 받았다. 그러나 19세기 중엽 공업 혁명과 수학 운용의 부흥으로 고전경제학파는 내리막을 걷기 시작했다.

고전경제학의 주요 발전

《국부론》의 위대함은 경제학의 문제를 체계적인 몇 가지 영역으로 분류했다는 점이다. 수학 논리의 추론을 포함하여 '자본, 토지, 노동, 무역, 조세, 이윤' 등 현대 거시경제학의 연구 대상이자 고전경제학자들 연구의 주요 근거인 여섯 가지 대분류의 내용을 아우르고 있다.

애덤 스미스 (1723~1790)
스코틀랜드 출신으로 영국의 정치경제학자이자 윤리철학자이다. 후대의 여러 분야에 큰 영향을 미친 《국부론》의 저자이다. 고전경제학의 대표적인 이론가인 스미스는 일반적으로 경제학의 아버지로 여겨지며 자본주의와 자유무역에 대한 이론적 심화를 제공했다.

고전경제학을 이해하기 위해서는 애덤 스미스를 소개하지 않을 수 없다. 애덤 스미스는 젊은 시절 영국에서 신학과 철학 교육을 받은 윤리학계의 뛰어난 철학자였다. 《국부론》을 발표하기 전인 1759년에는 공감, 동정심, 도덕 방관자 등 인류의 감정을 관찰하고 논한 《도덕 감정론(The Theory of Moral Sentiments)》이라는 저서를 발표했다. 유교사상의 '인성은 본

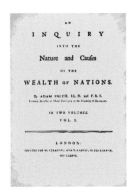

《국부론》

1776년 3월에 출판된 애덤 스미스의 주요 저작이다. 이 책은 무엇이 국가의 부를 형성하는가에 대한 세계 최초의 설명 중의 하나이며, 오늘날 고전 경제학의 기초적인 저작으로 여겨지고 있다. 산업 혁명 태동기의 경제를 반영하여 노동 분업, 생산성, 자유 시장 등 광범위한 주제를 다루고 있다. 총 5편으로 이루어져 있고, 제1편은 노동 생산력의 증대 원인, 제2편에서는 자본 축적의 원칙, 제3편에서는 경제발전의 여러 단계, 제4편에선 중농주의와 중상주의의 비판, 제5편에선 재정 문제를 논한다.

래 선하다'는 주장과 비슷하지만 애덤 스미스는 도덕적으로 우수한 사회를 표방하거나 인류의 선량한 본성을 자극하지 않았다. 그는 이 책에서 인류가 반드시 **도덕적 공감**이라는 철학 이념을 추구해야 한다고 설명한다. 또한 인성은 공동 이익의 추구를 기초로 해야 한다고 주장했다. 이 문제는 후에 《국부론》의 중요한 개념이 됐다. 이는 철학과 연관된 문제이지만 이 같은 애덤 스미스의 인성에 대한 견해가 경제학의 중요한 기초가 된 것이다.

《도덕 감정론》을 발표한 후 1764년 애덤 스미스는 프랑스 학술계를 방문하여 중농학파의 창시자 케네를 만났고 그의 사상에 영향을 받았다. 그 후 10년을 투자하여 중농주의의 견해를 재정립하였으며 그 안에 자신의 철학을 더해 1776년 《국부론》이라는 거작을 완성해냈다. 그는 중상주의에서 국가 위주로 축적되는 자본을 반대하면서 개인은 마땅히 자신의 재산을 소유해야 하며 정부는 이에 간섭해서는 안 된다고 주장했다. 생산 방면에서는 농업만으로는 부족하고 노동력의 분업과 임금의 변화를 중시하는 것이야말로 부강함의 근본이라고 여겼다. 토지세와 이윤 방면에는 과거의 데이터로 자본 유동의 개념을 분석해 현대 화폐은행의 틀을 만들었다. 무역에 대해서는 자유 무역과 관세 최소화가 상품 유동과 자본 축적에 유리하다고 했다. 애덤 스미스는 **자유경제가 최고의 원칙**이라 주장했다.

이 같은 애덤 스미스의 학설은 많은 추종자들을 양산했다. "그의 사상은 경제학의 대기업이 되어 여러 유형의 많은 경제 이론을 생산해냈다."라고 말한 이도 있다. 18세기 후기에는 우수한 경제학자들이 나왔다. 세이 외에도 우리가 익숙히 아는 《인구론(An Essay on the Principle of Population)》을 쓴 맬서스와 《정치경제학 및 과세의 원리(Principles of Political Economy and Taxation)》를 쓴 리카도 등이 있다. 이 책들은 모두 《국부론》의 연장선에 있다. 19세기 공업 혁명 후기의 사회주의 학자도 《국부론》의 견해를 인용하여 자본주의의 황당함을 비판하기도 했다.

이 중 리카도의 학설이 가장 중요하다. 본래 금융업의 대가였던 리카도는 20세 즈음에야 경제학을 처음 접하기 시작했지만 실무 경험이 풍부했다. 그가 후세 경제학자들의 찬사를 받은 이유도 추상적 이론을 실제 정책으로 만들었기 때문이다. 애덤 스미스의 뒤를 이어 분업 문제에 가장 관심을 가진 리카도는 '비교 이익'의 개념을 상당히 중요하게 여겼다. 예로 A 공장은 하루에 20벌의 셔츠와 10벌의 바지를 만들 수 있고, B 공장은 하루에 10벌의 셔츠와 20벌의 바지를 만들 수 있다면 우리는 아마 A 공장에게는 전문적으로 셔츠를 만들게 하고 B 공장에게는 바지를 만들게 할 것이다. '비교 이익'의 개념에서 확장하여 원가와 분업 문제에 대해 더 깊이 토론하여 노동, 생산, 지세 등 문제의 핵심 사상을 형성하는 것이다. '차액지대설(differential rent)'은 이런 사상의 가장 고전적인 이론이다. 당시 영국 정부의 관세 보호, 세율 정책이 큰 영향을 끼쳤다. 그 밖에 화폐의 유동에 대해 '등가세'의 개념을 제시했다. 리카도는 '정부가 지금 지폐를 찍으면 미래에

핵심 포인트

국제무역이론의 기초인 리카도의 비교 이익설은 분업, 생산효율 등 개념의 발전에 상당히 중요한 역할을 한다.

절대지대와 차액지대

절대지대는 마르크스가 소개한 개념이다. 지주는 아무리 토지의 가치가 낮아도 공짜로 빌려주는 짓은 하지 않는다. 모든 땅은 지대를 징수한다. 이것이 절대지대이다. 한편 같은 넓이의 토지도 비옥한 정도에 따라 작물 생산량이 달라진다. 이때 임차비용은 토지의 질이 좋을수록 높아지는 것이며, 가장 열등한 지역의 지가와 비교했을 때의 차액분이 차액지대이다.

반드시 세금이 늘어난다'고 주장했다. 이는 상당히 큰 반향을 불러일으켰다. 근대까지 여전히 많은 학자들이 이 주제에 대해 끊임없이 연구하고 있다.

애덤 스미스와 리카도는 고전학파 전·후기의 핵심 인물이다. 이들은 철학적 바탕을 갖추었기에 그 시대에 두각을 드러낼 수 있었다. 비록 이들 고전학파는 자유 경제의 가치관을 가지고 있었지만 최종 목적은 세상을 유토피아로 바꾸는 것이 아니라 정부에 더욱 효율적인 사상과 정책을 제공하는 것이었다. 그러나 자유 경제는 사회 안정을 확보할 수가 없었고 19세기 중·후기 빈부 격차가 심해지자 '보이지 않는 손'은 도전을 받게 됐다.

고전경제학의 변화

고전경제학파가 표방한 '공급이 수요를 창출한다.'와 '작은 정부'의 정신은 후에 밀(John Stuart Mill, 1806~1873)이 《정치경제학 원리(The Principles of Political Economy)》를 발표한 이후 새로운 변화가 생겼다. 영국의 경제학자인 밀은 리카도의 개념을 이어받은 고전경제학계의 권위자였다. 하지만 밀은 고전경제학이 제창한 '작은 정부'를 지지하지 않았다. 그는 정부가 거시적 시각으로 사회 문제를 보완해야 한다고 여겼다. 밀은 '공급이 수요를 창출한다.'는 추론에도 의문을 품었다. 공급보다 수요 문제를 중시한 밀은 '유효수요설'을 제시하고 고전경제학을 수정했다.

19세기에 사회주의 선구자들은 자본주의 사회가 야기한

핵심 포인트
벤담과 밀은 신고전경제학을 만든 핵심인물이다. 특히 공리주의 학설은 경제학 논쟁의 핵심이다.

● **유효수요설**: 소비능력과 투자능력이 있는 수요를 가리키며 무효수요의 상대적 개념이다. 맬서스가 처음 제시했다. 공급에 수요가 미치는 영향을 강조하고 세이 법칙의 개념을 보충한다. 시장에 유효수요가 부족하면 공급과잉이 발생하여 경제 정체가 일어난다.

빈부격차 문제를 들어 사회주의 사상을 제창했다. 고전경제학에 대한 반성이라고 볼 수 있다. 사회 문제는 고전경제학이 줄곧 소홀히 하고 다루지 않은 부분이었다. 공업 혁명이 전 세계에 거대한 영향을 미칠 거라고 예상하지 못했기 때문이다. 기계가 사람을 대체하고, 원재료 교역 및 새로운 해상 확장 시대가 다시 도래했다. 공리주의의 대가 벤담도 '개인효용 문제'를 경제학의 새로운 연구 대상으로 삼았다.

밀은 고전경제학자의 영향을 받아 개인의 수요에 주목했다. 그는 효용, 탄성 등을 수학적 방법으로 접근해 '신고전경제학'에 중요한 연구 기초를 마련했다.

1850년 이후 신고전경제학 외에도 수학 분석을 중시하는 수리 경제학파, 사회 복지의 최대화를 중시하는 후생경제학파, 정부 기능을 중시하는 독일의 역사학파, 그리고 사회주의의 마르크스 사상 등이 우후죽순처럼 탄생했다. 이런 학파들 중 일부는 고전경제학을 전승하고 일부는 반대 입장에 섰으며 일부는 신고전경제학을 연구했다. 때로는 상호 보완하고 때로는 서로를 비판하기도 했다. 마르크스 사회주의는 비록 현실에서 실현되기는 불가능해 보이지만 자본주의에 대한 마르크스의 비판은 지금까지도 여전히 유효하다.

한꺼번에 일제히 일어난 학파들 때문에 결국 고전경제학은 무너졌지만 정신은 사라지지 않았다. 이후 백 년 가까운 시간 동안 수정과 연구를 거쳐 20세기 중엽 화폐주의와 합리적 기대주의가 두각을 드러내며 고전경제학이 다시 무대에 올랐다.

신고전경제학(Neoclassical Economics, 1870-)

신고전경제학의 주요 개념

밀 이후 주목을 받은 신고전경제학은 고전경제학처럼 일종의 총칭이다. 19세기 후반 고전경제학을 반성하고 연장선에서 탐구한 학파를 가리킨다. 오스트리아학파, 로잔학파 그리고 가장 중요한 케임브리지학파가 있다. 이 3개 학파는 수학 분석, 특히 '한계'의 개념을 잘 활용한 공통점이 있다.

'한계'의 개념은 광범위하게 운용된다. '세 명의 스님' 이야기를 예로 들어 보자. 스님 한 명이 혼자서 멜대를 메고 물을 길었다. 힘들긴 하지만 할만은 했다. 스님 한 명이 더 와서 멜대의 양쪽 끝을 한 명씩 메니 물을 더 많이 길을 수 있었다. 그런데 세 명이 되자 노동력은 한 명 더 늘었지만 서로 앉아서 쉬려고 논쟁만 벌였다. 결국 아무도 물을 긷지 않아 마실 물이 없게 돼버렸다. 스님이 4명, 5명이 되면 어떻게 될까? 노동력이 하나 늘었는데도 전체 효용이 비례해서 늘어나기는커녕 오히려 인력 낭비를 야기했다. 이것이 바로 '한계'의 개념이다. 한계를 개인 효용 문제에 적용해 보자. 앞에서 언급했던 첫 번째 스테이크 도시락이 당신의 배를 75% 정도 채워줬다면 두 번째는 100% 채워주고, 세 번째는 음식을 토하고 싶게 만든다.

나도 들기 싫어!

갑자기 허리가…

걷는 것도 힘드네.

신고전경제학자들은 경제학의 영역에 새로 '한계'의 문제를 도입했다. 고전경제학파는 토지세, 노동력, 자본에 관심을 가진 반면 신고전경제학자들은 개인, 생산자, 상품가격 등 '경제에 영향을 미치는 개체의 행위'에 주목한다. 개체를 분석하여 총체적 경제현상을 추론하는 것이다. 예를 들어 **한계효용 체감법칙, 독과점, 시장 독점** 등이 모두 신고전경제학이 주목하는 부분이다. 그 외에 자원분배의 개념도 상당히 중요하다. 예를 들어 A에게 사과 다섯 개가 있고 B에게 바나나 10개가 있다면 A와 B가 모두 최대효용을 달성하기 위해서는 어떻게 거래를 해야 할까? 이때 '한계'를 이용해야 한다. 신고전경제학은 '한계'의 학문이라고 부르며 신고전경제학파를 '한계학파'라고 부르기도 한다.

신고전경제학은 훗날 미시경제학의 기초가 됐다. 하지만 그 아래 세 학파는 다른 가치관을 가지고 있다. 로잔학파는 사회주의 연구에 편향되었고 케임브리지학파는 '대정부'와 '소정부'의 논쟁에 주목하며 오스트리아학파는 전통의 자유지상을 중시한다. 수학과 한계 개념의 운용은 이들 학파의 가장 기본적인 공감대이다.

비록 신고전경제학 내의 여러 학파가 서로 경쟁을 하고 있지만 이들 학파의 연구방법은 지금까지도 남아 있다. 경제학과 관련된 수학, 즉 '수요탄성', '수요공급 곡선', '게임이론' 등등 모두 이 시대에 모습을 갖추기 시작했다. 이런 개체 분석 이론은 후에 케인스학파, 화폐학파 등과 결합하여 현대 경제학의 모습을 만드는 데 일조했다.

핵심 포인트

한계의 운용은 신고전경제학 시기의 연구 특색으로 로잔, 오스트리아, 케임브리지 3대 학파의 공통 분야다.

신고전경제학의 주요 발전

신고전경제학은 흡사 수학의 전쟁터 같다. 그들은 고전경제학의 추상적인 개념을 수학을 이용하여 구체적으로 증명 또는 반박을 시도했다. 신고전경제학의 '한계혁명'을 이끈 세 명의 중요한 학자가 있다.

1. 로잔학파 – 발라스(Léon Walras, 1834~1910)

로잔학파의 창시자 발라스는 프랑스의 학자 집안에서 태어났다. 하지만 아버지와 달리 발라스의 학창시절은 순조롭지 않았다. 대학생 때 이공계에서 문학으로 전향하였고 후에 부친의 지도로 경제학과 철학 사상을 공부했다. 공무원, 기자, 편집자, 은행원 등 여러 직업을 전전하다 친구의 도움으로 로잔대학의 경제학 교수가 됐다. 발라스가 쓴 책들은 그가 세상을 뜬 후에야 후세 사람들에 의해 알려졌다.

발라스는 학계에서 공산주의 사상을 지지한다며 배척을 당했지만 사실 그는 자유경제의 중요성을 강조했다. 단지 정부가 사회화합을 위해 더 많은 노력을 기울여야지 보이지 않는 손에 개입해서는 안 된다고 여겼다. 발라스는 수많은 학술 저작을 집필하였으며 경제학자 파레토(Vilfredo Pareto, 1848~1923)를 가르쳐 로잔학파의 역사적 지위를 높이는 데 일조했다.

고전학파를 재고찰한 발라스는 노동문제에서 시작하여 '한계효용 가치론'을 제시하고 고전경제학의 '노동가치론'에 반대했다. 신고전경제학 연구방식의 기초인 한계의 개념을 세우기도 했다. 1871년 발라스는 그의 가장 중요한 저서《순

레옹 발라스
프랑스 출신의 수리경제학자이다. 한계효용 이론을 창시했으며, 일반균형 이론의 발달을 이끌었다. 오스트리아 출신의 경제학자 조지프 슘페터는 발라스를 모든 경제학자 중에서 가장 위대한 경제학자라고 평했다.

수경제학 요론(Éléments d'économie politique pure)》을 발표하고 '일반 균형 분석이론'을 제시했다. 발라스는 처음으로 한계라는 개념을 이용하여 상품 생산 요소, 소비자 예산 한계, 물가, 화폐공급 등의 요소에 연립방정식을 대입해 균형을 구했다. 미시경제 발전에 상당히 중요한 영향을 끼친 이 분석 방식은 실용적인 데다 경제학적 소재가 풍부하여 후세 사람들은 발라스를 '수리경제학의 아버지'라고 불렀다.

2. 오스트리아학파 – 멩거(Carl Menger, 1840~1921)

발라스만큼 유명하지는 않지만 그와 동시대에 한계효용에 대한 견해를 제시한 멩거 역시 신고전경제학의 중요한 인물이다. 멩거는 법률을 공부한 덕분에 철학적 기초가 탄탄했다. 비엔나대학에서 교수로 있는 동안《국민 경제학 원리(Principles of Economics)》를 발표하여 학자들의 주목을 받았다. 오스트리아학파의 형성은 멩거에서 시작됐다.

철학자이자 법률학자였던 멩거의 저서는 주로 개인효용의 문제를 다루었다. 어떤 일을 결정할 때 잃어버리게 되는 최대 비용을 가리키는 '기회비용'은 멩거가 효용에서 출발해 확장한 개념이다. 예를 들어 친구가 영화를 보러가자고 했는데 당신에게 같은 시간에 하는 야구 결승전 티켓 두 장이 있다고 가정해 보자. 이때 영화를 보러갈 경우 사라져버린 야구 티켓의 효용이 당신의 기회비용이 된다. 반대의 경우도 역시 마찬가지다. 멩거는 기회비용으로 '가격의 주관적 인정'을 나타냈고 가격의 형성과정에 관심을 기울였다.

카를 멩거
오스트리아와 폴란드의 경제학자.

명언 한 마디
돈은 국가가 발명한 것이 아니고 법이 만든 것도 아니다. 정부는 사실 화폐 생산을 통제할 필요가 없다.
– 멩거

18~19세기 경제 서적의 제목에는 '정치경제(political economics)'라는 표현이 많이 쓰였다. 하지만 학계에서 마샬의 영향력이 막강해지자 그의 주장에 따라 경제학에서 '정치경제'라는 명칭이 사라지게 됐다. 마샬 이후 학계에는 미시와 거시라는 표현이 쓰이기 시작했다. 이 때문에 마샬을 '미시경제학의 아버지'라고 부르는 학자들도 있다.

윌리엄 스탠리 제번스

영국 한계 효용학파의 창시자의 한 사람이다. 영국 공리주의에 의거한 평균적 시민의 쾌락·고통의 계산에서 효용 이론을 전개하고, 재화의 교환 가치는 그 최종 효용도에 의하여 결정된다는 한계 효용 균등의 법칙을 수학적으로 증명하였다. 또한 물가지수의 연구에서 경기 변동은 태양 흑점과 같이 10년 반의 주기를 갖는다고 주장하였다.

3. 케임브리지학파 – 제본스(William Jevons, 1835~1882)

엄격히 말해 제본스는 어느 학파에도 속하지 않았다. 뛰어난 철학자였던 제본스는 주로 수리 논리 및 윤리학을 공부했다. 그의 후기작인《정치경제학 이론(The Theory of Political Economy)》을 보면 발라스처럼 경제학 영역에 수학을 활용한 점이 잘 드러나 있다.

제본스, 발라스, 멩거 세 사람은 모두 한계효용과 관련하여 중요한 주장을 펼쳤다. 그중 제본스는 세 사람 중에서도 비교적 일찍 이 개념을 제시했다. 그는 통계를 이용하여 경기순환을 분석하기도 했다. 오늘날은 컴퓨터 프로그램 덕분에 통계를 내는 것이 편리해졌지만 당시에는 이를 이해하고 조작할 수 있는 사람이 많지 않았다. 통계와 연계된 그의 관련 저서가 특별히 눈에 띄는 것은 아니지만 경제학 연구방법의 중요한 돌파구 역할을 하였음은 틀림없다. 일부 학자들은 제본스와 발라스 두 사람 모두를 수리 경제학의 창시자로 여긴다.

신고전경제학은 이 세 사람이 기초를 마련하였고 영국 케임브리지학파의 경제학자인 마샬에 이르러 크게 빛을 발했다. 마샬은《경제학원리》에서 한계학설을 체계적으로 정리하였고 '수요공급법칙', '가격탄성', '소비자와 생산자 잉여' 등의 학설을 발표했다. 그는 이 학설들을 응용하여 각종 경제 문제를 분석하였으며 신고전경제학은 이후 완전한 이론으로 자리 잡았다.

신고전경제학의 변화

19세기 신고전경제학의 출현 이후 많은 학파와 이데올로기가 탄생했다. 이들은 이전의 중농주의 또는 중상주의처럼 사라지지 않고 지금까지 다양한 경제학 사고유형으로 남아 전체 경제학을 풍성하게 만들었다. 예를 들어 후생경제학파는 현대 재정학에 커다란 영향을 미쳤고, 수리경제학파는 통계의 응용방식을 확대하여 게임이론과 계량모델에 커다란 도움이 됐다.

신고전경제학에서 중요한 세 학파는 눈부신 실력을 발휘하여 20세기 이후 많은 노벨상을 획득했다. 케임브리지학파는 케인스의 영향을 받아 영국에서 '신케임브리지 케인스'학파가 됐다. 오스트리아학파는 후에 하이에크가 자유주의의 사유 기초를 세워 경제자유를 수호하는 중요한 학파가 됐다. 20세기 후반 영국 대처(Margaret Thatcher)수상이 이들을 중용하여 80년대 영국의 새로운 국면을 이끌었다. 로잔학파 발라스의 일반균형분석 이론이 경제학계의 주목을 받았고, 그의 학생 파레토는 현대의 후생경제학, 재정학 등에 영향을 미쳤다. 그 밖에 수리경제학파를 계승하여 미시경제학을 활성화했다.

신고전경제학의 세 학파는 함께 발전했지만 케임브리지학파의 마샬이 사상을 집대성한 후 각자 새로운 출로를 찾아 확장하기 시작했다. 그중 신고전경제학은 사라지지 않고 지금까지 존재하고 있다.

이후 케인스주의의 출현으로 신고전경제학은 두 세력으로

핵심 포인트

발라스, 멩거, 제본스는 한계효용 이론의 발전에 탁월한 공헌을 했다.

● **일반균형분석** : 전체 시장 구조에서 특정 제품의 변화를 분석하는 것으로 상호 영향을 미치는 요소를 판단에 포함시킨다. 복잡하지만 실용적이다.
● **부분균형분석** : 영향을 끼칠 수 있는 시장 조건이 변하지 않는다는 가정 하에 단일 시장에서 특정 제품의 수요공급과 가격변화를 분석하는 것이다. 우리가 흔히 보는 수요공급곡선이 바로 부분균형분석의 방식이다.

핵심 포인트

신고전경제학은 케인스 등 새로운 학파와 결합하여 더 많은 현대경제학 개념을 배양했다.

나뉘었다. 미국 하버드와 매사추세츠공과대학 학자 위주의 '신케인스학파'는 오늘날에도 계속 유지되어 소위 '주류경제학'이 됐다. 다른 하나는 여전히 자유경제의 가치관을 강조하는 '신고전학파'가 됐다.

1930년 이후

대공황 이후의 경제학 전환기

케인스경제학(Keynesian Economics)

마샬은 '한계' 개념을 이용하여 경제학을 재해석했다. 그의 제자 케인스는 이를 한층 더 업그레이드해 '보이지 않는 손'에 직접 도전장을 내밀고 현대 경제학의 주류가 됐다.

숨겨진 이야기

케인스 이론은 뛰어난 실용성 덕분에 정부의 사랑을 받았다. 케인스는 비록 단기 효용을 중요시했지만 그가 말하는 장단기 개념은 시간의 양이 아니다. 단기는 생산요소의 고정 불변, 생산원가의 상대적 고정을 의미하고, 장기는 생산요소와 원가 모두 대폭의 증감이 있는 것을 가리킨다. 정부는 장기간에 걸친 변동을 예측하기 어렵다. 케인스가 단기를 중시하는 것도 같은 이유 때문이다.

케인스경제학의 주요 개념 – 국가 정책의 핵심인 수요 증대

케인스의 이론이 돋보일 수 있었던 것은 1차 세계대전으로 전 세계가 경제대공황에 빠진 것과 밀접한 관계가 있다. 당시 고전경제학이든 그 후의 신고전경제학이든 전대미문의 불황을 해석할 이론이 아무것도 없었다. 케인스가 이를 해석하고 효과적으로 문제 해결까지 한 것이다.

케인스는 학문을 탐구하던 시절에 마샬의 학설을 매우 중시하였지만 용감하게 자신의 스승에게 도전장을 내밀었다. 케인스는 정부 정책을 제정할 때 '세이 법칙'과 '공급방면'이 아니라 '수요문제'와 '단기 불균형' 문제에서 출발해야 한다

고 주장했다. 단기 효과를 중시했기 때문에 한 나라의 장기적인 발전에 적합하지 않다는 비판을 받았지만 그는 오히려 '장기로 갔다간 모두가 실패했을 것'이라고 응수했다. 케인스는 실무적인 경제학자였다.

'수요방면'에 주목하는 가치관은 정부의 적극적 관여를 지지한다. 케인스는 '보이지 않는 손'에 도전장을 내밀고 정부가 적극적이고 효율적으로 수요를 창조하고 지출을 확대해 직접 경제 순환을 자극해야 한다고 주장했다. 오늘날 불경기 때마다 정부가 여러 가지 건설 방안을 제시하고 소비쿠폰을 발행하는 조치를 취하는 것은 모두 케인스의 견해를 확장한 것이다. 경제를 위해 수단과 방법을 가리지 않아야 한다는 것이다.

무료급식소에 줄을 선 실업자들

대공황은 1929년 10월 24일, 뉴욕 주식시장 대폭락, 즉 '검은 목요일'로 촉발되어 전 세계로 확대된 경제공황을 뜻한다. 대부분의 나라에서는 1929년에 시작되어 1930년대 후반까지 지속되었다. 20세기의 가장 길고, 깊고, 널리 퍼진 공황이었다.

케인스의 주장은 1936년에야 그의 저서 《일반이론(The General Theory of Employment, Interest and Money)》에 나오지만 그 이전 1933년 미국의 루스벨트 대통령은 케인스 이념에 근거해 뉴딜정책을 발표하고 안팎으로 곤경에 처한 미국을 구해냈다. 얼마 후 발발한 2차 세계대전에서 미국은 전승을 거두며 오늘날의 글로벌적 지위의 발판을 마련했고 루스벨트도 역사적으로 중요한 지위에 올랐다. 물론 케인스도 인정받아 케인스경제학을 연구하는 열풍이 불기 시작했다.

케인스경제학의 주요 발전 – 신고전파종합(Neoclassical Synthesis)

일부 학자들은 케인스경제학의 탄생 후에 신고전경제학이 끝났다고 하지만 꼭 그런 것은 아니다. 케인스경제학이 전 세계의 주목을 받은 후 1930년부터 1950년까지 20년간 두 명의 경제학자가 케인스경제학에 신고전경제학 이론을 결합하여 새로운 견해를 나타냈다.

케인스처럼 영국에서 온 경제학자 힉스(John Richard Hicks, 1904~1989)의 가장 중요한 성취는 수학과 관련 있다. 현재 거시경제학 교과서에 반드시 등장하는 유형 IS-LM이 바로 힉스가 만든 것이다. 그는 케인스 이론과 신고전경제학이론을 비교한 뒤 이 유형을 통해 화폐, 이율, 소비와 투자 등의 요소를 도표로 해석했다. 이는 케인스경제학과 신고전경제학이 결합된 첫걸음이 됐다. 힉스는 대체효과와 수입효과에 관한 저서도 썼으며 '비교균형분석'의 틀을 만들어 케인스경제학의 내용을 풍부하게 했다.

또 다른 중요한 인물은 하버드대학의 경제학자 새뮤엘슨 (Paul Samuelson, 1915~2009)이다. 노벨경제학상을 수상한 첫 번째 미국인인 새뮤엘슨은 케인스의 옹호자일 뿐 아니라 계량경제학의 창시자이다. 그는 케인스의 수입과 소비이론, 신고전경제 중의 가격이론을 종합하여 케인스의 '유효수요'학설의 부족한 부분을 보완했다.

새뮤엘슨은 케인스의 이론을 통합 정리한 《경제학(Economics An Introductory Analysis)》을 출간했다. 이 책은 후에 대학 교재로 사용됐는데, 대학 교재에 케인스 이론이 가득했던 이유는 새뮤엘슨 때문이었다. 책에서 새뮤엘슨은 처음으로 자신의 이론을 '신고전파종합'이라고 불렀으며 케인스이론과 신고전경제학 이론에 새로운 생명을 불어넣었다.

같은 시기에 마샬 학설 위주였던 영국 케임브리지학파에도 케인스의 사상이 녹아들었다. 하지만 가격이론과 분석 방식의 이념이 달라 '케임브리지 케인스학파'라고 불렸다. 그밖에도 케임브리지학파는 케인스와 리카도의 학설을 결합할 것을 주장했지만 신고전파종합은 신고전경제학의 가치론을 취했다. 두 학파는 서로 간에 정통성을 다투었고 이런 격동을 겪으며 케인스경제학은 한 세기에 가깝게 추앙을 받았다.

핵심 포인트

케인스가 죽은 후 그를 따르던 사람들은 신고전종합 케인스학파와 케임브리지 케인스학파로 나뉘었다.

케인스경제학의 전환

1970년대 1차 석유위기가 발발하자 통화팽창은 세계적으로 가장 골치 아픈 문제가 됐다. 신고전파종합은 첫 번째 도전에 직면했다. 케인스주의는 효과적으로 통화팽창 문제를

오일 쇼크

원유가가 급등하여 전 세계에 경제적 타격을 준 경제 위기를 말한다. 1973년 10월 페르시아 만의 6개 산유국들이 가격인상과 감산에 돌입, 배럴당 2.9달러였던 원유 고시가격은 4달러를 돌파했다. 1974년 1월엔 11.6달러까지 올라 2~3개월 만에 무려 4배나 폭등했다. 이 파동으로 주요 선진국들은 두 자릿수 물가상승과 마이너스 성장이 겹치는 전형적인 스태그플레이션을 겪어야 했다.

화폐주의(=통화주의)

거시 경제의 변동에 화폐 공급량(통화 공급량) 및 화폐를 공급하는 중앙 은행의 역할을 중시하는 경제학 일파와 그 주장을 하는 경제학자를 말한다. 이들은 통화량을 조절하는 정부의 정책 역할을 중요시한다.

핵심 포인트

신흥고전경제학파는 고전경제학의 자유주의 정신을 이어받았다.

해결할 수 없었고 정부의 재정 정책은 거듭 실패했다. 그러자 화폐가 경제의 핵심임을 표방하는 '화폐주의'가 우위를 차지했다. 미국 레이건 대통령과 영국의 대처 수상은 화폐주의 정책을 실행하여 1980년대의 번영을 이끌었다.

케인스주의자는 화폐정책의 효용을 반대하지 않았다. 화폐주의자 프리드먼은 "지금, 우리는 모두 케인스주의자다."라고 말했으며 신고전종합 케인스학파의 대표 인물인 모딜리아니(Franco Modigliani, 1918~2003)도 "지금, 우리는 모두 화폐주의자다."라고 말했다. 이 두 문장은 깊이 새겨볼 가치가 있다. 또한 케인스주의가 끊임없이 수정되고 새로운 사유가 도입되고 있음을 알 수 있다. 1970년대 후반 화폐주의의 도전 외에 오스트리아학파, 공급학파와 합리적 기대학파도 끊임없이 케인스경제학의 주장에 반박했으며 정부정책의 개입을 비판했다. 도전자들은 대다수가 고전경제학의 자유주의 색채를 띠고 있었고, 고전경제학은 이 시기에 다시금 주목받기 시작했다.

1990년대 이후 신고전종합 케인스학파도 큰 변화가 생겼다. 미국 경제고문 주석 맨큐(Nicholas Gregory Mankiw, 2003~2005 재임)를 리더로 하는 케인스학자들이 신케인스학파(New Keynesian economics)를 세우고 화폐주의와 합리적 기대학파의 견해를 일부 더해 케인스경제학의 새로운 학설을 만든 것이다.

수학통계의 발전으로 케인스경제학의 연구방식이 기술, 서비스 산업의 창조성, 연구영역을 더욱 깊이 있고 광범위하게 만들었다. 케인스경제학은 다른 학설을 수용하는 동시에 경제학의 시야를 넓히면서 지금까지 흔들림 없이 자리를 지키고 있다.

신흥고전경제학(New Classical Economics)

신흥고전경제학의 주요 개념

1970년대의 신고전파종합 케인스학파는 많은 학파에게 공격을 받았다. 신흥고전경제학은 새로운 사유의 종합적 호칭이다. 신고전경제학과 마찬가지로 신흥고전경제학도 세 개의 대표 학파가 있다. 화폐주의 위주의 시카고학파(Chicago School of Economics), '합리적 기대가설' 위주의 합리적 기대학파(Rational Expectations School), '세이 법칙'을 따르는 공급학파(supply-side economics)이다.

신흥고전경제학은 고전자유주의를 동경하여 정부의 과도한 간섭을 불필요하다고 여기는 한편 신고전경제학의 시장균형을 물려받아 케인스와 달리 '불균형'이야말로 정상적인 상태라고 주장한다. 하지만 신흥고전경제학의 핵심개념은 한계가 아니며 '세이 법칙'에 완전히 공감하지도 않는다. 오히려 '합리적 기대가설'의 구조에 가깝기 때문에 '합리적 기대학파'라고 한다. 이는 신고전경제학이 '한계학파'라는 호칭을 사용하는 것과 비슷한 이유다.

합리적 기대가설은 꽤 흥미로운 개념이다. 만약 오늘 기상청에서 3일 뒤 초강력 태풍이 상륙한다고 보도했다고 가정해

핵심 포인트
신흥고전경제학파의 두 가지 특징 1) 합리적 기대 2) 자유방임

핵심 포인트
케인스의《일반이론》과 프리
드먼의《화폐수량론》은 20
세기 가장 중요한 경제학 저
서다.

보자. 뉴스를 들은 사람들의 식량 사재기로 몇 초 뒤면 시장
의 채소와 과일, 편의점 컵라면 진열대의 텅 빈 모습을 보게
될 것이다. 날씨 변화는 정확하게 맞추기 어렵기에 태풍은 약
해지거나 소멸될 수도 있다. 하지만 사람들은 여전히 자신의
경험에 따라 가능한 상황을 예상하고 다음 행동을 한다. '유
비무환'인 것이다. 기대 행위를 중시하는 신흥고전경제학에
서는 이 개념을 화폐정책에 대입하여 정부의 간섭이 계획만
많고 실행은 느려 민간의 반응을 따라가지 못한다고 비판했
다. 그 때문에 케인스학파가 주장하는 화폐정책과 재정 정책
이 큰 효용을 얻을 수 없다고 주장했다.

　기대 행위는 이미 고전경제학 시기에 관련된 토론이 있었
다. 단지 당시에는 완전한 논리가 없어 그 가치를 드러낼 방
법이 없었다. 고전자유주의를 기초로 하는 신흥고전경제학
파는 이 방면의 연구를 시작하고 효율적으로 실행했다.

　화폐문제 외에 소비와 수입, 사회문제에서도 신흥고전경

제학이 '합리적 기대가설'을 광범위하게 적용한 흔적을 볼 수 있다. 예를 들어 시카고학파는 소비지출이 반드시 예상 가능한 미래계획에 의해 이루어진다며 케인스가 제시한 소비이론을 반박했다. 이런 '합리적 기대' 개념은 후에 미시경제학에서 전문적으로 다루었다. '신자유주의'를 제창한 오스트리아학파는 케인스의 이론에 영향을 받지 않았다. 정부의 간섭에 대한 지지와 반대 두 진영의 대립 덕분에 20세기말부터 지금까지 경제학은 끊임없는 성장을 했다.

신흥고전경제학의 주요발전

과거 경제학의 주류가 유럽에서 발전했던 것과 달리 20세기에는 미국 경제학자의 호응에 힘입어 고전자유주의의 사상이 회복됐다. 신흥고전경제학은 시카고학파 외에 기타 학파는 아직 역사가 짧아 신고전경제학 시기의 3대 학파처럼 자신만의 엄격한 논리와 학파 구성원이 없지만 향후 더 성장할 가능성이 보인다.

1. 다원적인 시카고학파

많은 사람들이 시카고학파는 화폐주의라고 말하지만 실제로는 상당히 다원적이다.

시카고학파는 신흥고전경제학의 유파 중에서 가장 먼저 탄생했다. 1930년대 후반 케인스경제학은 정부가 경제에 관여해야 한다는 이론으로 세계 각국의 주목을 받았다. 하지만 시카고대학의 젊은 교수들은 하이에크의 '신자유주의'의 영향을 받아 '자유방임'의 중요성에 대해 강조하고《국부론》의 정신을 다시 진작시키려 했다.

1956년 경제학의 대가 프리드만이 세기의 거작《화폐수량론(The Quantity Theory of Money)》을 발표했다. 이 책은 케인스의《일반이론》과 함께 20세기 가장 중요한 경제학 저서라고 할 수 있다. 프리드만은 현대화폐의 경제 함의와 사용을 재해석했다. 오늘날 대부분의 국가가 중앙은행과 비슷한 기구를 세우고, 독립적으로 화폐정책을 시행하여 경제 안정을 유지할 수 있는 것은 프리드만 덕분이다. 이 책의 또 다른 특징은 다양한 계량모델로 화폐문제를 해석하여 현대 거시경제학에 새로운 연구 방법을 제시했다는 점이다.

프리드만은 전 세계 학계를 뒤흔들고 시카고대학의 지명도를 높였다. '시카고학파'라는 금자탑은 1960년대 이후 전해지기 시작했다. 프리드만의 학설은 동시대에 신고전종합 케인스학파를 설득시켜 케인스주의를 수정하게 만들기도 했다. 1962년 프리드만은 그의 철학과 경제학 사상을 담은 신작《자본주의와 자유(Capitalism and Freedom)》를 썼다. 이 책의 등장으로 '화폐주의'가 다시 확인되었고 이때부터 시카고학파와 화폐주의는 동일시됐다.

하지만 시카고학파가 단순히 화폐문제만 연구했다고 생각하면 큰 착각이다. 시카고대학은 인문학이 모이는 학술성지로 자유주의의 사상이 넘쳐흐르고 있었다. 프리드만이 먼저 정부 간섭을 지지하는 케인스학파에게 화폐이론으로 도전하였고 그 후 1970년대에 루카스(Robert Emerson Lucas, Jr., 1937-)가 합리적 기대가설을 발표하며 실제 정책면에서 정부의 간섭을 비판하여 경제학계에 다시 한 번 새로운 혁명이 일어났다.

자유경제주의 열풍은 미시경제학 영역으로까지 불었다. 1960년대 시카고학파는 미시경제학을 사회학, 심리학, 정치학 등과 밀접하게 결합했다. 제도와 무역 원가 문제를 연구한 '코스의 정리(coase theorem)'는 후에 노벨상 수상의 영예를 차지했다. 경제학자 베커(Gary Stanley Becker, 1930-)는 차별, 인력자원 등 동시기 사회경제문제를 연구하여 역시 노벨상을 수상했으며 미시경제학의 새로운 연구 영역과 방법을 개발했다. 《괴짜경제학(Freakonomics)》의 저자 레빗(Steven D. Levitt)은 베커에게 사사 받아 경제학의 새로운 관점을 제시했다.

2. 거시경제학의 새 영역을 연 합리적 기대학파

합리적 기대학파는 사실 시카고학파에서 갈라져 나온 학파이다. 1970년경 시카고대학의 교수 루카스, 월리스(Neil Wallace)와 미네소타대학의 사전트(Thomas Sargent) 교수 이렇게 세 사람이 '합리적 기대이론'을 제시하고 학파의 기초를 마련했다.

합리적 기대학파는 화폐이론에서 화폐를 중성이라고 여긴 것 외에 사회적인 생산에는 실질적 영향을 미치지 못했다. 화폐주의보다는 오히려 고전경제학의 견해와 비슷하다. 시카고학파보다도 더 케인스를 강력하게 비판하기도 했다. 통화팽창과 실업 문제에 관해서는 아예 '필립스 곡선'(실업과 통화팽창의 상관 곡선)이 발생할 수 없다고 여겼는데 이는 합리적 기

재미있는 이야기

경제학자 루카스는 아내와 이혼할 때 1995년 이전에 노벨상을 수상한다면 상금을 반으로 나누기로 협의했다. 루카스가 정말로 노벨상을 획득하자 그의 아내야말로 가장 예측을 잘하는 경제학자라는 농담이 오갔다.

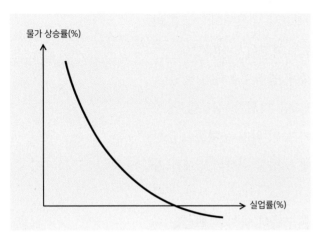

물가 상승률(%)

실업률(%)

● 필립스 곡선(Philips curve) : 뉴질랜드 경제학자 윌리엄 필립스(William Philips)가 자신의 통계 저서에서 영국의 거시경제 상황에 근거해 제시한 실업률과 통화팽창지수 간의 관계 곡선. 이 곡선을 통해 실업률이 낮을 때 물가 상승률이 높고 실업률이 높을 때는 물가가 낮음을 알 수 있다. 다시 말해 실업률과 통화팽창은 상호 반대로 변동된다.

대학파와 시카고학파의 차이점이다.

21세기에 들어 거시경제에 대한 분석의 질과 양에서 합리적 기대학파가 케인스경제학의 최대 경쟁자가 됐다. 심지어 신케인스학파도 합리적 기대이론의 견해를 인용할 수밖에 없을 정도였다. 합리적 기대이론은 화폐정책의 탐구에서부터 시작해 '상업주기 순환', '경제성장 모형', '정책낙차' 등의 주제까지 연구를 확장했다. 이는 합리적 기대학파의 응용에 깊이를 더하는 한편 계량경제학의 연구방법과 범위를 더 넓히는 효과를 가져왔다.

합리적 기대학파는 후에 신흥고전경제학의 주요 유파가 되어 경제학의 새로운 시야를 열었으며 최근 10년간 노벨경제학상의 단골이 됐다. 그들의 이론이 점차 중시되고 있음을 알 수 있다. '합리적 기대이론학설' 붐이 시작되고 크게 주목을 받자 신흥고전경제학의 명성도 빛을 발하게 됐다.

3. 이론 대신 행동으로 보여준 공급학파

세 개의 학파 간에 누가 더 고전경제학을 선호했는지 비교한다면 공급학파는 극단주의자로 분류될 수 있다. 이름 그대로 생산력의 중요성을 강조한 공급학파는 '세이 법칙'의 회복과 '작은 정부'의 중요성을 주장했다. 케인스학파와 관련돼야

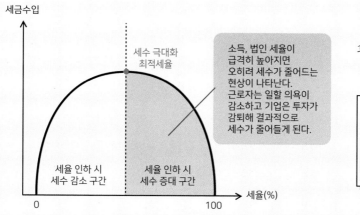

만 주목받던 시대에 공급학파는 애덤 스미스의 학설을 신봉했기 때문에 일부 학자들은 이들을 신흥고전경제학의 지류로 보았다.

하지만 공급학파가 신흥고전경제학에서 갈라져 나왔는지는 지금까지도 여전히 의견이 분분하다. 게다가 1980년에 나타나 1990년에 사라진 짧은 생명 때문에 공급학파는 사실 이론보다 행동이 많은 학파라고 말하기도 한다.

공급학파의 눈에 띄는 성장은 미국 레이건 대통령과 상당한 관계가 있었다. 1980년 전 세계가 석유위기에 직면한 직후 통화팽창의 악몽에 시달릴 때 경제학자 아서 래퍼(Arthur Laffer, 1940-)가 고전경제학의 경제순환론을 친구인 레이건 대통령에게 제안했다. 이것이 유명한 '래퍼 곡선'(세수와 세율의 관계도)이다. 80년대 레이건 대통령의 대대적인 감세정책과 영국 대처 수상의 방임정책으로 글로벌 경제는 10여 년간 황금성장기에 들어섰다. 한국과 대만도 이 시기에 혜택을 받았

● 래퍼 곡선(Laffer curve)
: 미국 경제학자 아서 래퍼가 만들었다. 래퍼는 국가의 세수와 세율 간에 포물선이 존재함을 발견했다. 세율이 높을수록 세수는 오히려 감소하므로 포물선 정점의 최적 세율을 찾아야 한다. 당초 래퍼가 이 개념을 처음 발표했을 때 경제학자들은 그의 논문에서 관련 도형을 찾지 못했다. 레스토랑의 냅킨에 급하게 그린 곡선을 미처 정식 발표에 사용하지 못했던 것이다.

핵심 포인트

유동성의 함정은 이자가 0에 가까울 때 발생한다. 이때는 화폐정책으로 경제회생을 이끌기 힘들다.

다. 후에 래퍼를 포함한 경제고문들을 통틀어 공급학파 또는 레이건 경제학이라고 불렀다.

공급학파는 정치상의 실현을 중시했기 때문에 학자들은 이들이 중심 사상과 기본 이론이 없다고 비판했다. 특히 1980년대 이후 미국은 사회복지 지출 삭감, 신용자금 확장으로 빈부격차가 벌어지고 수많은 사회 문제가 발생했다. 1992년 클린턴 대통령이 당선된 후 공급학파의 목소리는 더 이상 들리지 않게 됐다.

신흥고전경제학의 도전

1930년대 경제대공황은 수요 부족으로 야기되었다는 것이 일반적인 견해이다. 1970년대의 글로벌 통화팽창은 석유 위기가 그 주범이었다. 2007년 리먼브라더스가 파산하고 뒤이어 발생한 유럽 채무 위기문제의 원인은 무엇이었을까?

이는 신흥고전경제학자만이 아니라 신케인스학파에게도 마찬가지로 골치 아픈 문제다. '화폐의 중요성'을 표방한 시카고학파로서도 금리인하는 돌파구가 없었다. 정부가 세 차례에 걸쳐 수량화 관용정책으로 경제를 구하려 했지만 마치 밑 빠진 독에 물을 붓는 것만 같았다. 사람들은 케인스가 주장했던 '유동성 함정' 문제를 생각하지 않을 수 없었고 화폐주의의 관점에 대

유동성의 함정

정부가 돈을 계속 풀어도 경기 침체가 지속되는 현상을 말한다. 금리가 너무 낮아 곧 인상될 것이란 예상에 단기 금융상품에만 돈이 몰린다. 정부가 통화량, 즉 유동성을 늘려도 금리가 매우 낮은 상태에서는 사람들이 현금을 보유하려고만 하고 소비나 투자를 하지 않는다.

한 검토가 필요했다.

금융위기 이후 점점 더 많은 사람들이 자유방임 시장 때문에 더 큰 금융위기가 일어난 것은 아닌지 의문을 품었다. 시장의 보이지 않는 손은 도대체 어디 있는가? 21세기의 금융거래와 공업생산의 복잡함은 과거와 비교할 수 없을 정도다. 그런데도 여전히 자유방임을 믿을 수 있을까? 고전 자유주의의 관점은 여러 방면에서 위기에 직면했다. 특히 빈부격차는 미국에서 '월스트리트를 점령'하는 항의 활동으로 변했다. 자유경제 추구를 목표로 하는 신흥고전경제학파로서는 1950년 이래 가장 심각한 시련이었다.

3분 리뷰

오늘 배운 내용을 정리하며 점검해보세요.

1. 중상주의는 자본과 자원의 축적으로 강한 국가를 만들고자 했기 때문에 황금과 기타 귀금속의 점유를 최우선으로 했다.

2. 중농주의의 주요 개념은 자연을 따르는 것으로 인간의 기본 자유를 경제활동의 출발점으로 삼고, 토지에 비용을 투입하고 생산하는 것을 가장 최우선으로 했다.

3. 중농주의는 중상주의를 개혁하고자 했지만 둘 다 자본축적의 중요성에 동의한다는 공통점이 있다. 핵심은 중농주의가 자유, 자연의 이념을 존중한다는 데 있다.

4. 고전경제학파는 경제사상면에서 중농학파의 자유방임을 계승했지만 농업 활동에만 주의를 집중하지 않고 어떠한 형식의 생산도 경제에 도움이 된다고 강조했다.

5. 고전경제학의 중심사상은 세이 법칙이다. 이들은 시장의 자유경쟁을 통해 경제의 선순환을 가져올 수 있다고 주장했다.

6. 밀은 고전경제학이 제창한 '작은 정부'를 지지하지 않았다. 그는 정부가 반드시 거시적인 시각으로 사회 문제를 보완해야 한다고 여겼다. '공급이 수요를 창출한다.'는 추론에도 의문을 품었으며 수요 문제를 더욱 중시했다. 때문에 '유효수요설'을 제시하고 고전경제학을 수정해 중요한 변화를 가져왔다.

7. 신고전경제학은 개체 분석을 강조하고 수학 운용을 중시한다. 한계로 새로운 경제학의 영역을 개척하여 신고전경제학파를 '한계학파'라고 부르는 사람들도 있다.

8. 　신고전경제학의 발전을 이끈 학자들은 로잔학파의 발라스, 오스트리아학파의 멩거, 케임브리지학파의 제본스가 있다.

9. 　신고전경제학은 케임브리지학파 마샬에게서 빛을 발했다. 그는 수요공급법칙, 가격 탄성, 소비자/생산자 잉여 등의 학설을 체계적으로 소개했다.

10. 　케인스주의의 출현은 신고전경제학을 두 세력으로 나누었다. 하나는 미국 하버드와 매사추세츠공과대학 학자를 위주로 한 '신고전종합 케인스학파(현재 주류 경제학)'이고 여전히 자유경제의 가치관을 강조하는 다른 하나는 합리적 기대학설을 제시한 이후 '신흥고전경제학'이 됐다.

11. 　케인스경제학은 수요문제와 단기 불균형 문제에 정부의 적극적인 간섭을 지지했다. 힉스와 새뮤엘슨은 케인스학설과 신고전경제학을 결합하여 신고전종합 케인스학파를 만들었다.

12. 　신흥고전경제학은 고전자유주의를 동경하면서 다른 한편 신고전경제학의 시장균형에 관한 가설을 물려받은 '합리적 기대가설'의 구조에 가깝다. 때문에 '합리적 기대학파'라는 호칭으로 신흥고전경제학을 부르기도 한다.

13. 　합리적 기대가설은 기대 행위를 굉장히 중시한다. 정부의 간섭이 종종 계획은 많고 동작은 느려 민간의 반응보다 못하기 때문에 케인스학파가 주장하는 화폐정책과 재정 정책은 큰 효용을 얻을 수 없다.

14. 　2007년 금융위기 발발 후 자유방임 시장에 의문을 품는 사람들이 점점 더 많아져 자유경제를 목표로 하는 신흥고전경제학파는 심각한 위기에 직면했다.

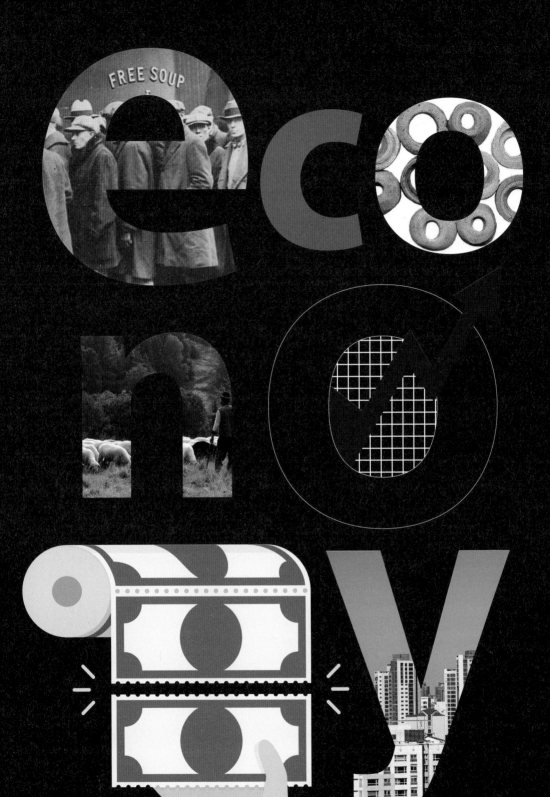

3

수요일

주요 인물과 이론

중상주의부터 현대경제학까지 400여 년간 중요한 인물들이 배출됐다.

경제학을 대형 쇼핑센터에 비유한다면 학파는 이념과 가치관을 파는 명품점이고

경제학자는 사회를 발전시킬 새로운 이론을 제시하는 디자이너일 것이다.

경제학 발전에 공헌한 사람은 누가 있을까?

– 주요 경제학자와 이론

이 장에서는 중요한 경제학자들에 대해 이야기해 보자. 애덤 스미스와 케인스는 이미 앞에서 소개했기 때문에 여기서는 더 다루지 않겠다.

고전경제학의 집대성자

리카도(David Ricardo, 1772~1823)

핵심 포인트

리카도는 애덤 스미스의 여러 견해를 보충하여 자신의 경제학 이론을 완성한 고전경제학의 중요한 인물이다.

고전경제학파 중에서 리카도는 애덤 스미스 다음으로 중요한 인물이다. 리카도는 아마도 최근 200~300년 내에 가장 부유한 경제학자일 것이다. 배운 것을 활용하여 금융사업에 유감없이 발휘했기 때

문이다. 리카도는 유일하게 대학교육을 받지 않은 아마추어 경제학자이기도 하다.

고생 끝에 낙이 오다

금융계에 종사한 덕분에 리카도는 경제학을 연구하기 시작한 뒤 많은 사람들의 도움을 받을 수 있었다. 그중 맬서스는 첨예한 논쟁과 격려를 주고받은 좋은 친구였다.

10년 동안 경제학을 공부한 뒤 37세가 되던 해 리카도는 화폐에 관한 첫 번째 논문을 발표했다. 이후 발표한 '차액지대설'은 고전경제학 노동가치론의 기초를 세우는 데 일조했다. 1817년에는 자신의 경제사상을 집결한 저서 《정치경제와 과세 원리(On the Principles of Political Economy and Taxation)》를 발표했다. 노동가치의 문제를 상세하게 기술한 이 책의 두 가지 연구는 경제학에서 상당히 중요한 이론이다.

첫 번째 이론은 '비교우위'이다. 애덤 스미스는 분업의 중요성을 강조했다. 리카도는 여기서 출발하여 포르투갈의 술과 영국의 천을 비유하며 모든 나라는 가능한 한 자신에게 유리한 제품을 생산해야 상호 교역의 이익을 확장할 수 있을 뿐 아니라 자원의 이용에도 더욱 효율적이라고 주장했다. 또한 생산 효율을 망치고 무역 가격을 파괴할 수 있기 때문에 정부가 무역에 간섭하지 말아야 한다고 강조했다. 이 학설은 후에 국제무역 이론의 기초가 됐다. FTA(자유무역협정), WTO(세계무역기구) 등은 모두 자유 무역을 추구한다.

두 번째는 '리카도 대등정리'다. 리카도는 사실 책에서 이 단

● **차액지대설**(differential rent theory): 토양의 비옥함, 지역, 품질 등의 요소가 토지의 생산에 영향을 미치기 때문에 토지 임대료에도 차이가 생긴다. 리카도는 차액지대설에서 토지 임대료는 곡물의 시장가격에 근거하지 토지 임대료가 곡물 가격에 영향을 미치지는 않는다고 지적했다. 이 개념은 계급문제, 빈부격차에 대한 생각의 기초가 됐다.

명언 한 마디
정부의 무절제한 국채 사용
은 자신의 현 상태를 망각하
게 한다. - 리카도

어를 사용하지 않았다. 훗날 학자들이 붙인 명칭이다. 리카
도는 정부가 재원을 조달하는 방법인 '조세'와 '채권'의 장기
적 효과는 동일하다고 했다. 즉 '오늘 증세를 하고 내일 채권
으로 보완하거나 오늘 채권을 발행하고 내일 반드시 증세로

나는 B국의 경제부 장관.
A국이 시장 문을 자꾸 닫고 있어. 어떻게 하지?
그래 우리는 핸드폰을 수입하고
A국은 쌀을 수입하는 게
서로 이익이라고 설득해야겠어.

비교우위와 기회비용

● A국과 B국의 생산성 (1단위를 생산하는 데 드는 노동시간)

	핸드폰	쌀
A	3 시간	4 시간
B	9 시간	6 시간

A국이 핸드폰과 쌀 모두 더 적은 시간으로 1단위를 생산할 수 있기 때문에 두 상품 모두 절대 우위에 있다고 한다. 생산성이 높은 A국 혼자 모두 만들어 파는 것이 유리해 보인다. 이 경우 절대우위론에서는 무역이 발생하지 않는다.

● A국과 B국의 기회 비용

	핸드폰 1단위	쌀 1단위
A	쌀 0.75 (3/4)	핸드폰 1.33 (4/3)
B	쌀 1.5 (9/6)	핸드폰 0.67 (6/9)

비교우위론에 따르면 두 국가간 무역이 발생할 수 있다. 이는 기회비용의 개념으로 설명할 수 있다. 표와 같이 기회 비용을 고려해 보면 A국은 핸드폰이, B국은 쌀이 비교우위에 있다. 특정 재화 생산에 있어서 기회비용이 낮은 생산자(다른 재화를 덜 포기해야 하는 생산자)가 비교우위에 있다고 한다.

● A국과 B국의 특화와 교역

	교역 전 (A와 B국은 모두 핸드폰과 쌀 1 단위씩 생산하고 있다고 가정)		특화 후		교역 후 (A국과 B국이 두 재화를 1:1로 교환)	
	핸드폰	쌀	핸드폰	쌀	핸드폰	쌀
A	1 단위	1 단위	2.33 단위 (7/3)	0 단위	1.33 단위 (2.33-1)	1 단위
B	1 단위	1 단위	0 단위	2.5 단위 (15/6)	1 단위	1.5 단위 (2.5-1)

A국은 핸드폰을 B국은 쌀을 특화해서 교역을 하게 되면 상호 이익이 된다. A국은 비교우위에 있는 핸드폰 생산에 7시간을 모두 투입하고, B국은 15시간을 모두 쌀 생산에 투입한다. A국과 B국이 두 재화를 1:1로 교환하게 되면 교역 전에 비해 A국은 핸드폰 0.33단위를, B국은 쌀 0.5단위를 추가로 소비할 수 있다.

빚을 갚는 것'이다. 리카도는 애초에 재정 정책의 소용없음을 증명하려고 했다. 200여 년간 수많은 경제학자들이 끝없이 벌인 논쟁은 20세기 후기에 이르러서야 완전하게 증명됐다.

리카도의 이론들은 신고전경제학 시기에 한계의 개념을 강조한 후에야 진정으로 빛을 발하기 시작했다.

원대한 포부가 실현되지 않은 일생

리카도는 금융계에서 출세한 뒤 학술계로 전향해 두각을 드러냈다. 그 후 1819년에는 영국 국회의원으로 당선되어 자신의 이념을 실현했다.

재임 기간 동안에는 자유무역의 중요성을 보급하고 영국의 '곡물법(Corn Laws)' 폐지를 강하게 주장하여 당시 정치권의 논쟁을 불러오기도 했다. 사실 리카도 본인도 지주였기 때문에 '곡물법'의 폐지는 그의 사업에도 직접적인 피해를 입혔지만 뜻을 굽히지 않았다. 30년 후 영국 정부가 정식으로 곡물법을 폐지하였지만 리카도는 승리를 목격할 수는 없었다. 이미 1823년 향년 51세에 병으로 세상을 떠났던 것이다.

`공리주의의 창시자`

벤담(Jeremy Bentham, 1748~1832)

비록 적지 않은 경제학 관련 저서를 썼지만 엄격하게 말해서 벤담은 정통 경제학자가 아니다. 하지만 그의 공리주의 이론은 미시경제학에 중요한 영향을 미쳤다. 만일 벤담의 공리주의가 없었다면 현대 국가의 복지 정책은 아마도 원시시대에 머물러 있었을 것이다!

공리주의의 탄생

벤담은 40세에 《도덕과 입법의 원리 서설(Introduction to Principles of Morals and Legislation)》을 출판했다. 공리주의 사유를 전개한 이 책은 벤담에게 명성을 가져다주었다.

'공리주의(Utilitarianism)'는 쾌락과 행복을 추구하는 인류를 탐구하는 철학이다. 중국 고대의 묵자(墨子)나 서양 철학자 에피쿠로스(Epicurus)도 공리주의 사상가라 할 수 있다. 벤담에 이르러 공리주의는 명확한 명칭과 정의가 생겼으며 정치와 경제적 의미가 담겼다. 벤담의 공리주의는 두 가지 원칙으로 나눌 수 있다.

첫 번째, '자신의 이익 선택 원리'다. 고통과 쾌락은 무엇인가? 물을 마시고, 추위와 더위를 알듯이 모든 사람이 자신의 행복을 판단할 수 있는 가장 좋은 판단자다. 행복과 고통을 판단하는 것은 이성의 표현이며 누구나 자신의 최대 행복을 쟁취하려 한다.

두 번째, '최대 행복의 원리'다. 벤담은 사람은 누구나 행복을 추구하고 고통을 피하며, 사회 전체의 행위도 이와 마찬가지라고 언급했다. 윤리도덕 또는 법률 규범 속의 모든 표현이 '고통과 즐거움'의 감정에서 출발한다. 감정을 떠나서는 의미가 없는 행위다. 예를 들어 법은 범죄자를 처벌한다. 이는 피

핵심 포인트
벤담의 공리주의는 근·현대 복지 정책의 문을 열었다.

해자의 고통에 대한 보상인 동시에 범죄자에 대한 위협으로 사회가 범죄 행위에 대한 공포와 불안을 제거해주기를 기대하는 것이다. 또한 벤담은 사회는 개인으로 조성된다고 여겼다. 사회의 행복은 개인 행복의 총합이다. 모든 사람이 자신의 행복을 추구할 때 사회 전체의 행복도 증가한다. 하지만 현실적으로 모든 사람이 최대 행복을 추구하는 과정에서 다른 사람에게 상처를 주는 경우를 피하기 어렵기 때문에 전체 사회는 최대 행복에 도달할 수 없다. 따라서 '모두가 최고로 행복할 수 있는 것'은 이상이며 '최대 다수의 최대 행복'을 추구해야만 정책의 도덕적 정당성을 취득할 수 있다는 게 그의 생각이었다.

벤담은 이 두 가지 원칙을 경제학에 연결했다. 고전경제학

명언 한 마디
즐거움을 찾고 고통을 피하는 것은 인류의 모든 행동의 동력이다. - 벤담

누구를 구할 것인가!

누구를 구할 것인가?

여기 제어가 안 되는 열차가 있다. C는 이 열차의 기관사이다. 전방에는 A와 B 두 갈래의 선로가 있는데 A 선로에 5명이 있고 B 선로에 1명이 있다. 하지만 양쪽 모두 대피할 시간이 없다. C는 두 가지 방법 중 하나를 선택해야 한다.
1. 열차가 원래의 A 선로로 가도록 내버려둔다.
→ 그러면 5명이 죽게 된다
2. 열차를 B 선로로 변경한다.
→ 그러면 1명이 죽게 된다.

● **향락주의와 공리주의** : 행복을 추구하는 공리주의는 인류의 모든 행위가 쾌락과 고통으로 해석될 수 있다고 주장한다. 사람들은 효용최대화를 추구해야 만족할 수 있다. 향락주의자는 사람은 즐거움을 추구하고 고통을 피해야 한다며 행복이야말로 유일하게 추구할 가치가 있다고 주장한다. 하지만 훗날 철학자들은 마음속 욕망이 쾌락만 추구한다고 해서 꼭 행복해지는 건 아니라며 비판했다. 이것이 '향락주의의 모순'이다.

이 고취시킨 자유방임과 동일시하여 정부는 개인이 추구하는 최대 행복을 저지해서는 안 되며 사유재산과 개인의 자유가 어떠한 침해도 받지 않도록 보호만 하면 된다고 주장했다. 벤담은 당시의 고전경제학의 연구방향을 전체중심에서 개체의 효용 중심으로 바꾸어 간접적으로 신고전경제학의 서막을 열었다.

공리주의의 전환

벤담의 공리주의는 19세기에 처음 등장 후 반세기 동안 고전경제학에 영향을 끼치다가 커다란 전환을 맞는다.

고전학파에서 언급한 밀의 부친은 벤담의 제자 중 하나였다. 밀은 어려서부터 공리주의 사고에 익숙했지만 부친과 벤담의 현실적인 공리사상에 공감하지 못했다. 밀은 말년에 책을 써서 개인의 최대 행복은 자신의 행복이 아니라 **그와 관련 있는 사람의 행복**이라고 공리주의의 정의를 새롭게 정리했다. 우리는 타인과 함께 해야만 살아갈 수 있기 때문에 행복을 추구하면서 다른 사람에게 영향을 받지 않을 수 없다는 것이다.

예를 들어 모든 회사가 더 많은 돈을 벌고 싶어 한다. 벌목하고, 광물을 훔치고 공업 오수를 배출하며 비용과 책임을 회피하는 회사가 있다면 그 회사는 많은 돈을 벌겠지만 사람들은 그들의 행위 때문에 불편함을 느낄 것이다. 밀의 공리주의 관점에서 보면 이런 이기적인 행위는 효용 있는 일이라 부를 수 없다.

밀의 새로운 개념은 각 방면 경제학자들의 주목을 받았다.

그는 벤담이 강조한 '이기주의'와 '자유방임'이 일으킨 사회 계층 문제를 지적하고 **정부가 사회복지에 개입해야 한다고** 주장했다. 후에 밀의 공리주의 관점에 공감한 벤담 학파는 개인, 판매자의 효용에 맞추어 연구하기 시작했다. 현대의 미시경제학 곳곳에서 공리주의의 그림자를 찾아볼 수 있다. 19세기 한계혁명을 일으킨 3인방 중 한 명인 제번스는 경제학이 '쾌락과 고통의 미적분학'으로 변하였다고 말하기도 했다.

1870년 이후 영국 케임브리지학파의 경제학자 피구(Pigou)는 빈부격차, 실업 등 사회 복지 정책 효용문제를 국가와 사회로 확대하여 고려했다. 후생경제학은 경제학의 중요한 영역의 하나가 되었고 이후에는 독립된 학파가 되어 공리주의의 '최대 행복'사상을 지속적으로 발전시켰다.

영원한 철학 급진주의자

벤담은 경제학뿐 아니라 정치와 법률에도 공리주의를 적용해 여성평등, 동물권리, 언론 자유, 노예 문제, 형법기초, 심지어 동성애 문제 등에도 여러 논쟁을 불러일으켰다. 이런 문제들은 당초에 책을 쓴 목적이었고 벤담은 이를 통해 영국 법률의 나쁜 관습을 바꿀 수 있기를 기대했다.

나이가 들면서 벤담은 독서와 작문으로 많은 시간을 보냈다. 스스로를 사회 개혁자라 자처한 벤담의 많은 추종자들은 그의 학생이 되기를 소망했다. 벤담은 영국 사상계의 거성이됐다.

1820년 전후로 유럽과 라틴아메리카에는 독립을 위한 민

재미있는 이야기

경제학은 쾌락과 고통의 미적분이다.

숨겨진 이야기

밀의《자유론》은 당시 전 유럽의 정치와 계몽사상의 흐름에 지대한 영향을 끼쳤다. 그의 정의관과 자유원칙에 대한 견해, 그리고 공리주의에 대한 수정을 융합한 책으로 지금까지도 많은 법률과 정치 교과서가 밀의 관점을 표준으로 삼고 있다.

주혁명이 성행했다. 벤담은 혁명 지도자를 직접 방문하는 등 여러 운동을 적극 지지했으며 1823년 밀의 부친과 함께 신문을 발행하여 '철학 급진주의자' 무리를 독려했다.

1826년에 세워진 영국의 유니버시티 칼리지 런던은 벤담의 영향으로 전 세계에서 첫 번째로 성별, 종교, 정치 편견이 없는 학교가 됐다. 1832년 세상을 떠난 벤담의 유해는 유니버시티 칼리지 런던 내에 안치되어 학교의 '정신적 아버지'로 남아있다.

인구론

맬서스(Thomas Robert Malthus, 1766~1834)

맬서스는 독창적인 고전경제학자다. 그는 당시 화제였던 노동, 토지, 자본 등의 문제 대신 인구 경제문제를 연구해 학계에 지대한 영향을 미쳤다. 생물학자 다윈(Charles Darwin)은 맬서스의 논술을 19세기 가장 중요한 사상이라 했으며 UN은 지금까지도 맬서스의 인구론을 연구하고 있다.

맬서스의 인구 함정

18세기 말 애덤 스미스의 학설이 사회적으로 중시되자 자유주의의 사상에서도 이에 동조하는 목소리가 나왔다. 자유주의의 수호자였던 맬서스의 부친과 루소는 사회 발전이 자연스럽게 진전될 것이라는 데 동의했다. 반면 효과적인 인구

핵심 포인트

맬서스는 처음으로 수학을 이용하여 논리적으로 인구문제를 증명한 경제학자다.

제한이 없다면 사회자원은 고갈될 것이고 발전은 멈출 것이라고 여겼다. 두 사람은 사회 정의와 공평 등의 문제를 놓고 오랜 시간 논쟁을 벌였다. 1798년 맬서스는 아버지의 지지를 받으며《인구론》을 발표하여 그의 학술생애 중 가장 중요한 한 페이지를 열었다.

맬서스가 첫 번째로 인구문제를 연구한 사람은 아니다. 하지만 그의 사상은 간단한 수학을 이용하여 이론을 설명하고 도덕적 비판과 논리적 추론을 더했기 때문에 인구문제의 주흐름이 됐다.《인구론》은 '식량 생산보다 인구의 증가가 더 빠르게 진행되면 평균 식량 소비량이 감소되어 생명의 위협과 사회발전의 장애를 불러온다.'는 '맬서스 함정'으로 요약할 수 있다.

인구는 기하급수적(2, 4, 8, 16, 32.....)으로 증가하는 데 반해 식량은 산술급수적(1, 2, 3, 4, 5.....)으로 증가하기 때문에 언젠가는 양식이 부족한 날이 오고 이로 인해 전쟁, 살인, 전염병 같은 잔인한 방법으로 인구의 자연증가를 억제시키는 상황이 야기된다는 것이다. 인구가 빠르게 증가하면 잠재된 식량 문제도 증가하기 때문에 정부는 신중하게 인구 구조를 감시하여 식량 부족으로 사회 불안이 야기되는 것을 피해야 한다고 했다. 맬서스는 출생률을 낮추는 것과 만혼이 가장 좋은 방

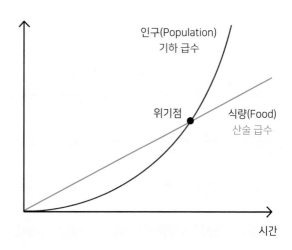

법이라고 했지만 그의 주장은 당시에 상당히 많은 사람의 비판을 불러일으켰다.

맬서스의 근심은 근거가 없는 것이 아니었다. 이 같은 식량 쟁탈은 분명 과거 역사 속에서 끊임없이 발생했었고 아프리카의 기아처럼 오늘날도 여전히 많은 나라가 맬서스의 함정에 빠져있다. 후대의 경제학자도 맬서스의 관점을 이용해 천연자원 문제를 연구하여 국제 정치학에서도 상당히 많은 토론이 이루어졌다. 현대의 경제학자들은 맬서스의 견해가 현실에 부합되지 않는다고 평한다. 전 세계의 식량 문제의 핵심은 분배 불균등이지 공급 부족이 아니기 때문이다. 맬서스가 살던 시대에는 과학기술이 이처럼 빠르게 발전할 것이라고는 상상도 하지 못했을 것이다. 하지만 과학기술이 인류 자원의 효과적인 이용을 가져왔어도 우리는 여전히 맬서스 함정의 존재를 부인할 수 없다. 인류가 미래의 환경 변화를 예측하는 것은 영원히 불가능하기 때문이다.

● 세이의 법칙(Say's law) :프랑스 경제학자 장바티스트 세이에 의해 제시된 주장으로, 흔히 말하는 "공급은 스스로 수요를 창출한다"는 말로 요약할 수 있다.

돈을 써야 경제가 돌아가는 거야!

혁신적인 유효수요설

인구문제 연구의 연장으로 맬서스는 《정치경제학 원리》를 출간했다. 경제문제를 연구한 이 책에서 그는 처음으로 세이 법칙과 다른 관점인 '유효수요설(有效需要說)'을 제시했다. 당시로서는 상당히 혁신적이었다. 세이 법칙은 저축이 사회 또는 개인 부의 축적을 가져올 것이라고 강조했지만 맬서스는 이를 반박했다. 저축은 한계가 있어야지 그렇지 않으면 소비를 배척하여 수요부족을 불러일으키고 경제 쇠퇴를 유발할 것이라고 했다. 밀은 이에 동의하고 자신의 주장을 더해 신고전경제학의 미시경제 연구에 영향을 미쳤다.

맬서스는 유효수요 부족을 해결할 방법으로 돈이 있는 사람은 더 많이 소비하도록 장려하고 정부지출을 이용하여 수요를 자극할 것을 제시했다. 비록 그의 생각은 사람들의 주의를 끌지 못했지만 케인스에게 영향을 주었다. 케인스는 자신의 저서에 '절약의 모순'을 언급해 맬서스의 관점을 연장하고 정부지출의 개념을 확대해 현대 주류 경제학이 됐다.

학계에 미친 영향

리카도는 맬서스의 말년에 상당히 중요한 친구였다. 맬서스는 리카도가 세상을 떠난 후 "가족 외에 이처럼 사랑한 사람은 없었다."라고 말했다. 논쟁을 즐긴 두 사람이 《곡물법》에서 서로 치열하게 주장을 펼친 내용은 경제학의 전설적인 대화라 불렸다. 이들의 답변 과정은 리카도의 저서에 온전하게 수록돼 있다.

맬서스는 독창적인 사고방식과 변론을 좋아하는 성격 탓에 끊이지 않는 비판을 받았다. 당시 학자들은 그의 견해가 지나치게 잔혹하고 냉정하다고 여겼다. 생산력 문제를 인구 과잉의 탓으로 돌린 견해는 근거가 부족하다는 평을 받았다. 인구와 식량은 그렇게 계산해서는 안 된다는 것이다. 그러나 맬서스는 정치학, 경제학, 사회학 심지어 생물학의 관점을 바

● **절약의 모순** : 케인스는 한 나라의 소비능력은 절약을 제창하면 감소하게 되고 소비의 감소는 유효수요를 부족하게 만들어 국민소득의 하락, 투자 감소를 유발한다고 했다. 최종적으로는 실업률 증가로 소비가 더 얼어붙는 악성 순환이 발생한다고 주장하며 이를 수학으로 증명했다. 고전경제학의 저축 독려를 비판한 이 관점은 '절약의 모순'이라고 불린다.

핵심 포인트
맬서스와 리카도의 《곡물법》 변론은 경제학계의 유명한 논쟁이다.

꾸었다. 생물학자 다윈은 맬서스의 저서에서 '적자생존'의 영감을 얻었다고 말했다. 다윈은 《인구론》을 다른 시각으로 묘사했다. 그는 인류 외에 다른 생물은 식물의 수량을 주동적으로 증가시킬 수 없기 때문에 환경에 적응하지 못한 생물은 도태되고, 남겨진 생물은 환경에 적응할 방법이 있는 종류라고 생각했다. 후대의 사회학자는 이 견해를 결합하여 '사회다윈주의'라는 관점을 제시해 20세기 전 세계의 정치 발전에 영향을 주었다. 맬서스는 고전경제학자의 자유방임을 따르지 않고 '공급이 수요를 창출한다.'는 말도 인정하지 않았다. 비록 다른 고전경제학자와는 다른 길을 갔지만 맬서스는 엄격한 사상으로 경제학의 새로운 문을 열었다.

생산자 이론의 아버지

쿠르노(Antoine Cournot, 1801~1877)

19세기 신고전경제학에서 일어난 한계혁명은 경제학 연구를 추상적인 철학 탐구에서 구체적인 수학방식으로 바꾸었다. 공리주의가 '효용'문제를 탐구했다면 통계로 경제학연구를 한 것은 쿠르노에서 시작됐다.

쿠르노 균형과 생산자 이론

신고전경제학 시기에 미시경제 연구가 시작됐다. 쿠르노도 당연히 이 열풍에 올라탔다. 사람과 국가의 정책을 탐구한

다른 경제학자들과 달리 생산자 교역에 관심이 있었던 쿠르노는 자신의 전공인 수학 지식을 이용하여 경제학의 교역행위를 탐구했다.

시장교역의 경쟁은 대체로 3가지 유형으로 나눌 수 있다. 일찍이 애덤 스미스 때 광범위하게 토론이 이루어진 완전경쟁 시장은 자유방임을 믿는 이상적인 경제 시장으로 여겨졌다. 하지만 현실에서 진정으로 완전시장에 도달하기란 매우 어려웠다. 정부가 국제 무역에 간섭했고, 상인도 가격을 연합하여 책정했다. 모기업이 어떤 단체와 손을 잡았다는 뉴스를 종종 들을 수 있다. 때로는 제조업자들의 악성 가격 인하 경쟁을 방지하기 위해서 최저 가격을 정하기도 한다.

소수의 생산자들이 독점하는 독과점 경쟁시장도 자주 볼 수 있다. 쿠르노는 주로 이 방면을 연구했다. 예를 들어보자. 생수 회사 A, B가 상대의 시장을 빼앗기 위해 서로 다른 마케팅 전략을 짰다. 시간이 흐르면 쌍방은 점차 상대의 전략을 알게 되고 이에 따른 반응 곡선이 생기며 시장은 균형을 찾는다. 이 균형이 바로 생산자 이론의 기초 개념인 '**쿠르노 균형**'이다. 쿠르노의 수학 모형은 당시 별다른 주목을 받지 못하고 결함이 많다는 비판을 받다가 내쉬의 학설이 발표된 후에야 인정받았다. 때문에 쿠르노 균형을 '**쿠르노-내쉬 균형**'이라고 부르기도 한다.

쿠르노의 독과점 시장 문제에 대한 논술도 상당히 중요하다. 독과점 생산자의 한계 비용은 한계효익과 같을 때 (MC=MR) 이윤이 극대화된다. 비록 이 학설들에는 모두 결함

● **푸아송 분포(Poisson分布, Poisson distribution)**: 확률론에서 단위 시간 안에 어떤 사건이 몇 번 발생할 것인지를 표현하는 이산 확률 분포이다.

핵심 포인트
신고전경제학의 한계혁명은 경제학 연구를 추상의 철학에서 구체적인 수학 해석으로 바꿔놓았다.

● **과점 경쟁과 독점 경쟁** : 이는 모두 소수 생산자가 시장을 독차지하는 현상이다. 과점 경쟁시장에서는 생산자 간에 상호 영향을 끼쳐 제품의 완전대체가 가능하다. 즉 상대방의 생산량이 내 생산량에 영향을 끼친다. 독점경쟁 시장에서 제품은 완전대체가 불가능한 차별화된 상품이다.

이 존재했지만 쿠르노가 독점, 과점, 독점적 경쟁(제품 차별화)
등 생산자 경쟁 이론에 기초를 닦았음은 부인할 수 없다.

뒤늦게 빛을 발한 학술적 영향

생전에 쿠르노는 생산자와 가격이론으로 경제학에 뛰어난
공헌을 하였고 관련 저서를 출판하였으며 통계학을 이용해
경기를 해석했다. 통계와 수리 방식은 당시 사람들의 환영을
받지 못하다가 19세기 말에 와서 발라스의 격찬을 받은 후에
야 크게 빛을 발했고 생산자 이론의 연구는 20세기 중엽에
미시경제학이 주류가 되고서야 주목 받았다.

쿠르노의 학술 연구는 그의 인성처럼 온화하고 따뜻했다.
경제학 대가 슘페터는 "쿠르노는 세계에서 가장 위대한 3대
경제학자 중 하나다."라고 말했다. 비록 초기의 학자들은 그
의 학생 발라스를 '수리경제학의 아버지'라고 보았지만 쿠르
노는 발라스에게 지대한 영향을 끼쳤다. 경제학에 있어서 쿠
르노의 중요성은 말로 표현할 수 없다.

공산경제사상의 창시자

마르크스(Karl Marx, 1818~1883)

인류역사상 가장 위대한 사상가를 뽑는다면 마르크스는
분명 순위의 앞자리를 차지할 것이다. 고전경제학의 노동이
론과 달리 마르크스는 풍부한 논리와 철학적 추론으로 자신

의 경제 체계를 창조하여 공산경제 이론의 기초를 다졌고 전 세계의 정치와 경제에 영향을 미쳤다.

마르크스에 관해 사람들이 오해하는 두 가지가 있다. 첫째, 마르크스가 공산사상을 만들었다는 것이다. 이는 오해다. 공산주의는 플라톤이 말한 '유토피아 세계'의 개념에서 시작됐다. 유럽은 18세기 말에 이미 공산사상이 존재했다. 당시 공산사상을 지지한 경제학자들은 후대의 학자들에게 '공상 사회주의자' 혹은 '유토피아 주의자'라고 불렸다. 마르크스의 출현으로 공산사상에 완전한 구조와 이론이 생긴 것이다.

둘째, 마르크스주의가 현실에 부합되지 않는 학설이라는 오해다. 심지어 '사악한 학설'이라고도 한다. 마르크스의 학설은 수많은 정치가들의 왜곡으로 전제국가가 고압적인 통치를 실행할 때 사용하는 핑계로 변했다. 우리가 아는 마르크스주의는 마르크스 학파에서 나왔다. 이는 마르크스가 당시에 만든 것이 아니다. '마르크스주의'라는 단어도 후대의 역사학자들이 만든 표현이지 마르크스 자신은 언급한 적이 없다.

공산주의의 실현여부나 공산주의 국가의 표현을 가지고 마르크스의 학설을 평가해서는 안 된다. 경제학의 사상 발전

● **공산 사회주의** : 유토피아 주의라고도 불린다. 사회는 사람들의 이상과 정의에 따라 세워져야 한다며 재산 공유제를 주장하는 공산주의 사상의 기원이다. 공산 사회주의자들은 자본주의의 착취와 인성 파괴를 신랄하게 비판했다. 18세기 영국 기업가 오웬(Robert Owen)은 시골에 협동촌을 건설했지만 자금부족으로 실패했다.

명언 한 마디
마지막으로 목을 매어 죽은 자본가는 우리에게 밧줄을 판 사람이 될 것이다.
– 마르크스

마르크스와 엥겔스

엥겔스(1820~1895)는 독일의 사회주의 철학자·경제학자로 카를 마르크스와 함께 마르크스주의의 창시자 중 한 사람이다. 1844년 9월 엥겔스는 파리에서 카를 마르크스와 만났다. 이때 엥겔스는 유물론자, 혁명주의자였으며 노동계급만이 자신의 해방을 위하여 일어서게 되는 계급이라 생각했다. 1846년에 그는 마르크스와 함께 《공산주의자 통신위원회》를 조직하였으며 1847년에는 《정의자 동맹》을 《공산주의자 동맹》으로 개편하였다. 사진은 베를린 중심가에 있는 마르크스와 엥겔스의 동상

에서 마르크스는 자본주의의 이론과 가치관을 새롭게 검토했다. 사회 계층 구조와 장기적인 경제 동태변화로 경제문제를 분석한 학설의 중요성은 애덤 스미스와 견줄 만하다.

3가지 핵심 경제사상

마르크스는 많은 저서를 남겼다. 그중 1867년 완성한 《자본론(Capital)》은 그의 평생의 사상을 관통하고 있다. 이 책에서 그는 고전경제학과 관련된 경제이론을 분석하며 특히 노동가치론을 비판했다. 마르크스는 자본가가 노동자의 가치를 착취해서 이윤을 얻는다고 여겼다. 예를 들어 보자. 노동자가 하루 8시간 일해서 받은 급여는 생활을 유지하기에 충분하다. 하지만 자본가는 최소한 10시간을 일해야만 고용하고 게다가 급여는 8시간으로 계산한다. 이 추가된 두 시간은 자본가의 이윤이다. 노동자는 노동 공급자이고 자본가는 노동력 수요자다. 노동자가 단결하거나 법률 보장을 받을 수 없다면 완전경쟁 시장처럼 목숨을 걸고 일할 사람은 얼마든지 있으니 자본가는 끊임없이 급여를 낮출 수 있다. 이것이 바로 마르크스가 제기한 '착취론(Exploitation)'이다.

다른 한편으로는 케네가 제시한 '잉여가치' 개념에서 한층

더 나아간 '노동잉여가치론'을 제시했다. 노동잉여가치란 자본가가 잉여가치를 높이기 위해 노동자의 급여를 줄이거나 기계를 투입하여 노동에 대한 지출을 줄이려 한다는 것이다. 근로자는 결국 기계로 대체되고 사회는 실업과 빈부격차로 인해 무산계급의 투쟁이 일어나는 것이다. 이것이 바로 '무산계급혁명'이다. '착취론'과 '잉여가치론'은 마르크스의 중심 사상이다.

공산당 선언 독일어 초판본

마르크스는 '상품'이 자본주의 사회의 상업기초라고 여겼다. 하지만 과도하게 이윤을 추구하면 경제와 도덕의 충돌과 분열을 야기한다. 마르크스는 자본가가 책임감을 가지고 효율적으로 제품을 생산할 것이라고 믿지 않았다. 예를 들면 공장은 환경보호를 하지 않고, 상인은 관세를 이용하여 자신의 이익을 보호하곤 한다. 때문에 마르크스는 경제학이 가치의 분배방식을 연구해 법률과 도덕관념에 부합하게 발전시켜야 한다고 주장했다.

그는 헤겔의 변증법추론을 논리의 근거로 이용했다. 하지만 마르크스가 헤겔의 생각을 완전히 받아들인 것은 아니다. 그는 역사 자료를 근거로 인류의 사상과 발전은 물질 위에 세워지는 것이지 자아의식이 아니라고 여겼다. 이것이 헤겔의 변증법과 유물론을 결합하여 만든 '**역사유물론**(Historical Materialism)'이다.

세 번째 사상은 마르크스가 영국에서 12년간 힘겹게 공부하여 얻은 성과다. 그는 자본주의의 발전 과정을 분석하여 노동자 운동의 이론 근거를 찾았다. 다른 한편 공산주의 사상을 위해 이론 기초를 찾고 직접 조직을 만들었으며 연설을 통해

재미있는 이야기

마르크스는 급진적 사상으로 유럽 각국에서 여섯 번이나 추방됐다. 그는 스스로를 세계의 국민이라고 자조했다.

● **역사유물론** : 마르크스는 인류의 역사는 물질기구에 의지해 발전한다고 여겼다. 누구나 생존의 도구를 획득하기를 갈망하기 때문이다. 사람들의 생산력이 다르기 때문에 다른 생산 관계가 생긴다. 생산력이 생산 관계를 결정하고 생산관계는 생산력에 영향을 미친다. 이런 물질의존의 역사 변화를 논술한 것이 마르크스의 역사 유물론이다.

서 공산주의를 실천하고 노동자 운동을 단결시켰다. 마르크스의 위대함은 사상에만 그치지 않은 그의 실천에 있다.

세상을 흔든 마르크스주의

《자본론》은 자본주의 발전의 모순을 드러내고 유럽의 사회 구조를 흔들었다. 노동자 계급은 자본가와 정부를 불신하며 혁명의 기류가 퍼지기 시작했다. 자본주의가 생산과 가치 분배의 모순이 없었다면 《자본론》은 큰 반향을 불러일으키지 못했을 것이다.

사실 마르크스는 공산국가를 설립해서 정권을 탈취하려는 뜻이 없었다. 단지 노동자들이 단결하여 자본주의의 터무니없는 착취에 대항하기를 바랐다. 하지만 마르크스가 죽은 뒤 유럽 각지에는 야심을 품은 정치가들이 마르크스주의의 깃발을 걸고 민심을 선동하며 정치권력을 빼앗았다. 20세기 초 레닌이 소련 공산당혁명을 성공적으로 이끈 뒤 혁명 운동은 남아메리카, 아시아 심지어 유럽 본토에까지 빠르게 확산됐다. 20세기 말에 이르러 중국의 개혁개방 및 소련의 해체로 공산 혁명 시대는 막을 내렸다.

일찍이 어떤 학자는 "마르크스 본인은 아마도 마르크스주의의 신봉자가 아니었을 것이다!"라고 했다. 마르크스의 사상이 얼마나 왜곡되고 다른 사상이 녹아들어 재해석되었는지 알 수 있다. 그럼에도 마르크스의 경제사상은 경제학과 정치학에 매우 풍부한 사상과 해석을 제공한 중요한 사상이다.

마샬(Alfred Marshall, 1842~1924)

신고전경제학의 마샬은 고전경제학의 애덤 스미스와 같다. 신고전경제학을 통합 정리하여 **미시경제학 연구의 문**을 열었다. 현대 서양 경제학의 이론 곳곳에서 마샬의 성취를 볼 수 있다.

거작의 등장

마샬은 1890년 《정치경제학 원리》를 출판했다. 마샬은 경제학을 부와 인류 욕망의 관계를 연구하는 응용과학으로 정의하고 빈곤 문제 해결과 복지 증진을 목적으로 했다. 《정치경제학 원리》는 무미건조한 일반 학술서적과 달리 그 안에 여러 영역을 아우르는 마샬의 지식이 녹아있다.

마샬은 어려운 수학 대신 생동감 있는 문장으로 공급과 수요, 한계효용, 생산요소 문제 등을 설명했다. 19세기 이후 경제학의 정수를 담고 거기에 자신의 해석과 개선사항을 더한 교과서적인 책이었다. 실제로 서양의 경제학 과정에서는 20세기 케인스 이론이 나오기 전까지 《정치경제학 원리》를 교재로 사용했다.

현대 경제학의 '유연성', '국민소득이론', '장단기 분석' 등은 이 책에 나온 견해에서 연장된 것이다. 경제학 연구 방법에도 두각을 드러낸 마샬은 처음으로 '**부분균형론**'을 만들었다. 즉 현재의 '**공급수요곡선**'으로 복잡한 수학 증명을 대신

명언 한 마디
자연은 비약하지 않는다.
- 마샬

했다. 마샬은 신고전경제학의 '한계' 개념을 활용하였는데 이 책은 미시경제학 이론의 가장 중요한 근거가 됐다.

마샬은 경제이론뿐 아니라 인간의 욕망과 경쟁에 대해서도 논했는데 경쟁이 사회에 꼭 이익을 가져다주는 것은 아니라고 주장했다. 경쟁은 일종의 '악', '이기'의 본질에 기인하기 때문이다. 분배이론을 소비자 잉여 개념에 이용해서 정부의 생산자에 대한 보상 또는 한도액 등의 보호 이론의 틀을 만들었다. 정부의 개입으로 부분 산업을 보호해야 한다는 것이다. 자유무역이 국가의 발전에 완전히 이익만 되고 해가 없는 것은 아니다. 비록 마샬은 리카도의 많은 개념을 계승했다고 자인했지만 실제 마샬의 견해 중 고전경제학자의 입장과 일치하는 부분을 분석해 보면 '세이 법칙'에 공감한다고 봐야 할 것이다. 하지만 이 점에 대해 그의 학생 케인스는 반대 태도를 고수하며 새로운 경제학 구조를 만들었다.

평생을 바친 사회 공헌

마샬은 수학교수이자 예비 목사였다. 자유 인권의 가치를 추구한 투사이고 영국 경제 정책의 제정자였다. 풍부한 역사와 철학적 지식을 가진 그의 저서 중 생물학에 대한 추종과 견해도 발견할 수 있다.

인류는 자연의 산물이다. 마샬은 늘 경제행위가 다른 학과 영역과 떼어놓을 수 없다고 여겼다. 경제문제를 해결하려면 경제학 이론만으로는 절대로 부족하다고 생각한 것이다. 마샬은 60세에 남은 생애를 후생경제와 정치경제문제에 쏟아

붓기로 하고 영국 황실의 노동 위원회의 회원이 되어 노동 정
책을 제정하고 빈부격차를 줄이려 애썼다. 그의 제자들도 스
승의 가르침을 뒤이었다. 케인스가 정부의 적극적인 관여와
보호정책에 대해 이론 기초를 세운 것처럼 다른 우수한 제자
인 피구도 현대 후생경제학의 연구를 시작했다. 마샬의 중요
성을 부인하는 경제학자는 거의 없다.

존 클라크(John Bates Clark, 1847~1938)

경제학계에는 노벨경제학상의 영예 외에 미국 경제학회에
서 매년 시상하는(2010년 이전에는 2년에 한 번이었다) 클라크 메
달(Clark Medal)이 있다. 지금까지 34명의 클라크 메달 수상자
중 12명은 노벨상 수상자이기도 하다. 클라크 메달은 한계효
용의 대가 존 클라크를 기념하는 경제학상이다.

한계효용 이론의 독립

클라크는 발라스 등 한계 이론의 대가보다 늦게 한계효용
에 대한 견해를 제시했다. 하지만 클라크는 한계 3인방에서
독립한 그만의 견해를 가지고 있었다. 미국의 한계연구는 대
부분 클라크의 이론에서 나왔다.

역사학파의 영향을 받은 클라크는 한계효용이론의 초점
을 사회분배 문제에 맞췄다. 1899년에 발표한 《부의 분배(The

Distribution of Wealth)》에 그의 독특한 견해가 잘 드러나 있다. 클라크는 자연의 분배 아래 어떠한 생산 업무에 종사하든 마땅히 얻어야 하는 수입량이 실제 생산하는 성과로 고려되어야 한다고 여겼다. 즉 합리적인 부의 분배를 말한다. 예를 들어 월급이 300만 원인 직원은 그 공헌이 반드시 회사가 획득한 300만 원의 한계가치로 산출한 것과 같아야 한다. 클라크의 생각은 '정태' 자연변동 하의 분배 개념으로 시장경제가 자유경쟁을 할 수 있을 때 부는 제자리를 찾을 수 있다는 것이 핵심이다.

이 관점에 의해 클라크는 '한계생산력 학설'이라는 중요한 경제학 개념을 확장했다. 시장경제에서 임금은 한계생산력과 같다는 것이다. 현대의 자본가들이 인력자원 방면에서 가장 자주 사용하는 개념이 바로 여기에서 시작됐다. 그 밖에 '자본, 노동력, 지세' 등 생산요소 분배 문제에 대해 클라크도 영향력 있는 연구를 제시했지만 많은 학자들은 현실에 부합되기 어렵다고 여겼다. 경제행위를 급여만 가지고 판단하기는 어렵기 때문이다. 월급이 500만 원인 의사가 수많은 사람을 구했다면 환자들의 목숨을 겨우 500만 원으로 볼 수는 없는 것이다.

이 밖에 《부의 분배》에서 클라크는 '동태경제학'에 대해서 언급했다. 동태경제학이란 시간의 변화를 고려해 원래의 가설 조건이 더 이상 고정불변이 아니고 다른 시간에는 다른 변수가 있다는 것이다. 예를 들어 주식시장의 '1월 효과' 같은 것이 일종의 동태분석으로 그 시기에 주식이 특정한 변수가 발생한다는 뜻이다.

● **한계생산력** : 클라크의 한계생산력 학설은 완전경쟁 시장에서 생산요소(노동력, 자본 등)의 가격은 생산자의 한계 생산 수익량에 공헌한 것과 같다고 여겼다. 클라크는 이 이론으로 '노동한계생산력 = 임금'이라는 이라는 이론을 제시하여 임금에 대한 새로운 화제를 불러 왔다.

클라크가 제시한 '기업가 이윤설'은 동태의 관점에서 확립한 이론이다. 이런 분석방법은 20세기 이전에는 보기 드물었다. 대부분은 단지 순수이론 연구만 했기 때문이다. 하지만 클라크는 정태는 가상이고 동태야말로 진실이라고 여겼다. 두 가지 연구가 상호보완을 하기 때문에 동태 분석을 반드시 해야 한다고 주장했다. 컴퓨터의 발전으로 통계공식의 응용이 커다란 발전을 이루자 동태분석도 따라서 발전했다. 클라크는 미국 동태 경제 분석의 연구로 학자들의 인정을 받았다.

미국 경제학회와 클라크 메달

클라크는 뉴욕 콜롬비아대학에서 교수로 재직하며 미국경제학회의 세 번째 회장(1896~1897)으로 미국경제 학계의 발전을 이끌었다.

경제학회는 원래 몇 명의 창립회원들의 독서회 같았다. 클라크가 당선된 후 상업단체의 지지와 정부 부처의 주목을 받기 시작했다. 학회가 1911년부터 발표한 계간지 《미국경제평론(American Economic Review)》은 20세기 세계에서 가장 중요한 경제 학술 서적이 됐다. 1923년 학회는 워싱턴에서 정식으로 기금회를 세워 경제학을 널리 보급하는 뒷받침이 됐다.

클라크의 학회에 대한 공헌을 기념하고 미국 경제학 연구에 기울인 노력과 성취를 존중하기 위해 1947년 경제학회는 '클라크 메달'을 만들었다. 클라크의 학술적 성취가 동시기에 유럽의 마샬, 파레토 등만 못 하였다고 여기는 사람들도 있을 것이다. 하지만 미국이 후에 유럽에게서 큰형 자리를 빼앗고

핵심 포인트
클라크는 한계생산력이론 이외에 동태경제학의 발전에도 큰 공헌을 했다.

경제대국이 된 데는 클라크의 공이 적지 않다. 그는 가장 강하지는 않지만 중요한 핵심인물이다. 클라크를 미국 경제학의 리더라고 부르는 것은 과장된 표현이 아니다.

파레토(Vilfredo Pareto, 1848~1923)

파레토는 처음으로 수학을 이용하여 자원배분 문제를 해석한 경제학자다. 후대의 학자들은 자원의 최적배분을 '파레토 최적(Pareto Optimum)'이라고 부른다. 후생경제학 연구의 문을 연 자원배분 효율 이론은 구미(歐美, 유럽과 미국) 민주국가의 정치와 사회에 많은 영향을 끼쳤다.

자원 최적배분 이론

경제학 교수인 파레토의 연구는 사회와 정치학에 편향되어 있었다. 주요 저서 4권도 대부분 이와 관련됐다. 그중 《일반사회학(Treatise of Political Economy)》은 유럽 사회경제 교육의 기본 교재로 사용되었고 《정치경제학 강의(Manual of Political Economy)》는 국가사회에 대한 그의 이상이 잘 드러나 있다. 사회 자원의 배분

명언 한 마디
얼마든지 내게 수정이 필요한 오류를 주어라. - 파레토

문제는 파레토가 가장 관심을 갖는 주제였다.

파레토의 자원배분 이론은 사실 발라스의 학설과 큰 관계가 있다. 발라스가 제시한 일반균형 분석이론은 공급과 수요 균형을 연립방정식으로 계산한다. 파레토는 이 이론에 에지워스의 무차별 곡선(Edgeworth box)을 결합하여 어떤 조건 아래에서 쌍방이 변동 없이 교역 균형을 달성하는지 풀이했다. 이 균형점을 '파레토 최적'이라고 부른다.

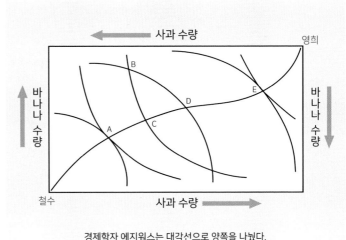

경제학자 에지워스는 대각선으로 양쪽을 나눴다.
철수와 영희 두 사람은 두 가지 생산요소를 대표한다.
도형 중의 각 점은 두 종류의 요소가 배치되는 양을 나타낸다.

에지워스의 상자

시장의 어느 한 쪽의 변동은 반드시 다른 한 쪽의 손실을 야기한다. '남이 손해를 입는다고 내게 이로운 것만은 아닐' 때 균형점은 '파레토 최적'에 놓인다. 시장에서 어떠한 쪽의 변동이 누구의 효용 손실도 일으키지 않는 것, 즉 '내게 이익이고 타인에게 손해를 끼치지 않을' 때 이를 '파레토 개선(Pareto improvements)'이라고 부른다.

파레토의 자원배분 이론은 교역의 방법을 가르쳐주는 것이 아니라 경제 행위의 최적화 개념을 서술한다. 예를 들어 한국은 자동차 생산으로 유명하지만 자동차 생산자는 제조할 때 절대로 생산량의 극대화를 추구하지 않는다. 수요와 생산 비용을 고려해야 하기 때문이다. 파레토의 개념을 사회복

● **무차별 곡선**: 미시경제학에서 무차별 곡선(無差別 曲線)은 임의의 두 재화를 변수로 하는 좌표 평면상에서 소비자가 인지하기에 효용이 동일한(무차별한) 두 재화의 조합을 나타내는 그래프이다. 즉, 경제주체에게 동일한 효용을 가져다 주는 두 재화의 조합들을 연결한 등위선을 말한다. 무차별 곡선은 경제주체의 선택 또는 선호 분석에 사용되며, 소비자 이론에서는 수요와 공급을 해석하기 위해 무차별 곡선과 예산선을 같이 이용한다.

지 정책에 운용한다면 세율과 복지 지출 등 관련 문제를 탐구할 수 있다.

정부가 증세를 하여 억만장자들에게서 50만 원의 세금을 더 걷으면 대다수의 부자들에게는 별거 아닌 금액이겠지만 전국 고아원의 어린 친구들은 5만 원의 도움을 더 받을 수 있다. 이것이 바로 '파레토 개선'이다. 국제 무역에서 이 같은 문제는 수시로 발생한다. WTO 가입 후 대만의 대다수 수출 산업은 수혜를 받았지만 농업은 타격을 입었다. 파레토에 따르면 수혜산업이 얻은 이익이 농업의 손실을 메울 수 있다면 전체 사회의 이익은 증가하기 때문에 WTO에 가입하는 것이 유리한 것이다.

파레토의 이론은 매우 실용적이지만 현실 사회의 전체 복

파레토 법칙과 롱테일 법칙

파레토의 법칙은 상위 20%가 80%를 좌지우지한다는 의미로 이른바 20대 80의 법칙이라고도 부른다. 파레토 법칙을 응용하면 상점에 상품을 진열할 때 제일 잘나가는 주력 상품을 매대 가장 좋은 곳에 올려놓는다. 주력상품 매출액이 전체 매출액을 좌지우지하기 때문이다.

롱테일 법칙은 80%의 '사소한 다수'가 20%의 '핵심 소수'보다 뛰어난 가치를 창출한다는 이론이다. 인터넷 서점 아마존을 연구하면서 나온 이론으로 롱테일 법칙이 가능하게 된 것은 인터넷이 발달하면서 전시비용이나 물류비용이 추가적으로 들지 않게 됐기 때문이다.

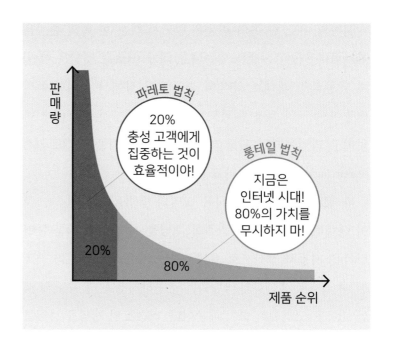

지 문제를 탐구할 때 결국 윤리학의 문제를 벗어나기 어렵다. 방금 언급한 증세의 예처럼 부호들은 어째서 자신들의 세금으로 고아들을 도와야 하는지, 자신의 자유 의지를 착취하는 것은 아닌지 의문을 제기할 수 있다. 국제무역의 문제도 금전으로 판단하는 것이 정말 완벽한지 물을 수 있다. 물론 이런 질문은 정치 방식으로 결정하는 것이 좋겠다.

공평과 정의에 대한 추구

파레토는 일생을 공평배분의 연구에 바쳤다. '2080 법칙'을 한 번쯤 들어보았을 것이다. 한 시스템에서 80%의 성과는 이 시스템의 20%가 조성한 것이라는 개념이다. 이를 사회학에 응용하면 전체 인구의 20%가 소득의 80%를 차지한다든가 대기업의 이윤 80%는 20%의 중요 고객에게서 나온다는 예를 들 수 있다. 이는 '파레토 법칙'의 개념적인 분석이다.

말년의 파레토는 자신의 학설을 사회의 공평한 정의를 표현하는 데 사용하고 사회주의자와 사상적 교류를 하였지만 그는 자유민주주의 정치사회를 기대했다. 파레토는 국회의원에 당선되기도 했지만 당시 이탈리아는 극단적인 '파시스트 주의'였기에 그에게 정치적 변화를 요구했다. 불행히도 파레토는 국회의원에 당선된 후 얼마 지나지 않아 병으로 세상을 떠났고 자유민주의 주개혁을 직접 보지 못했다.

파레토의 이론은 정부의 시장제도 운용에 설계기초를 마련했고 20세기 이후 법경제학, 환경경제학 등 많은 응용경제학과들이 그의 영향을 크게 받았다.

제도경제학의 창시자

베블런(Thorstein Veblen, 1857~1929)

20세기 중엽부터 '제도경제학파'라고 불리는 미국의 신흥 경제학 역량이 나타났다. 이 학파의 창시자 베블런의 학설은 상업, 노동자, 정부 간의 행위관계에 영향을 끼쳤으며 응용경제학과의 발전을 가져왔다.

명언 한마디
과시적 소비는 유한계급이 명예를 추구하는 수단이다.
-베블런

자본주의를 비판한 새로운 시야의 창립

베블런은 자기주장이 강한 성격 탓에 우여곡절이 많았다. 독일 역사학파의 영향을 많이 받은 그는 당시 자본주의를 비판하였으며 그의 학술적인 성과도 비판에서 시작됐다.

1899년 베블런은 《유한계급론(Theory of the Leisure Class)》을 써서 부호들의 허영이 가득한 생활습관을 풍자했다. 그의 책에서 유한계급은 생산에 종사하지 않으면서도 자원 배분의 권력을 쥐고 보수적이며 허영심으로 가득한 사람을 가리켰다. 베블런은 주로 인성과 소비행위 간의 문제를 탐구했으며 사회 발전과정 중 계급혁명이 발생하지 않은 원인을 해석하려 시도했다. 이 책에서 그가 제시한 두 가지 중요한 관점에 대해 알아보자.

첫 번째는 '베블런 효과'다. 어떤 상품은 가격이 올라갈수록 더 잘 팔린다. 이런 상품에 대한 소비자의 수요는 판매 가격이 높기 때문에 증가한다. 이는 인간이 어떤 경제적 수준 정도에서는 과시하고 체면을 중시하는 소비 습관이 있다는 것을 반영한다. 베블런은 소위 말하는 '과시 재화'와 사회지위의 관계에 대해 심도 있게 토론했고 이를 빌려 자본주의의 왜곡된 인성의 가치관을 강력하게 비판했다. 유한계급은 노동 생산자를 존중하지 않고 보수적이고 이기적이기 때문에 사회 전체의 복지와 발전에 방해가 된다는 것이다.

핵심 포인트
베블런의 《유한계급론》은 자본가들의 터무니없는 생활을 신랄하게 비판했다.

두 번째는 '제도경제'의 개념이다. 베블런은 가격, 시장, 경쟁, 정치, 법률 등의 제도가 사상 습관에 영향을 미치는 요소라고 여겼다. 경제문제를 분석하려면 제도의 시각에서 보지 않을 수 없으며 인성의 변화 또한 고려해야 한다. 때문에 그는 신고전과 고전경제학의 정태분석 방식에 반대하고 스승 클라크처럼 동태의 분석만이 실질적인 도움이 된다고 여겼다.

베블런의 경제철학 이념은 다윈의 '진화론'에서 나왔다. 그는 직접적으로 마르크스와 애덤 스미스를 지적하고 두 사람의 사상은 너무 극단적이라 일어날 수 없다고 주장했다. 사회 발전은 적자생존처럼 매 시기 필연적으로 이익충돌이 존재한다. 따라서 정부는 언제든 주동적으로 사회 제도를 조정해야 하며 공평하고 합리적인 배분을 강조해야만 경제가 안정적으로 운행된다는 것이다.

《영리기업론(Theory of Business Enterprise)》,《엔지니어와 가격체계(The Engineers and the Price System)》 등의 책에서 베블런은 경제 체계 속 기업과 노동의 상호관계에 대해 논했다.

그는 경제활동이 주로 기업 경영과 기계조작이라는 이 두 가지 제도에 따라 이루어진다고 보았다. 그 안의 주체의 가치관이 다르기 때문에 기업주는 노동자에게 타도될 수는 없지만 고급 기술 인원에게 패배할 수는 있다고 유추했다. 현재 첨단 기술 산업이 기술자를 빼앗길까 두려워하고 자신의 발전까지 위협받는 것을 보면 베블런의 선견지명을 알 수 있다.

자본주의에 비판적인 베블런이었지만 그는 사회주의를 비판하는 글도 적지 않게 썼다. 어쩌면 그는 별종 자본주의 지지자였을지도 모른다.

제도경제학의 탄생

베블런은 말년에 명성이 자자해서 스승 클라크가 그에게 미국 경제학회의 회장을 맡아달라고 요청했지만 베블런은 이를 거절했다. 많은 사람들이 이해할 수 없었지만 5년 뒤 베

● 베블런재: 명품 백, 다이아몬드 시계, 고급 차 등 허영심을 만족시키는 상품. 경제학에서 베블런재의 수요곡선은 일반 수요곡선과는 달리 가격과 수량이 정방향으로 상승한다. 즉 가격이 높을수록 수요도 크다. 하지만 베블런재는 분류상 정상재화의 하나에 속한다.

블런은 캘리포니아에서 병으로 세상을 떠났다.

1950년 이후 제도경제학자 갤브레이스가 베블런의 관점을 다시 정리한 뒤 제도경제학파는 완전한 모습을 갖췄다. 후에 학자들은 1950년을 기준으로 제도학파를 신구 양파로 구분했다. 1990년대 이후 제도경제학파는 10여 년이라는 짧은 기간 내에 3개의 노벨상을 획득했다. 베블런의 경제학에 대한 열정도 사람들에게 인정을 받았다.

창의성 이론의 아버지

조셉 슘페터(Joseph Schumpeter, 1883~1950)

슘페터는 20세기 상반기 독보적인 이론을 제시한 학자다. 빈 대학을 졸업했지만 뚜렷한 학파에 속하지는 않았다. 그는 미적분과 한계 이론을 잘 사용하지 않았지만 자본 유동과 경기주기 등 동태 분석에 집중했다. 슘페터의 학설은 제도경제학, 기업관리학, 발전경제학 등에 많은 영향을 미쳤다.

창의성과 기업가 정신

슘페터의 업적 중 사람들에게 가장 많이 알려진 것은 '창조적 파괴이론'이다. 지금 듣기에는 당연한 것처럼 들리지만 백년 전에 이런 개념을 제시했다는 것은 감탄할 만한 일이다.

1912년 출판한 《경제학 발전이론》은 슘페터가 경제순환의 핵심 요소인 '창조'에 대해 쓴 책이다. 그가 말한 창조란 발

명언 한 마디
창의성은 경제성장의 엔진
이다! - 슘페터

명처럼 신상품을 개발하는 것만을 가리키는 것이 아니라 일
종의 생산 요소를 새롭게 조합하는 파괴다. 그는 책에서 다섯
가지 창조 상황에 대해 언급했다.

① 새로운 재화, 즉 소비자에게 알려지지 않은 재화이거나 새로
운 품질 생산
② 새로운 생산방식을 사용하여 생산효율 개선
③ 특정한 제품이 참가한 적이 없는 새로운 시장 개척
④ 원료나 반제품의 새로운 공급원 확보
⑤ 신산업의 새로운 조직의 실현, 즉 독점적 지위를 획득하거나
독점의 파괴

창조가 경기의 순환을 가져온다. 창조가 있으면 반드시 파
괴가 있다. 이는 필연적으로 기득권자의 고통을 야기하고 새
로운 창조에 도전하게 만든다. 이것이 슘페터가 말한 '창조적
파괴' 과정이다. 이는 경쟁과는 다른 개념이다. 원가를 내리
는 방법(cost down)으로 생산자들끼리 경쟁을 벌이는 것은 슘
페터가 생각하는 창조가 아니며 이런 경쟁방식은 좋은 경제
발전을 가져올 수 없다.

슘페터는 '기업가'를 창조적이고 자본주의를 발전시키는
핵심 인물이라고 보았다. 기업가는 용감하게 새로운 생산요
소의 리스크를 부담하는 사람으로 단지 이윤과 관리만 유지
하는 대부분의 기업 관리자와는 차이가 있다. 슘페터는 '기업
가 정신'을 강조하며 자본주의에서 가장 중시하는 것은 충분

한 흡인력을 가지고 창조성을 독려하는
것이지만 정부도 적당한 때에 올바른 역
할을 맡아야 한다고 주장했다.

1939년에는 《경기순환론(Business
Cycles)》을 출판하여 '창조 이론'의 모든
개념을 완성하고 경기 주기의 4단계 모
델을 제시했다. 이 책은 동태경제학의 연
구에 상당히 큰 발전을 가져왔다. 슘페터
는 미국의 계량경제학의 발전에 많은 영향을 끼쳤으며 프리
드먼보다 한 발 먼저 실증경제학을 제창했다.

**창조적 파괴의 아이콘 스티
브 잡스**

기업가 정신의 핵심은 혁신이
다. 스티브 잡스는 기존의 거
대한 기계덩어리 컴퓨터를 파
괴하고 개인용 컴퓨터의 시대
를 열었다. 또한 기존의 CD
중심의 음악시장을 파괴하고
itunes를 통해 완전히 새로운
음악 시장을 창조했다. 혁신
과 창조적 파괴를 가져오는 정
신, 그것이 기업가 정신이다.

잊지 못한 정치 열정

장관과 은행 총재를 지내다가 파산을 맞이하고 인생의 기
복을 크게 겪은 슘페터는 말년에 책을 집필하며 자신의 재
능을 발휘했다. 1942년 출간한 《자본주의, 사회주의와 민주
(Capitalism, Socialism and Democracy)》는 20세기 가장 중요한
정치경제학 저서로 손꼽힌다. 이 책을 마르크스의 《자본론》
과 비교하는 사람도 있다.

슘페터는 책에서 자본주의가 사회주의로 가는 원인과 형
식에 대해 설명하고 결국에는 자본주의가 멸망할 것이라고
예언했다. 그가 언급한 자본주의와 사회주의는 본질적으로
마르크스가 언급한 개념과 달랐다. 슘페터는 사실 자본주의
를 위해 변호하고 있고 그가 말한 사회주의는 정부의 간섭 행
위라고 간주할 수 있다.

중요한 점은 세계 각국의 빈부격차가 빠른 속도로 벌어지고 있고 금융 위기 문제도 나날이 심해지고 있다는 것이다. 많은 국가의 국민들이 정부의 개입을 호소하고 있다. 전 세계의 경제와 무역이 긴밀하게 결합된 상황에서 정부가 방임만 할 수 있겠는가? 슘페터의 정치 경제 변천에 대한 생각은 뛰어난 안목이었음이 분명하다.

1950년 1월 슘페터가 자택에서 지병으로 세상을 떠난 뒤 그의 저서가 연이어 출판됐다. 《10인의 위대한 경제학자(Ten Great Economists)》《경제분석사(History of Economic Analysis)》 등은 그의 아내가 대신 정리하여 출판한 것이다. 슘페터는 경제학을 위해 마지막까지 공헌하였으며 제도학파에게도 많은 영향을 끼쳤다.

생전에 슘페터는 3가지 인생목표를 세웠다. 가장 위대한 경제학자가 되기, 가장 낭만적인 연인이 되기, 그리고 가장 우수한 기사 되기였다. 그가 미련을 품고 떠났는지는 모르지만 적어도 경제학계에 미친 공헌은 절대로 의심할 여지가 없다.

핵심 포인트

슘페터는 창조의 과정은 과거의 경쟁관계를 파괴해야만 이루어진다고 보았다. 이런 리스크를 부담하는 것이 기업가 정신이다.

신자유주의 대가

하이에크(Friedrich Hayek, 1899~1992)

20세기 중엽 하이에크가 지른 '신자유주의'의 불길은 케인스가 이끈 '정부의 적극적인 관여'에 대항하여 지금까지도 꺼지지 않고 있다.

케인스와 대등하게 평가받는 하이에크는 경제학자들이 공인한 20세기 가장 위대한 경제학자 가운데 하나다. 현대 신흥고전경제학파들 중 그의 영향을 받지 않은 사람이 없지만 하이에크의 영향력은 경제학 이론에만 그치는 것은 아니다. 하이에크는 정치철학, 사회철학, 심리학 등 다방면에서 현대사회를 바꾼 위대한 인물이다.

명언 한 마디
재산권이 없는 곳에는 정의도 없다! - 하이에크

하이에크와 케인스의 대전

미제스의 지지를 받았지만 하이에크는 런던에서 순조롭지 못한 시간을 보냈다. 당시 경제대공황에 직면한 구미(歐美)는 케인스의 학설을 빠르게 받아들였다. 하이에크는 케인스 이론을 지지하지 않아 그를 비판하는 글을 자주 썼고 케인스도 이에 반격을 하며 두 사람의 필전이 시작됐다. 후에 루스벨트의 새 정책이 미국에서 성공을 거두자 하이에크의 도전은 실패를 선언한 것과 마찬가지가 됐다. 학계에서 그의 명성도 심한 타격을 받았다. 다행히 강인한 성격이었던 하이에크는 흔들리지 않고 연구에 전념할 수 있었다.

1950년 이후에는 수많은 학술 저서를 출판하였고 경제학계의 주목을 다시 받기 시작했다.

하이에크의 화폐, 이율, 경기순환 등에 관한 저서는 경제학에 중요한 공헌을 했다. 그의 노벨 경제학상도 화폐와 경제파동의 연구로 수상한 것이다. 하이에크는 오스트리아학파의 연구 방식을 계승하여 구 오스트리아학파와는 다른 관점을 개발했다. 그의 저서《가격과 생산(Prices and Production)》,《자본순이론(Pure Theory of Capital)》에 '중앙정부의 인위적인 화폐확장 정책은 반드시 생산 구조의 왜곡과 자원 배치의 착오를 유발하고 경기쇠퇴의 씨앗을 심는 것이다.'라는 중심사상이 잘 드러난다.

다른 한편 하이에크는 고전경제학자의 화폐 중립성 견해를 믿었다. 시장이 화폐의 이율을 결정하게 하는 것이다. 그는 화폐이율이 정상이라면 시장의 가격과 생산이 균형을 이룰 것이라고 여겼다. 이에 '하이에크 삼각이론'의 도표를 제시하고 시간의 변수를 더해 공급면을 이용해 화폐, 이율, 경기순환의 문제를 해석했다. 이는 그가 노벨상을 획득하는 기초가 됐다.

케인스가 주장한 정부의 정책 간섭에 대해 하이에크는 조금도 인정하지 않았다. 그는 심지어 케인스를 비판하고 정부의 확장성 지출은 기업가로 하여금 대출 비용이 낮다는 착각을 불러일으켜 자금 남용과 부당 투자를 유발하고 통화팽창을 야기한다고 주장했다. 정부정책을 시행한 후 시장은 실업과 소비 수요 하강으로 채무를 갖게 되고 장기적으로 보면 케인스의 정책은 사회를 죽게 만드는 것이라고 여겼다.

1944년 하이에크는《노예로 가는 길(The Road to Serfdom)》을 발표했다. 그는 십여 년간의 경제 연구 성과와 사회주의에 대한 관찰을 결합하여 정부 통치에 대한 사람들의 환상과 국

숨겨진 이야기

미제스는 오스트리아학파의 창시자 중 하나로 여겨진다. 그의 자유주의에 대한 사랑은 여러 저서에서 찾아볼 수 있다. 학술 방면에서 그는 화폐 이론과 통화팽창 등 거시경제 문제에 정통했으며 그 밖에도 사회주의의 비판에도 적극 나섰다.

핵심 포인트

하이에크는 자유시장 경제를 주장하였고 케인스는 계획 경제를 추구했다.

가사회주의의 문제를
맹렬하게 비판했다. 책
에서 직접적으로 케인
스를 언급하지는 않지
만 정부간섭을 돌려서
비판하여 당시 많은 좌
파 인사의 불만을 야기
했고 심지어 영국 국회
의원 선거에도 논쟁의

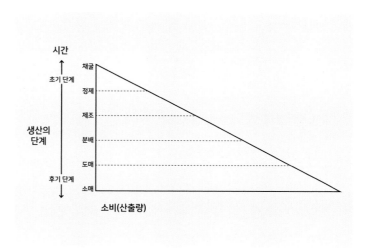

초점이 됐다. 하이에크는 책이 그의 명성을 바닥으로 떨어뜨
렸다고 자조적으로 말했다.

  하지만 이 책은 후에 십여 가지 언어로 번역되었고 하이에
크의 자유주의 사상이 담겨있어 중년의 그가 결코 학술연구에
만 만족하지 않았음을 엿볼 수 있다. 하이에크는 후에 많은 사
회와 정치 문제에 개입해 그의 경제이론을 더 많이 실현했다.

● 하이에크의 삼각형 : 하
이에크는 생산 구조를 최종
소비품부터 각종 중간제품
(producers goods) 생산의
시간적 순서로, 생산 단계를
직각 삼각형으로 나누었다.
삼각형의 수직선은 생산 구조
의 시간 위도를 나타내고 수
평선은 생산단계를 나타낸다.
직각의 각도는 생산과정의 화
폐 가치를 나타낸다. 삼각형
의 대각선은 전체 생산과정이
만들어낸 최종 소비품의 화폐
가치를 나타낸다.

신자유주의의 탄생

  1950년 하이에크는 시카고대학에서 10여 년간 교수로 일
했다. 그곳에서 많은 저명한 학자들과 영향력 있는 정치가들
을 알게 되었고 시카고학파의 신자유주의 사상을 열었다.

  하이에크가 강조한 신자유주의는 경제적인 면에서 여전
히 애덤 스미스와 같은 입장이지만 개인 자유에서는 법치
가 개인의 자유보다 우선한다고 여겼다. 때문에 정부의 역
할은 국방, 치안 등 민간에서 할 수 없는 일을 해야 하고 기

케인즈 vs 하이에크

케인즈	하이에크
국가 개입 강조	시장 자유 강조
대공황을 극복하기 위해 정부가 통화정책, 세금 인하, 공공사업을 수행해야 한다. 정부는 돈을 풀어 적극적으로 경제를 살려야 한다.	대공황 상황이라도 가격 메커니즘에 따라 균형을 향해 시장이 자연스럽게 움직일 것이다. 국가의 공공사업은 물가 상승만을 부채질할 뿐이다.
통화량을 늘리고 정부지출을 확대하면서 고용을 창출하고 실업문제를 해결해야 한다.	통화량을 늘리면 단기적으로는 투자나 고용이 증가하지만 이를 지속하기 위해서는 통화량을 계속 늘려야 하기 때문에 결국 불황 속 인플레로 치닫는다.

핵심 포인트

하이에크의 《노예로 가는 길》은 2차 세계대전 이후 많은 국가를 사회주의 진영에 빠지지 않도록 만든 중요 요소 중 하나라고 평가 받는다.

타 경제활동은 완전히 방임해야 한다고 주장했다. 1960년 하이에크는 《자유의 헌장(The Constitution of Liberty)》을 출판하여 신자유주의의 사상을 완성했다.

1970년대 세계가 석유 위기의 공포에 빠지자 이번에는 케인스경제학이 심각한 도전에 직면했다. 1974년 하이에크는 노벨상을 수상했고 얼마 뒤 영국의 대처 수상과 미국의 레이건 대통령이 그의 학설을 받아들였다. 신자유주의의 경제방식이 1980년대의 번영을 가져왔고 하이에크도 마침내 케인스 이론을 일축하고 전 세계의 인정을 받았다.

하이에크는 일생 동안 자신의 신념을 위해 분투했다. 1990년대 들어 소련과 동유럽의 사회주의 국가가 연이어 해체되자 다시 한 번 하이에크의 사회주의 계획경제 쇠퇴에 대한 예측이 입증됐다. 1992년 하이에크는 독일에서 병으로 세상을 떠났지만 그의 사상은 여전히 전 세계에 깊이 자리 잡고 있다.

경제학계의 작은 거인

밀턴 프리드먼(Milton Friedman, 1912~2006)

프리드먼은 모두가 익숙한 화폐이론 외에 소비분석, 화폐

역사, 안정화 정책, 계량경제, 실증경제 등에서 많은 연구와 공을 세웠다. 그는 경제학계의 작은 거인처럼 다른 사람과 비교할 수 없는 수많은 성과를 이루었다.

비범한 학술성과

화폐이론은 일찍이 17세기에 등장했지만 늘 인정받지 못했었다. 케인스의 관련 이론도 학계에 받아들여지지 않다가 프리드먼에 이르러서야 납득할 만한 논술이 나와 화폐주의로 불리었다.

프리드먼의 화폐주의는 3개의 중요한 내용으로 나뉜다. 1956년 프리드먼은 '화폐수량설(quantity theory of money)'을 발표하여 화폐가 어떻게 단기 물가에 영향을 미치는지, 화폐가 어떻게 경기와 관련되어 변동하는지 논했다. 프리드먼은 단기간 내에는 화폐 공급량이 물가에 큰 영향을 미친다고 여겼다. 화폐 공급 속도가 경제 발전 속도를 뛰어넘는다면 통화팽창이 발생한다. 고전경제학의 화폐가 중립성을 가진다는 학설은 프리드먼에 의해 부정되고 화폐주의가 최초의 형태를 갖추기 시작했다.

다음해 프리드먼은 '소비기능이론(consumption function)'을 발표하고 '항상소득가설(permanent income hypothesis)'을 제시했다. 화폐주의 핵심인 이 가설로 프리드먼은 1974년 노벨상을 수상했다. 과거 케인스는 당기(當期) 소비가 당기 소득으로 결정된다고 여겼지만 프리드먼은 이 관점에 반박하며 당기 소비는 반드시 당기 소득 및 기대소득을 포괄한다고 여겼다.

명언 한 마디
세상에 공짜 점심은 없다!
- 프리드먼

● **항상소득가설**:항상소득이 소비를 결정한다는 소비함수 이론이다. 소득은 정기적이고 확실한 항상소득과 임시적이고 일시적인 변동소득으로 구분된다. 실질소득에서 항상소득의 비율이 클수록 소비성향이 높고 변동소득의 비중이 클수록 저축성향이 높아진다.

이 학설은 '합리적 기대'의 관점을 가져왔고 과거 정부가 시행한 화폐정책은 명백하게 효율이 떨어진다고 비판했다.

1959년 프리드먼은 '화폐안정방안(program for monetary stability)'을 발표하고 앞선 이론을 이어나갔다. 정부는 화폐공급량을 법으로 규정해 화폐공급이 경제발전의 속도와 맞도록 화폐정책을 효율적으로 제정해야 한다고 요구했다.

프리드먼의 화폐주의는 1960년대에 완성되었지만 그는 새로운 개념을 계속 제시했다. 1968년 '자연실업률'의 개념을 발표해서 경제 발전이 공급과 수요의 균형을 이룰 때에도 일부 사람들은 일이 없을 수 있다고 지적했다. '자연실업률'의 관점은 주로 '필립스 곡선'의 문제를 보충하는 데 쓰였으며 '비용 주도 통화팽창'의 발생 원인을 설명했다.

● **비용주도 통화팽창** : 통화팽창 현상은 여러 가지가 있다. 원재료 상승으로 인한 '수입 통화팽창', '수요견인 통화팽창' 등이 있다. 그중 국가 전체의 생산 하락과 물가상승이 동시에 존재하거나 물가와 실업률이 동시 상승하는 현상을 비용주도 통화팽창이라고 한다.

자유를 추구하며 타협하지 않다

고전 자유주의 사상을 동경한 프리드먼은 늘 케인스주의를 비판했다. 그의 많은 저작 중 인구에 회자된 두 권의 책 《미국 화폐사(Monetary History of the United States)》와 《선택의 자유(Free to Choose)》에서는 케인스의 경제사상과 정부 간섭을 반대하기 위해 전력을 기울인 모습을 볼 수 있다. 프리드먼은 《선택의 자유》를 프로그램으로 만들고 직접 해설자로 나서서 자유경제의 이념을 설명했다.

프리드먼은 평생 수많은 상을 받았고 셀 수 없을 만큼 많은 국가의 경제 정책 결정 회의에 참여했다. 1977년 퇴직 후에는 신흥국가로 달려가 학술지식과 연설 능력을 이용해 그의 자유경제사상을 널리 보급했다.

하지만 프리드먼은 이런 활동은 단지 여가 생활일 뿐이며 그의 주요 사명은 과학적인 경제학을 추진하는 것이라고 여겼다.

제임스 뷰캐넌(James McGill Buchanan, 1919~2013)

경제학에는 정부의 역할에 관해 두 개의 주류 관점이 있다. 하나는 케인스 위주의 정부 관여를 지지하는 층이고 다른 하나는 하이에크의 신자유주의다. 뷰캐넌은 이 두 파의 사상에서 벗어나 정부의 행위 모델을 분석하여 어떻게 경제 발전에 영향을 미치고 경제학 분석방식을 이용하여 공공행정의 효율적인 정책 결정 방식을 탐구할지에 관한 **신정치경제학**의 이론 기초를 정립했다.

공공선택 이론

뷰캐넌은 정치와 경제 행위를 긴밀하게 결합했다. 현대 재정학의 일부분은 뷰캐넌의 사유에서 나왔다. 1972년 출판한 《공공선택 이론(Public Choice Theory)》에는 그의 재정, 경제, 정치사상이 온전하게 담겨있다. 뷰캐넌은 "인류 사회는 두 개의 시장으로 만들어진다. 하나는 경제 시장, 다른 하나는 정치 시장이다. 경제 시장에서 활동하는 주체는 소비자(수요자)와 생산자(공급자)다. 경제 시장에서 사람들은 화폐를 통해 최대 만족을 할 수 있는 개인 물품을 가져올 수 있다. 정치 시장에서 사람들은 정치 투표를 통해 최대 이익을 가져다 줄 수 있는 정치가, 정책 법안과 법률제도를 선택할 수 있다."라고 했다. 간단히 말해 경제상의 '이기주의자'는 정치상 '이타주의자'가 될 수 없다.

마찬가지로 정부는 국민에 의해 선발되기 때문에 다음 정권을 장악하기 위해 선거권을 가진 지지자들에게 보답하지 않을 수 없다. 이런 행정 과정은 재정적자 증대, 자원배분 비효율 등 '정부가 실패할' 문제점을 만들게 된다. 정부는 결국 자유 경제의 결함을 보완할 기능을 잃어버린다.

뷰캐넌은 경제학의 분석 방식을 이용하여 실패의 원인을 다섯 가지로 정리했다. ①경쟁 메커니즘의 결핍 ②비용 절감 기제의 결핍 ③정부 기구의 자아 팽창 ④감독 정보의 불안정 ⑤정치적 로비 행위.

뷰캐넌은 저서《공공선택 이론》에서 정부 권력의 구속, 투표제도 개선 등을 포함하여 수많은 문제의 개선 방식을 여러 가지로 제시했다. 그는 도덕적이고 능력 있는 정치인이 나올 거라고 믿지 않았기에 제도와 법률이야말로 모든 해결의 중심이라고 여겼다. 그 밖에 투표 방식에 따라 어떻게 다른 정책 효율을 가져오는지 분석하여 정부가 정책 내용을 다른 결의 방식으로 제공해야 한다고 했다. 이 책은 현대 정치학의 필독서가 됐다.

명언 한 마디
정치인도 일반 사람과 마찬가지로 이기적이다. 보통 자신의 밥그릇이나 권력을 추구한다. 따라서 그들이 공중 복지를 위해 도움이 되는 일을 하리라는 법은 없다.
- 뷰캐넌

이처럼 깊이 있고 신랄한 논술은 수많은 사람들이 정치에 품은 환상과 기대를 깨뜨렸다.《공공선택이론》은 많은 경제 학자, 특히 후생경제학 지지자들의 비판을 불러일으켰다. 하지만 뷰캐넌이 정부 행정의 비효율과 비효용을 폭로만 했다고 볼 순 없다. 그는 국민이 정치 참여 시 사회 복지와 평등의 권력을 마음대로 정부에게 주고 간절하게 그들의 은혜를 기다려서는 안 된다는 사실을 자각해야만 효율적인 정책 결정을 할 수 있음을 돌려서 말한 것이다.

자연친화적인 삶

뷰캐넌은 정치에 관심을 가진 경제학자가 아니었다. 오히려 처음으로 세심하게 정부체계를 경제학 방식으로 탐구한 학자다. 1980년대의 학자들은 공공선택 이론을 신정치경제학(new political economy)의 이론 기초라고 인정했고 뷰캐넌은 1986년 노벨 경제학상을 수상했다.

중년이 되자 버지니아공과대학에 공공선택연구센터(Center for Study of Public Choice)를 세웠고 1983년에 조지메이슨대학으로 옮겼다. 1988년 퇴직할 때까지 90세의 고령임에도 여전히 공공선택연구센터의 학술 고문으로 정치경제학 인재를 계속 배양했다. 이 밖에도 뷰캐넌은 많은 농지를 구매해 직접 농사를 지어 자급자족하였고 일부러 가스를 사용하지 않고 장작으로 밥을 지으며 자연친화적인 삶을 살았다.

핵심 포인트
뷰캐넌은 인류사회가 경제시장과 정치시장으로 구성되었다고 여겼다. 그는 경제학의 방식으로 정부의 운영을 연구하고 특히 정부의 실패에 관심을 기울였다.

경제학의 시야를 넓힌 내쉬 균형

존 내쉬(John Nash, 1928~2015)

영화 〈뷰티풀 마인드〉를 좋아한다면 많은 사람들이 이미 내쉬라는 인물을 알고 있을 것이다. 엄격히 말해 내쉬는 정통 경제학자라기보다는 수학자이다. 비록 경제학에 대해서는 깊이 알지 못해도 내쉬의 이론은 경제의 연구 방법을 크게 바꾸었다.

● 게임이론 : 경쟁상대의 반응을 고려해 자신의 최적 행위를 결정해야 하는 상황에서 의사결정 행태를 연구하는 경제학 및 수학 이론

내쉬균형

게임이론은 포커게임에서 처음 나왔다. 예를 들어 브리지 게임을 할 때 우리는 상대방이 패를 내는 패턴을 추측한 뒤 자신의 패를 내는 순서를 결정한다. 19세기에 쿠르노 같은 일부 신고전경제 학자들이 이 방면의 연구를 생산자와 국제무역 간의 경쟁에 대입하면서 게임 이론은 서서히 그 형태를 잡아갔다.

폰 노이만은 제2차 세계대전 때 게임이론을 군사 전략과 정치담판에 응용하여 게임이론과 실무조작을 긴밀하게 결합시켰다. 하지만 폰 노이만은 당시에 '비협조적인 비제로섬 게임'의 문제를 해결할 방법이 없었다. 가장 유명한 예가 바로 '죄수의 딜레마'이다. 서로 다른 방에 갇힌 죄수는 비록 상대의 전략을 알고 있지만 격리되어 있기 때문에 협력을 할 수 없어 서로를 의심하게 되고 결국 누구도 좋은 결과를 얻지 못한다. 이런 문제는 다른 형식으로도 나타난다. 예를 들어

명언 한 마디
이성적 사고는 자신과 우주의 관계를 이해하는 데 방해가 된다 - 내쉬

공유지의 비극(Tragedy of the commons), 사회적 딜레마(social dilemma) 등이 있다. 내쉬의 박사 논문《비협력 게임(Non-Cooperative Games)》이 출판된 후 마침내 이 문제들을 증명할 수 있게 됐다.

내쉬는 논문에서 '비협조적인 비제로섬 게임'에서도 균형점을 찾을 수 있음을 증명했다. 여러 명이 참여하여 서로가 신임과 협조를 할 수 없는 상황에서 모두가 자신의 전략을 바꾸기를 원하지 않고 자신의 효용을 줄이면 모든 참여자의 효용을 최대화 시킬 수 있어 균형을 구할 수 있다. 이 균형을 후에 '내쉬균형'이라고 불렀다.

내쉬균형이 증명된 후 효율, 자원배치 및 이성선택 등 복잡한 문제가 모두 내쉬의 학설로 더 명확한 해석을 할 수 있게 됐다. 쿠르노의 생산자 경쟁이론은 새로 주목을 받았고 새로운 답을 찾았다. 그 밖에 복지경제학, 환경경제학, 정보의 비대칭, 지적재산권 문제, 법률경제학, 국제무역담판, 군사담판 등 1970년대에 들어 새로운 연구의 물결이 밀려 왔다.

● 비협조적인 비제로섬 게임
: 비협조란 게임에 참가하는 모든 사람이 서로 정보를 교류할 수 없기 때문에 협조를 할 수 없어 오로지 자신의 상상에 의지해 상대의 행위를 예측하는 것을 가리킨다. 비제로섬이란 이긴 사람만 이익을 모두 가져가는 것과 달리 최대 이익을 얻는 사람이 여러 명일 수 있는 것이다. 죄수의 딜레마가 바로 전형적인 비협조적인 비제로섬 게임이다.

내쉬의 아름다운 인생

25세도 되기 전에 학계를 뒤흔든 논문을 발표한 내쉬는 세상의 주목을 한 몸에 받았다. 하지만 그가 거둔 가장 감동적인 성공은 그의 아내 얼리샤 라드(Alicia Lopea-Harrison de Lardé)를 만난 것이다.

박사 학위 취득 후 프린스턴대학에서 교직생활을 계속하게 된 내쉬는 24세에 매사추세츠공과대학에 고액의 연봉을

숨겨진 이야기

폰 노이만은 미국의 보기 드
문 천재 수학자다. 그는 수학
뿐 아니라 양자역학과 인류경
제행위에도 비범한 이론을 발
표했고 근대 게임이론의 창시
자이다. 미국의 핵무기전략팀
에 참여한 컴퓨터 언어의 개
발자로 현대 컴퓨터의 이진법
은 폰 노이만과 다른 과학자
들이 설계한 것이다.

받고 초빙되어 가장 젊은 교수가 됐다. 게다가 운이 좋게도
아름다운 아내와 결혼했지만 행복은 오래 가지 않았다. 30세
가 되던 해 조현병을 진단 받은 내쉬는 자신을 죽이려는 사람
에게 쫓기는 환상에 시달렸다. 그는 아무도 알아들을 수 없는
혼잣말을 중얼거리며 사방으로 헤매고 다녔다. 내쉬는 해직
이 되었고 얼리샤는 곧 세상에 태어날 아이를 품은 채 내쉬를
정신병원에 입원시켰다.

1960년 퇴원한 내쉬는 프린스턴대학 부근으로 돌아와 요
양하며 학교의 연구 업무를 맡았다. 그러나 내쉬의 병은 호전
되지 않았고 홀로 유럽으로 가서 은둔한 채 이상한 편지들을
보내왔다. 2년 뒤 더 이상 견디지 못한 얼리샤는 그와 이혼을
했다. 내쉬의 증상은 주변의 모든 사람들을 곤경에 빠뜨렸고
후에 프린스턴대학은 다시 그를 해직시켰지만 여전히 사람
을 보내 그의 거처와 업무를 돕게 했다. 하지만 내쉬는 다시
귀신처럼 사방에 출몰했고 학생들은 그를 '프린스턴의 유령'
이라고 불렀다.

1970년 얼리샤는 내쉬의 곁으로 돌아가 그를 돌보기로 결
심했다. 그녀는 10여 년의 시간 동안 내쉬의 회복을 돕고 가
정의 경제를 책임졌다. 마침내 1980년대 후반 병이 호전되
기 시작하여 더 이상 약물의 도움 없이도 지낼 수 있게 된 내
쉬는 30여 년간 중단되었던 연구를 다시 시작했다. 매사추세
츠공과대학은 내쉬를 다시 '고급 수학 연구원'으로 임용했고
그는 컴퓨터 자문으로 연구 개발에 투입됐다. 1994년 내쉬는
노벨 경제학상을 수상했다. 정신질환 때문에 그의 성과가 차

별받는 일은 없었다. 그는 수상의 영광을 아내와 함께 나눴다. 그의 인생에 아름다운 얼리샤가 동행하지 않았다면 내쉬는 세상에 존재하지 못했을 것이다.

핵심 포인트

내쉬의 수학을 응용한 인류 행위 탐구가 성공하여 게임이론이 더욱 광범위하게 운용됐다.

3분 리뷰

오늘 배운 내용을 정리하며 점검해보세요.

1. 리카도는 비교이익에서 출발하여 모든 나라는 가능한 한 자신에게 유리한 제품을 생산해야 하며 정부는 생산 효율을 망치고 무역 가격을 파괴하지 않도록 무역에 간섭하지 말아야 한다고 여겼다.

2. 리카도의 대등정리는 정부가 '채권으로 기채'하거나 '증세'로 자금을 조달하는 것을 설명한다. 이 두 가지 방법의 장기적 효과는 같다. 오늘 증세를 하고 내일 기채로 사회를 보완하거나 오늘 기채를 하고 내일 반드시 증세로 빚을 갚는 것으로 재정 정책의 효과 없음을 보여준다.

3. 벤담의 공리주의는 자신의 이익 선택과 최대 행복이라는 두 가지 원칙이 있다. 누구나 자신의 최대 행복을 쟁취하려 한다. '최대 다수의 최대 행복'을 추구해야만 정책의 도덕적 정당성을 취득할 수 있다.

4. 마샬은 인구는 기하급수적으로 증가하는데 식량은 산술급수적으로 증가한다고 주장했다. 그는 처음으로 수학을 이용하여 논리적으로 인구문제를 설명한 경제학자다.

5. 맬서스는 저축은 한계가 있어야 그렇지 않으면 소비를 배척하여 수요부족을 불러일으키고 경제 쇠퇴를 유발할 것이라고 했다. 그는 돈이 있는 사람은 더 많이 소비하도록 장려하고 정부지출을 이용하여 수요를 자극해야 한다고 여겼다. 케인스는 이에 영향을 받아 자신의 저서에서 '절약의 모순'에 대해 언급했다.

6. 쿠르노는 제조업자 교역 부분에 손을 뻗어 자신의 전공인 수학 지식을 이용하여 쿠르노 균형을 제시하고 경제학의 교역행위에 대한 탐구 기초를 마련했다.

7. 마르크스의 3가지 중요한 경제사상은 착취론, 노동잉여가치론, 역사유물론이다. 이는 공산사상의 이론 기초가 됐다.

8. 마샬은 정태 부분균형 분석을 처음 만들었다. 그는 '공급 수요 곡선'으로 복잡한 수학 증명을 대신하고 '한계' 개념을 활용했다.

9. 클라크는 한계효용 이론의 초점을 사회분배 문제에 맞췄다. 어떠한 생산 업무에 종사하든 마땅히 얻어야 하는 수입량이 실제 생산하는 성과로 고려되어야 합리적인 부의 분배라고 여겼다. 시장경제가 자유경쟁을 할 수 있을 때 부는 제자리를 찾는다.

10. 파레토의 자원분배 이론은 경제행위 최적화의 개념을 설명한다. 시장의 어떠한 일방의 변동이 반드시 그중 한 사람의 효용 손실을 야기할 때 균형점은 '파레토 최적'에 놓인다. 시장에서 어떠한 쪽의 변동이 누구의 효용 손실도 일으키지 않는 것, 이를 '파레토 개선'이라고 부른다.

11. 베블런은 '과시 재화'와 사회지위의 관계를 빌려 자본주의의 왜곡된 인성의 가치관을 강력하게 비판했다. 베블런은 가격, 시장, 경쟁, 정치, 법률 등의 제도가 사상 습관에 영향을 미치는 모든 요소라고 여겼다. 경제문제를 분석하려면 제도의 시각에서 보지 않을 수 없다.

12. 슘페터는 창조가 경제 성장의 동력이라고 보았다. 창조의 과정에서 반드시 창조적 파괴가 따르며 이 리스크를 부담하는 것이 기업가 정신이다.

13. 하이에크는 신자유주의를 강조했다. 경제적인 면에서는 애덤 스미스의 의견에 동의했지만 개인 자유에서는 법치가 개인의 자유보다 우선한다고 여겼다. 때문에 정부는 국방, 치안 등 민간이 할 수 없는 일을 해야 하고 경제 활동은 완전한 방임을 해야 한다고 주장했다.

14. 뷰캐넌은 경제학으로 정부 운용을 연구했다. 특히 정부 실패에 관심을 가졌는데 정부 권력의 구속, 투표제도 변경 등으로 개선해야 한다고 주장했다.

4

목요일

경제학의 갈래

19세기 이후 백가쟁명식으로 발전한 경제학은 복지 분배를 중시하는 부류와
수치 통계를 중시하는 부류로 나뉘었다. 제2차 세계대전 후에는 경제학의 분야가 군사연구, 공공위생 등의
영역까지 진출하여 다른 학과와 교차 연구됐다. 이처럼 점점 더 많은 경제학 학과가 하나 둘 분리되어
경제학의 세계는 전보다 더 풍부해졌다.

경제학에서 파생된
학과는 무엇이 있을까?
- 경제학의 파생

    미국 경제학회는 1940년대부터 2012년까지 정기 간행물에 투고한 논문을 연구 대상에 따라 총 20개의 대 항목으로 분류하였다. 이것이 우리가 일반적으로 접하는 경제학 학과들이다. 20개 항목은 다시 더 세분화할 수 있다. 종합하면 경제학은 400여 종으로의 토론 과제로 나눌 수 있으며 지금도 계속 확대 중이다. 학과 간에 서로 연결되기도 하여 때로는 어떤 내용이 어느 특정 항목에 속하는지 명확하게 말하기 어렵다.

    앞서 '기원과 발전'에서 경제학의 가장 기본적인 구분인 미시경제와 거시경제에 대해 배웠다. 이번 장에서는 이론형과 응용형으로 나누어 소개하고자 한다. 이론형이란 학과에서 탐구하는 이론이 기타 학과에 운용되는 방법 혹은 개념에 속하는 것을 말한다. 예를 들면 계량경제학은 거시경제를 토론할 때만 사용되는 것이 아니라 공공위생, 교육경제 등의 분야에서도 사용된다. 응용형이란 응용경제학을 가리킨다. 경제학을 이용해 특정 학과의 대상을 연구하는 것으로 법률경제학, 공공경제학 등이 여기 속한다. 미국 경제학회의 20개 대항목 분류는 대부분 이 유형에 속한다. 이론형과 응용형 두 부류로 구분하여 경제학의 분파를 소개하면 학과 간의 상호관계를 명확하게 이해할 수 있다.

이론형

계량경제학(Econometrics)

기원과 정의

경제학은 18세기에 이미 통계를 응용하기 시작했다. 하지만 데이터 수집이 쉽지 않아 관심을 가지는 사람은 많지 않았다. 신고전경제학 시기 이후 수리경제학과 통계의 응용이 중시되기 시작했다.

'계량경제학'이라는 단어를 처음으로 사용한 사람은 유럽학자 콤파(Pawel Ciompa)이다. 1910년 당시에는 명확한 정의가 없는 데다 자신이 단어를 만들어 사용했기에 정식으로 인정받지 못했다. 1926년 노르웨이 경제학자 프리슈(Ragnar Frisch)가 생물 계량학(biometrics)을 모방하여 계량경제학이라는 용어를 만들면서 정식으로 정의가 생겼다.

경제학의 연구 방법 가운데 하나인 계량경

숫자를 읽으면
경제가 보이지!

제학은 거시경제학에서 광범위하게 운용된다. 그렇다고 미시경제학에서 쓰지 않는 것은 아니다. 때문에 학자들은 계량경제학을 '수학, 통계, 경제분석 3가지가 결합된 경제학 분야'라고 명확하게 정의 내렸다. 계량경제학은 경제현상에 대해 수치로 토론하고 경제문제의 발전 방향을 예측하기도 한다. 실업률과 통화팽창의 관계를 연구하는 수학 모델인 '필립스 곡선'도 계량의 방식에서 나온 것이다.

계량경제학의 탐구

일반적으로 계량경제학은 **확률이론**과 **통계학**을 기초로 한다. 통계학은 평균치, 사분위수, 표준차, 회귀분석 등을 응용한다. 확률이론은 배열 조합을 나타내는 전통적인 확률 외에 한 단계 위의 통계확률이 있다. 현대 통계학 과정에 이미 기초 확률론이 들어있어 통계와 확률을 동일하게 여기는 사람들이 있지만 사실 상당한 차이가 있다.

통계학은 거의 모든 학술 영역에 광범위하게 응용된다. 심리통계학, 교육통계학 등이 좋은 예다. 통계학의 목적은 두 가지로 나눌 수 있다. ①현상 묘사 : 예를 들어 대만의 25% 가정은 최저생계 이하 수준이다. 이는 대만의 125만 가구가 최저생계 이하라고 직접 말하는 것보다 더 의미 있다. 125만 가구가 도대체 많은지 적은지 알 수 없지만 통계를 통해 비례로 표현하면 알기 쉽다. ②사실 추론 : 데이터 수집을 통해 일정한 규칙을 찾아내거나 다음에 출현할 확률을 검증한다. 예를 들면 대학생 만 명의 무작위 샘플을 추출해 보니 25%의 대학생이 근시 안경을 쓰고 있었다. 100만 명의 대학생이 있으니 근시를 갖고 있는 대학생이 대략 25만 명 정도 될 것으로 추측할 수 있다.

그 밖에 복잡하지만 상당히 중요한 통계학이 바로 회귀분석이다. 이는 계량경제학의 핵심 연구방법으로 회귀모델 설계 방식을 운용하여 변수와 관측 목표 간의 상관성을 검사하는 것이다. 예를 들어 대학졸업생의 첫 월급과 학교, 학과, 성별 간의 상관성을 연구할 수 있다.

우리가 얻은 1조의 회귀모델 데이터는 다음과 같다:

첫 월급 = 0.5 × 학력 + 0.55 × 학과 + 0.01 × 성별 + 3500

이 회귀모델에서 우리는 학과가 첫 월급의 금액과 상관성이 가장 크고 성별은 거의 아무런 영향을 미치지 않음을 추론할 수 있다. A학생의 학과, 학력, 성별을 알고 있다면 그의 첫 월급 금액을 역추론 할 수도 있다. 기억해야 할 점은 회귀모델은 단지 상관이 있는지 검측만 할 뿐 인과관계를 나타내는 것은 아니라는 점이다. 예의 결론을 정리하면 학과와 첫 월급은 관련이 있지만 이 요인이 절대적인 영향을 주는 것은 아니다.

회귀분석에는 더 고급 단계의 연구가 있는데 바로 시계열(time series)이다. 글자그대로 시계열은 시간의 요소에 회귀

● **회귀분석**(regression analysis): 회귀의 사전적 의미는 '한바퀴 돌아 제자리로 돌아가다'라는 뜻이다. 회귀 분석의 회귀는 '잔차(residul)가 평균으로 회귀하는 것'이다. 하나나 그 이상의 독립변수의 종속변수에 대한 영향의 추정을 할 수 있는 통계기법이다. 하나의 독립변수를 가진 회귀분석에서, 하나의 방정식은 독립변수와 종속변수의 결합분포를 보여 주는 지점들의 분포구성을 통해 지나가는 하나의 선을 설명하고 있다.

핵심 포인트
계량경제학은 확률이론과 통계학의 기초 위에 세워졌다.

첫월급에 가장 많은 영향을 끼치는 것은 무엇일까?

학력　학과　성별

● 시계열(時系列, time series):
일정 시간 간격으로 배치된
데이터들의 수열을 말한다.
시계열 해석이라고 하는 것은
이런 시계열을 해석하고 이해
하는 데 쓰이는 여러 가지 방
법을 연구하는 분야이다.

모형을 더해 고려하는 경제학 동태분석의 한 종류이다. 이 방
법은 주식시장에서 자주 볼 수 있다. 이동평균선, KD선, 1월
효과 등이 모두 시계열의 연구에 속한다. 근 20년 동안 컴퓨
터 덕분에 시계열의 계산이 용이해져 경제학에 점점 더 광범
위하게 운용되고 있다.

　상술한 통계학은 사실 확률과 긴밀한 관계가 있다. 우리는
통계추론 시 반드시 '가설 검증'을 해야만 한다. '확률 분포 모
델'을 측량도구로 이용하여 우리의 통계추론이 얼마의 확률
로 받아들여질 수 있는지 추측해낸다. 자주 쓰는 확률 분포
모델로 상태분포, 푸아송분포 등이 있다. 일반적으로 95% 이
상이 되어야 추론으로 받아들여진다. 선거 관련 뉴스를 보면
확정 95%, 오차범위 3% 같은 데이터가 적혀있다. 이것이 바
로 통계 확률이다.

　통상적으로 경제학은 확률을 이용해 보험문제, 개인효용
등을 연구한다. 가장 흔한 예는 바로 확률로 도박과 게임에서
한 사람이 내릴 결정을 추론하거나 해석하는 것이다. 리스크
계산은 더욱 고차원의 수학을 응용해 복잡한 다른 종류의 확
률 계산이 필요하다. 공인 회계사 시험이 어렵고 수입이 상당
한 것도 이상한 일이 아니다.

　통계와 확률을 경제문제에 적용해서 쓰는 것이 계량경제
학의 기초다.

계량경제학의 운용

통계학의 목적은 '현상 묘사'와 '사실 추론'에 있다. 경제 분

석에 관련된 계량경제학의 목적은 '정책 결정을 도와주는' 것이다. 예를 들어보자.

한국은 원자재 수입 국가이다. 해마다 수입하는 사철, 석유 등은 모두 GDP성장과 상당히 큰 관계가 있다. 내년 GDP성장이 2%로 예상될 때 당신이 석유회사 사장이라면 석유를 얼마큼 수입해야 과도한 재고를 방지할 수 있을까?

이때 반드시 과거의 변동 자료를 수집하고 회귀분석을 이용해 GDP와 석유 소모의 상관성을 분석해야 한다. 물론 좀 더 세밀한 연구는 시간과 계절요소를 더해야 한다. 매달 석유 사용량과 날씨 역시 큰 관계가 있기 때문이다. 이를 종합하면 하나의 공식 모델을 얻을 수 있고 내년도 회사의 수입량을 수월하게 예측할 수 있다.

이 외에도 경제학은 너무 많은 데이터가 있어 서로 간에 검증이 필요하다. '화폐수요 탄력성', '환율, 이율 간의 영향' 등은 모두 계량경제학에서 상당히 인기 있는 주제다. 과거 언급되었던 경제학 논점들 중 계량경제학으로 새로 검증을 받는 것들도 있다. 예를 들면 '리카도 대등정리'가 있다. 이뿐 아니라 계량경제학과 기타 경제학과이론은 서로 의존하며 연구하는 경우도 상당히 많다. '정부 공공 복지정책과 GDP 간의 관계' 등이 그렇다.

계량경제학은 최근 30년간 가장 인기 있는 경제학 연구방식이었다. 계량경제학은 숫자 증거를 중요하게 여기는 과학이지만 좋은 계량 모델은 반드시 치밀한 관찰과 풍부한 이론기초가 있어야 한다. 변수를 설정해야만 핵심에 적중하고 설득력

핵심 포인트

통계학의 목적은 현상 묘사와 사실 추론에 있다. 계량경제학의 중요한 목적은 정책 결정에 기여하는 것이다.

있는 논술을 할 수 있다. 그렇지 않고 숫자만 보고 억지로 갖다 붙여서는 모델을 얻을 수는 있어도 현상에 대한 이유는 설명할 수가 없다. 그건 계량경제학이 추구하는 결과가 아니다.

제도경제학(Institutional Economics)

기원과 정의

앞서 베블런을 소개할 때 언급한 제도경제학은 과거 서양 경제학에서 비주류 경제학으로 여겨졌었다. 시카고학파나 케인스학파처럼 엄격한 신념을 가진 것은 아니었으나 20세기 말부터 중시되기 시작해 저명한 학파가 됐다. 최근에는 적지 않은 노벨상 수상자를 배출하기도 했다. 제도경제학의 견해가 남다르고 경제학을 연구하는 방법 또한 독특하여 사회제도 운행에 실질적으로 크게 공헌을 했기 때문이다.

여기서 소개할 제도경제학은 '갈브레이드주의'라고도 불리는 '신제도학파'의 이론에 속하며 유럽의 마르크스주의 연구자들이 부르는 '제도'와는 다른 의미를 포함하고 있다. 또한 미국 학자 베블런의 이론과 견해를 융합하고 자본주의와 관련된 가치관과 정책에 대해 강력한 비판을 담고 있으며 케인스주의에서 파생된 문제에 진단을 내린다.

글자 그대로 제도경제학은 **제도적 측면에서 경제학을 연구**한다. 연구 범위는 기업, 노조, 국가, 가정, 집단 등과 관련된 유형,

환율과 금리

국내 금리가 내려가면 정기예금의 수익률이 떨어진다. 그러면 사람들은 상대적으로 수익율이 높은 금융자산, 예를 들면 달러를 매입하려 한다. 팔려는 원화는 점점 늘어나고 달러의 수요가 초과되면 원화의 가치가 떨어진다. 즉 환율이 상승한다.

무형의 제도들이다. 미국 경제학자 그루시(Allan Gruchy)가 내린 정의를 인용해 보자. "경제학에서 제도라는 단어를 사용하는 것은 경제제도가 인류문화의 일부분이자 수많은 제도의 혼합이기 때문이다." 따라서 제도경제학은 '문화'의 시각에서 경제학을 탐구하는 방법이며 고전경제학처럼 '양의 균형'을 중시하기보다 경제문제의 '질'을 분석하는 데 중점을 둔다. 또한 제도경제학자들은 경제성장률, 공업생산 신장률 등과 같이 성장을 우선하는 사고에도 동의하지 않는다. 이것들은 단지 여러 사회가치들 중의 일부인 경제가치일 뿐이다. 오로지 성장만 추구하고 기타 가치의 존재를 돌보지 않는다면 좋은 경제라고 할 수 없다.

제도경제학은 구조분석의 방식으로 연구한다. 어떤 경제현상에 대해 관련 인물, 사건, 사물을 분리해서 분석하고 그 안의 권력, 이익, 가치관 문제를 탐구하는 것이다. 이런 분석은 대부분 윤리학 문제와 연관된다. 이 또한 제도경제학이 중점으로 연구할 문제 가운데 하나다. 예를 들어 정치인들이 자주 외치는 "정부가 은행을 지탱하고, 은행이 기업을 지탱하고 기업이 노동자를 지탱한다."는 주장을 제도경제학의 시각에서 보면 "관련된 제도가 조화를 이루지 않으면 기업이 왜 노동자를 지탱해야 하는가?"라는 문제가 도출될 것이다. 이것이 바로 구조분석의 사고방식이다.

그렇다면 제도경제학은 사회주의의 추종자인가? 비록 독일 역사학파의 영향을 받고 초기 제도경제학자들이 사회주의 제도를 동경하였지만 현대의 제도경제학은 재산권, 교역,

핵심 포인트

제도경제학은 제도적 측면의 토론을 중시한다. 기업, 노조, 국가, 가정, 집단 등과 관련된 유형·무형의 제도를 포함한다.

숨겨진 이야기

그루시는 미국 메릴랜드대학에서 50년 이상 교수로 재직한 미국 제도경제학파의 핵심인물이다. 평생 수많은 경제 사상의 평론과 분석을 썼다. 특히 1947년에 쓴 《당대 경제학사상(Contemporary Economic Thought)》은 신제도경제학 철학 개념의 기초를 마련했다.

기업 등의 이론 연구 위주이며 마르크스나 중국식의 사회주의 개념과는 거리가 멀다. 제도경제학이 자본주의의 단면을 비추는 거울임은 분명하다.

제도경제학의 탐구 내용

제도경제학은 경제체제를 탐구하는 기본적인 이론과 관점이 있다. 갈브레이드의 이론에 따르면 3가지 방면에서 제도경제학의 내용을 이해할 수 있다.

① 권력이전론

제도학파는 권력이 생산요소의 집권에서 온다고 여겼다. 중세 유럽 시기는 토지를 가진 봉건지주가 권력을 장악했고, 자본주의가 발달하자 자본가들이, 20세기 이후로는 전문지식을 가진 회계사, 변호사, 의사, 엔지니어, 관리계층 등이 권력을 갖게 됐다.

권력의 이전은 기업조직 구조의 변화에 따라 생기기도 한다. 19세기에는 기업의 융자가 쉽지 않아 지금처럼 주식 거래 시장이 발달하지 않았다. 많지 않은 주주들은 자연히 회사 발전 전망에 관심을 가지고 적극 참여했다. 기업의 주주들이 셀 수 없을 정도로 많아진 오늘날은 대주주들도 주가의 변화로 시세 차익을 노리기만 할 뿐 기업의 발전은 상관하지 않는다. 기업과 동고동락하는 것은 경영관리 계층뿐이다. 이런 권력의 이전으로 기업의 목표는 이윤 최대화에서 안정적 성장으로 바뀌었고 이는 성숙한 기업의 상징이 됐다. 주주의 중요성을 강조하는 것은 스스로를 기만하고 남을 속이는 경영자의 공허한 말일 뿐이다.

② 생산자 주권

상품을 내놓기만 하면 팔리던 좋은 시절은 이미 지났다. 이제는 다양한 방법으로 판매를 해야만 이윤의 안정이 유지된다. 과거 고전경제학자들이 표방한 자유경쟁시장의 공급은 수요를 만들고 가격이 수요 공급에 따라 결정된다는 논조는 이미 현실에 전혀 부합되지 않는다. 오늘날의 기업은 스스로 가격을 결정하고, 대량의 마케팅을 동원해 소비자를 설득해서 제품을 판매한다. 제품 마케팅 수법의 다양화는 생산자의 주권이 나날이 확대되고 있다는 징표이다. 분명 과거의 자본시장과는 다르다.

③ 이원체계 사회

갈브레이드는 기업에 생산자 주권과 권력 이동 현상이 존재하지만 대부분 작은 회사는 이런 현상이 나타나지 않는다고 했다. 대기업과 중소기업이 공존하는 현대 사회에서 전자는 '계획 시스템(planning system)' 후자는 '시장 시스템(market system)'이라고 부른다. 이원체계 사회가 여기서 나온 것이다.

시장 시스템에 있는 중소기업은 환경의 지배를 받는다. 예를 들어 주문 생산기업이 있다. 그들은 통상적으로 기술조건이 높지 않지만 노동력은 많아 자기 착취의 방식으로 생존을 유지한다. 특히 저렴한 노동력, 노동 시간 증가 등 원가를 낮

● **계획 시스템과 시장 시스템** : 경제학자 갈브레이드의 이론에 따르면 가격 통제 능력이 있는 대기업은 계획 시스템에 속한다. 이들 기업은 돈이 있고 제품의 가격, 마케팅, 정치 로비 등을 주도할 능력이 있어 더 많은 이익을 얻을 수 있기 때문이다. 중소기업은 시장 수요의 눈치를 볼 뿐 스스로 자신의 이익을 확장할 여력이 없으며 가격을 결정할 능력도 없다. 이들 기업은 시장 시스템에 속한다.

추는 전략에 의지한다. 반면에 공무원은 대기업의 영향과 로비를 받기 쉽다. 대다수의 정책은 '계획 시스템'에 유리하기 때문에 빈부격차가 더 빠르게 벌어지는 것이다.

이상 세 가지 이론으로 권력 이동과 경제 운용의 관계에 대해 설명했다. 일종의 전체 환경의 평가다. 갈브레이드와 동시기의 제도경제학자인 코스와 노스 등은 제도연구의 중점을 사회 전체에서 기업, 개인, 정부 간의 상호관계로 바꿔 재산권 이론과 교역 원가 이론을 토론하였다.

이후 제도경제학자들은 '교역 비용'의 개념을 통해 제도의 존재 이유와 변화의 발생 방식 그리고 어떻게 더 경제적인 방식으로 생산과 교역을 해야 하는지 설명했다. 다른 한편 그들도 재산권 귀속의 확인이 기업의 기술 창조를 보장하고 거래 비용을 낮추며 더 효율적인 자원 안배를 가져다준다고 인정하였다. 이런 사유 방식은 현대 경제제도 연구에서 가장 인기 있는 추세다.

핵심 포인트
제도경제학파의 연구주제는 생산권력 이동과 사회경제 구조에서 거래 비용과 재산권 전이 문제로 바뀌었다.

제도경제학의 운용

제도란 때로는 짧은 계약이고 때로는 장기적인 법률이기도 하며 어쩌면 우리에게 일상적인 생활 습관과 문화일 수도 있다. 만일 오늘 교통 법규가 바뀌어 빨간 불에 지나가고 초록 불에 멈춘다면 초반에는 말로 표현할 수 없을 만큼 교통 혼잡이 일어날 것이다. 제도가 생활 습관에 깊숙이 자리 잡은 좋은 예다. 우리 주위에는 이 같은 제도가 너무나 많다.

제도경제학의 응용에 대해 말하면 1991년 노벨상을 수상한 코스에 대해 얘기하지 않을 수 없다. 그가 제시한 '코스의 정리'는 교역, 사회문제 등 같은 수많은 제도에 광범위하게 응용됐다.

코스는 쌍방에게 어떠한 거래 비용도 존재하지 않는다면 재산권을 최후에 누구에게 분배하든 재산권이 가져온 자원 배치는 파레토 최적에 도달할 수 있다고 주장했다. 동시에 부정적인 외부 문제를 제거할 수 있다. 하지만 현실적으로는 거래 비용이 없을 수 없다. 거래비용이 발생하는 방식이 너무 많기 때문이다. 예를 들어 소송, 쌍방에 존재하는 오해, 사장의 고집스런 성격, 변호사 고용, 과도한 시간 비용 등이 모두 이에 해당한다. 때문에 코스는 거래 비용의 문제가 존재한다면 정부 또는 권력이 있는 제3자가 먼저 재산권의 귀속을 판정해야 한다고 여겼다. 이렇게 해야 효율적으로 거래 비용을 줄이고 모두가 최적의 자원을 배분할 수 있다.

예를 들어보자. 폐수를 배출한 공장에게 인근 주민들이 거액의 배상을 요구하였다. 만일 교섭 비용이 너무 커서 공장과 주민이 합의하지 못한다면 정부가 하천의 오염권을 공장이나 주민 어느 쪽에 귀속시켜야 할지 판단해야 한다. 만일 오염권이 공장에 귀속된다면 주민들은 돈을 모아 공장의 오염물 배출 감소를 도와야 한다. 오염권이 주민들에게 있다면 공장은 분기별로 하천 사용 권리금을 부담하며 주민과 화해를 해야 한다. 비록 보상을 받는 대상이 다를 수는 있지만 쌍방의 비용 정보가 모두 투명한 상황에서 코스의 정리에 따라 판

숨겨진 이야기

시카고대학의 경제학과 법률 겸임 교수인 코스는 영국에서 태어났지만 미국에서 학술적 성과를 이루었다. 그의 경제학은 사람과 사람의 상호 관계를 매우 중시한다. 법 경제학의 창시자이기도 한 코스는 경제학자들에게 칠판을 떠나 사회에 더 접근해야 한다고 호소하기도 했다.

핵심 포인트

코스의 정리는 재산권의 귀속 판정이 거래 비용과 사회 복지에 영향을 미치기 때문에 제도를 설계할 때 반드시 이 점을 고려해야 한다고 주장한다.

피해 보상은 어느 정도가 적당할까?

공장의 폐수로 인해 인근 주민들이 피해를 보게 된다면 어느 정도의 보상금이 적당할까?, 사고를 당한 유가족에게 피해 보상금을 지급해야 한다면 얼마를 지급해야 할까? 경제학은 개인과 국가, 기업간 다양한 법률 문제를 해결하는 데 활용되고 있다. 기업간 공정거래 관련 분쟁이나 법률적 처벌 수위를 조절, 징역이나 벌금 등 어떤 처벌이 범죄를 막는 데 기여할 수 있는지 경제학은 해답을 제시한다.

단하면 오염배출 문제는 결국 동일한 결과를 얻어 교착상태로 가지 않을 것이다.

물론 현실과 동떨어져 보이지만 사실상 재산권 문제의 배후에는 수많은 가치관의 판단과 거래 비용에 대한 고려가 포함되어 있다. 예를 들어 공장 오염이 이미 상상할 수 없을 만큼 심각한데 어떻게 오염권을 공장에게 주겠는가? 코스의 정리는 제도를 설계하는 사고방식을 지적하고 제도경제학은 경제에 영향을 미치는 핵심에 대해 연구한다.

이 밖에 제도경제학의 연구는 법률과 공공경제학 분야에도 진출했다. 앞서 언급한 뷰캐넌도 제도연구 분야의 전문가 중 하나이다. 이후 게임이론과 결합하여 제도설립으로 발생 가능한 기대 행위를 연구하는 사람이 등장하는 등 다양한 분야로 발전하고 있다.

후생경제학(Welfare Economics)

기원과 정의

프랑스 대혁명이 막을 내린 후 자유주의가 점차 사람들 마음에 자리 잡고 새로운 유럽의 계몽시대가 열렸다. 그 시기 경제학 발전에 있어 중요한 사상은 바로 벤담이 제시한 공리주의이다. 그 이후 파레토가 최적이론을, 마샬이 소비자 잉여의 개념을 제시했다. 두 사람은 개인 혹은 생산자의 자원 분배와 효용문제를 탐구하여 후생경제학 연구의 초기 형태를 마련했다.

19세기 말 피구가 공리주의의 관점을 새롭게 해석했다. 당시 세계 전란으로 사회 빈부 문제가 심화되자 피구는 연구 중심을 사회 전체의 후생문제 분석에 두었다. 1920년에는 저서 《후생경제학(The Economics of Welfare)》을 출판했다. 피구를 기준으로 후생경제학을 '구 후생경제학'과 '신 후생경제학'으로 구분하기도 한다. 여기서는 후자를 소개하려고 한다.

대다수의 사람이 '후생'이라 하면 실업구제금, 근로자 보험 등의 문제에 초점을 맞춘다고 여기겠지만 사실은 그렇지 않다. 사회 후생문제는 후생경제학의 일부분일 뿐이다. 사실상 '후생'이라는 이 두 글자는 상당히 추상적이다. 그 안에 자유, 안전, 화합, 기쁨 등의 감정을 포함하며 때로는 일종의 '만족감'인 '효용'을 가리키기도 한다. 경제활동에 종사하는 누구나 자신만의 만족감 문제가 있을 것이다. 따라서 후생경제학은 **효용의 배분**을 연구하는 학문이라 할 수 있다.

더 자세히 설명하면 어떤 '효용'은 화폐로 표현할 수 있지만 반면에 화폐로 표현할 수 없는 효용도 있다. 해마다 직장인들이 가장 기대하는 연말 보너스는 3개월 치를 받는 것이 1개월 치를 받는 것보다 훨씬 더 기쁠 것이다. 여자 친구를 사귀는 것도 즐거움을 가져다준다. 하지만 동시에 두 명의 여자 친구를 사귀는 '효용'이 한 명만 사귀는 것보다 더 좋으리라는 보장은 없다. 연말 보너스의 예는 화폐로 효용의 정도를 측정할 수 있다. 이를 '경제적 후생'이라 부르며 후생경제학

● **소비자 잉여** : 소비자의 지불 용의의 최고가격과 실제 지불가격의 차이의 총합

숨겨진 이야기

피구 역시 경제학 대가 마샬의 뛰어난 제자 중 하나였다. 그는 공리주의에서 제시한 효용관점에 관심을 가지고 사회 전체 복지효용의 문제를 중시하였다. 20세기 초기에 재정학 교수로서 영국의 세무 관련 위원회의 주요 고문을 맡기도 했다. 그가 스승 마샬의 다른 제자인 케인스와 자주 첨예하게 맞섰다는 이야기는 경제학계에 전해지는 재미있는 일화이다.

핵심 포인트
후생은 자유, 안전, 화합, 기쁨 등의 감정을 포함하며 일종의 '만족감' 즉 '효용'을 가리킨다.

의 주요 연구 내용이다. 후에 예를 든 감정 문제는 관련된 수량화 지표를 찾지 않는 한 후생경제학에서 다루지 않는다.

때문에 후생경제학은 본질적으로 효용을 분석하는 학문이며 경제 진보보다 안정을, 생산력 증대보다 분배의 공정을 목표로 삼고자 하였다. 후생경제학은 공공정책 연구에 많은 영향을 미칠 뿐 아니라 기타 경제학 분야에도 상당히 중요한 기초 이론이다.

후생경제학의 연구 내용

과거 후생문제는 줄곧 미시경제학의 토론에 포함돼왔다. 예를 들어 '소비자 잉여', '공급자 잉여', '후생 손실' 등의 개념은 후생의 가장 기본적인 분석방식이다. 후에 피구가 후생경제학에 새로운 개념을 정립하고 20세기 중반 애로우(Kenneth Arrow)와 드브뢰(Gérard Debreu)가 후생경제학 제1, 2정리를 발표한 후 완전한 이론이 정립됐다.

후생 경제학의 제1정리(First Fundamental Theorem of Welfare Economics)는 사실 완전경쟁시장의 이상적인 균형상태를 새로 해석한 것이다. 애로우와 드브뢰는 "개인이 자신의 이익을 추구할 때는 공공재도 필요 없고 외부적 요인이 존재하지 않는다. 하지만 개인이 일방적으로 가격을 제시받는 사회에서는 가격 메커니즘이 균형에 도달했을 때 자원 배분은 파레토 효율을 실현할 수 있다."라고 했다. 다시 말해 제1정리는 몇 가지 조건이 존재할 때 정부의 어떠한 간섭도 의미가 없고 시장이 스스로 자원을 배치하여 전체 사회의 후생이 가장 이

● **생산자 잉여** : 생산자의 제품 판매 최저가와 실제 판매된 가격의 차이.
● **후생손실** : 이론상 '소비자 잉여 + 생산자 잉여 = 총 경제 잉여'다. 만일 다른 요소의 간섭으로 '소비자 잉여 + 생산자 잉여 < 사회 총 복지'가 된다면 잃어버린 부분이 바로 사회 후생손실이다.

상적인 경지에 도달할 것이라는 의
미이다. 하지만 현실적으로 시장은
이렇게 완벽할 수 없다. 많든 적든
효율의 방해가 존재하고 이런 방해
를 우리는 '시장 실패'라고 부른다.

경제 활동은 필연적으로 가장
이상적인 상태에 도달할 수 없다.
따라서 자원의 재분배 문제가 생
기고 자원의 재분배는 공평, 합리

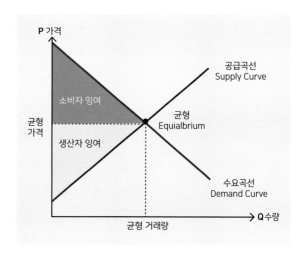

성과 연관된다. 이에 애로우와 드브뢰는 후생경제학 제2정리
(Second Fundamental Theorem of Welfare Economics)를 제시했다.
"정부는 재분배 정책을 설계할 수 있다. 먼저 첫 번째 분배를
이상적인 분배로 조정하고 다시 시장 메커니즘을 운행하기
시작하면 그 결과가 제1정리에서 지적한 최적의 경지에 달할
뿐 아니라 정부 정책 설계 초기에 형성되기를 기대했던 이상
적인 재분배가 된다." 즉 제2정리는 만일 시장 메커니즘의 존
재를 확인할 수 있다면 설사 분배에 장애가 있어도 정부 개입
이 가능하며 파레토 최적에 똑같이 도달할 수 있다는 것이다.

이 두 개의 정리는 모두 한 가지 중요한 사항을 지적하고
있다. '공평'과 '합리'란 무엇인가라는 점이다. 출발점이 동일
한 평등? 기반의 평등? 후생경제학이 비록 직접적으로 답안
을 제시하지는 않았지만 이론적으로는 우리가 먼저 '공평한'
방식을 확인할 수 있다면 제1정리 혹은 제2정리 중 파레토
최적의 경지를 찾을 수 있을 것이다. 때문에 많은 경제학자들

소비자 잉여와 생산자 잉여
가치 – 가격 = 소비자 잉여
가격 – 원가 = 생산자 잉여
여기 1만원 하는 가방이 하나
있다. 소비자가 이 가방에 부
여하는 가치가 1만3천 원이
라면 소비자 잉여는 3천 원이
다. 만일 이 가방의 제조 원
가가 6천 원이라면 생산자 잉
여는 4천 원이 된다.

핵심 포인트
후생경제학의 제1정리와 제
2정리는 정부가 자원 분배 문
제에 관여를 해야 하는지 여
부를 설명한다.

은 실증 분석에서 벗어나 '평등', '정의'와 같은 경제행위의 연구를 하는 등 규범 분석으로 후생경제학을 연구하였다.

후생경제학의 운용

후생경제학은 자체적인 개념이 정립되자 다른 학과 영역으로 뻗어나갔다. 특히 재정, 사회보험, 공공선택 문제 등의 공공경제학 분야에 미친 영향이 크다. 최근에 가장 인기 있는 후생경제학의 운용 분야는 환경보호다. 인류의 행위가 생태 환경에 끼치는 부정적인 외부 영향을 어떻게 억제할 수 있는가를 주로 연구하는데 가장 유명한 예로 피구세(Pigou tax)를 들 수 있다.

현대사회는 전자 기구의 사용에서 벗어날 수 없다. 전력 설비, 고속기차, 비행기, 자동차 등은 많든 적든 오염이 동반된다. 이런 피해를 입히는 활동을 경제학에서는 '사회 부정적 외부효과'라고 한다. 한마디로 말해 '내 잘못은 아니지만 나 때문에 그런 결과가 발생했다'이다. 바로 외부적 문제다.

환경보호 문제만이 아니라 다른 부정적 외부성이 축적되면 결국 모든 사람들이 경제에 해를 끼치게 될 것이다. 이는 사람들의 혐오스러운 이기심 때문이다. 피구는 세금으로 부정적인 외부효과를 교정하는 방법을 연구했다. 경제 활동은 개인 경제 이익뿐 아니라 사회 전체의 경제 이익도 증가 시켜야 한다. 하지만 외부적 문제가 사회 비용을 발생시킨다. 일례로 피해를 입은 대중이 돈을 들여 병원에 가야 한다. 핵심은 바로 이런 비용과 이익이 일치하지 않는다는 점이다. 때문

● **피구세** : 경제학자 피구는 외부 부정적 효과를 야기하는 공장에 대해 세금을 부과해 저지를 하든가 배상을 하게 해야 한다고 주장했다. 이런 세금을 소위 말하는 피구세라고 한다. 예를 들어 대기오염세, 에너지세 등이 있다.

에 피구는 정부가 반드시 종량과세를 하여 세액으로 사회 비용을 보충해야 한다고 주장했다. 이렇게 하면 외부성이 가져오는 사회 비용의 끝없는 증가를 막을 수 있다. 이것이 바로 피구세의 개념이다. 현재 전 세계에 다양한 환경오염보호세가 있다. 대기오염세, 원자력에너지세, 쓰레기 무단투기 징수 비용 등이 모두 피구세의 일종이다.

코스 정리는 재산권 귀속을 이용해 외부효과 문제를 해결하고 피구는 과세를 이용해 해결했다. 하지만 현실적인 효과는 미미해 보인다. 후생경제학은 정부의 개입을 언급하지만 정부는 종종 권력가의 영향을 받기 때문이다. 또한 후생경제학은 사회 전체의 행복감을 고려하지만 사람마다 행복에 대한 정의가 다르다. 어떤 사람은 오염에 대한 배상을 받고 싶어 하고 어떤 사람은 공장이 즉시 생산을 중단하기를 바란다. 누가 맞고 누가 틀렸다고 할 수 없다. 경제, 정치, 윤리학을 서로 영원히 떼어놓을 수 없는 원인이 여기 있다. 대다수의 경우 경제활동은 이론의 문제가 아니라 인간의 문제다.

핵심 포인트
피구와 코스의 이론은 소비경제의 부정적 외부효과에 대해 큰 공헌을 하였다.

응용형

공공경제학(Public Economics)

기원과 정의

초기의 공공경제학은 재정학이라고 불리기도 했다. 재정에 관한 연구는 중상주의 시기부터 많은 문헌 기록이 존재한다. 당시에는 주로 정부의 세무 지출과 수입에 대해서 다루었다. 이후 후생경제학의 이론과 케인스주의에 따라 재정은 더 이상 정부의 수입과 지출 문제에 국한되지 않았다. 사회복지, 세무, 보상 정책 등이 전부 합쳐져 연구되며 공공경제학이라는 명칭이 생겼다. 연구 대상이 정부이기 때문에 '정부경제학'이라 부르는 사람도 있다. 현대의 공공경제학은 후생경제학의 이론을 바탕으로 **각종 정부 행위, 정책 결정, 관리를 토론**하는 경제학 분야이다. 따라서 공공경제학은 후생경제학과 같은 **공평**과 **효율**이라는 가치관을 가진다.

공공경제학은 정부의 정책 결정을 객관적으로 연구한다. 어떤 일에 개입해야 할까? 언제 개입할까? 어떻게 개입할까? 어떤 이익이 있을까? 등등 수많은 요소를 가진 문제들이 공공경제학에서 토론된다. 복잡한 내용을 다루기 때문에 다른 많은 학과의 지식을 융합해 연구해야 한다. 후생경제학을 기초로 사회학, 회계학, 정치학, 윤리학, 법률학, 게임이론, 제도경제학 등이 공공경제학 연구에 모두 필요하다.

핵심 포인트

공공경제학은 정부가 정책을 효율적으로 운용하는지 경제의 시각으로 탐구하는 학문이다.

공공경제학의 탐구 내용

경제학은 의료, 교육, 노동경제학 등 다양한 전문적인 응용 분야를 토론한다. 그 가운데 현대의 공공경제학에서는 대체로 다음 몇 가지 주제를 다룬다.

① 세무와 채무

공공경제학자들은 정확하게 국가의 자산 부채상황을 파악

하여 적시에 채무상환이 이뤄지도록 계획을 세우고 기채 경고를 해야 한다.

현재 정부 운용의 최대 동력은 다른 무엇도 아닌 돈이다. 2012년 유럽 재정 위기도 재정수지 적자로 인한 금융체계 불안정이 야기한 것이다. 세무와 채무 문제는 모든 국가가 피할 수 없는 중요한 과제이다.

공공경제학은 세무를 세목, 세수, 보조금 3가지 방면으로 나누어 연구한다. 정부가 과세를 하는 이유는 재원 획득 외에도 시장의 수요 공급에 영향을 미치고, 산업을 보호하고, 복지를 증진하기 위해서다. 예를 들어 정부가 사치세를 징수하면 부동산 시장의 매매 성사률이 억제되어 주택 가격 투기가 줄어드는 작용을 만든다. 어떤 세금을 징수할지, 어떤 세금을 징수해서는 안 되는지, 세금을 징수한 후 어떻게 해야 할지 같은 문제들이 공공경제학에서 자주 다루는 주제이다.

정부는 자국의 산업을 보호하기 위해 과세 외에 보조금도 실행한다. 여기서 보조금이란 사회 구조가 아니라 시장 상품 교역에 초점을 맞춘 것이다. 보조금은 장단점이 있다. 예를 들어 사업자는 보조금 때문에 창의적인 동력을 잃어버릴 수 있다. 이 사이의 효율, 복지, 공평의 문제 모두 공공경제학의 범주에 속한다.

② 공공재의 설치

경제학에서 말하는 공공재는 공원, 도서관 같은 공공시설이 아니다. 공공재에 속하는 재화는 반드시 **비경합성**이며 비

핵심 포인트

세금 수입은 정부를 운용하는 동력의 근원이자 시장경제에 영향을 끼치는 날카로운 칼이다.

대표적인 공공재 군대

공공재의 생산에는 막대한 비용이 들지만 그 편익은 누구나 공짜로 누릴 수 있기 때문에 무임승차 문제가 발생한다. 민간에서는 이윤이 발생하지 않는 사업이어서 아무도 담당하려 들지 않을 것이고 공급은 제한이 될 수 있다. 이런 이유로 정부가 대신 나서서 공공재를 공급하게 된다.

● **발에 의한 투표**
(voting with their feet)
: 공공경제학에서 자주 사용하는 개념으로 미국 경제학자 티뷰(Charles Tiebout, 1924~1968)가 제시했다. 개인이 지방정부 간의 공공시설, 재화, 세율의 차이 등을 판단해 효용이 좋은 곳으로 이사하여 해당 정부에 대한 불만을 표하는 것이 '발에 의한 투표'이다.

배제성이라는 두 가지 특성을 지녀야 한다.

'경합성'이란 한 사람이 어떤 재화를 사용하면 다른 사람이 이 재화를 소비하는 데 제한을 받는 속성을 말한다. '비경합성'이란 말 그대로 경합이 되지 않는다는 뜻으로, 한 사람이 어떤 재화를 사용해도 다른 사람이 이 재화를 소비하는 데 제한을 받지 않고 동시에 소비할 수 있는 성질이다. '배제성'은 소비자가 어떤 재화에 대해 정당한 대가를 지불하지 않으면 이 재화를 사용할 수 없는 속성이다. '비배제성'은 배제할 수 없다는 뜻으로, 소비자가 어떤 재화에 대하여 대가를 지불하지 않아도 사용할 수 있는 성질을 말한다. 일반적인 모든 사적 재화는 경합성과 배제성이 있어서 대가를 지불하지 않으면 사용할 수 없고 경쟁이 이루어진다. 우리가 먹는 빵은 돈을 지불해야 먹을 수 있고 다른 사람이 많이 사 먹으면 내가 얻을 수 있는 빵이 줄어든다. 국방서비스는 대표적인 공공재이다. 외국관광객은 우리나라의 땅을 밟는 순간 국방서비스를 소비하게 된다. 국방서비스는 일단 공급되면 대가를 치르

지 않았다고 해서 특정
인을 배제시킬 수 없다.
또한 이 관광객이 국방
서비스를 추가로 소비
한다고 해서, 우리 국민
이 소비하는 국방서비
스의 양이 줄어드는 것

구분		경합성	
		있음	없음
배재성	있음	사적재 ex) 아이스크림, 유료도로, 옷, 식료품	집단재 ex) 유선방송, 수도, 전기, 지하철, 한산한 유료도로
	없음	공유재 ex) 공유지, 바닷속 물고기, 막히는 국도	공공재 ex) 공원, 가로등, 등대, 치안, 한산한 무료도로

재화의 네 가지 유형

도 아니다. 국방은 공공재의 가장 전형적인 예다. 등대, 신호
등, 공기 같은 것들이 모두 일종의 공공재이다.

대다수 경제학자들은 공공재는 반드시 정부가 제공해야
한다고 여긴다. 위의 두 특징을 살펴보면 공공재에 근접한 서
비스들이 많이 있다. 고속도로는 차만 가지고 있으면 정부에
서 개인의 사용을 제한하지 않기에 '배제성'이 없다. 하지만
많은 사람이 이용하여 도로가 막히고 이용자들이 불편을 겪
게 된다면 '경합성'이 생긴다. 이런 경우 공공경제학에서는
주행거리로 요금을 받는다든지 다인승 혜택을 주는 등 대체
정책을 제시하여 '준공공재'가 효율을 잃어버리는 상황을 피
할 수 있다.

이런 연구의 최대 목적은 정부가 재화 서비스를 제공할 때
언제 개입을 해야 하고, 언제 자유거래를 하도록 방임해야 할
지, 언제 혼합의 방법(BOT)을 이용해야 효율적인지, 어떻게
해야 사회 전체의 복지를 증진시킬 수 있을지 판단 기준을 갖
게 만드는 것이다.

③ 정부 예산의 지출 정책

정부의 지출 중 일반 대중이 가장 관심 있는 분야는 사회 복지와 경제 건설이다. 사회복지는 사회 안전, 사회 구조, 사회 보험으로 나눌 수 있다. 이 방면은 규범경제학과도 관련이 있다. 공공경제학자는 효율, 재정부담, 효용을 고려하는 동시에 사회복지가 정치인의 선거에 이용되는 것을 방지해야 한다.

경제건설 부분은 공공경제학에서 상당히 재미있는 부분이다. 우리가 익숙히 아는 정부투자 외에 국가 안전과 전쟁수지에 대해서도 토론해야 한다. 국방은 단순히 무기구입과 훈련이 다가 아니다. 미국 정부는 연구 개발 경비의 상당 부분을 국방예산에 투입한다. 국방지출이 공업 생산을 이끌기도 하는데 이것도 일종의 건설이다. 이런 효용과 효율의 계산도 공공경제학의 범주에 속한다.

핵심 포인트
뷰캐넌은 공공경제학의 중요한 창시자 중 한 명으로 여러 이론을 수립했다.

④ 각급 정부의 행정 행위

공공경제학자는 중앙정부와 지방정부의 상호 관계에도 큰 관심을 가진다. 대부분 국가의 지방자치는 재정적 어려움에 처해 있는 경우가 많다. 파산한 지방 정부가 중앙 정부에 다시 손만 벌리면 쉽게 돈을 구할 수 있다면 중앙정부의 재정은 순식간에 무너질 것이다. 중앙정부는 원칙과 더 나아가 벌칙도 있어야 한다. 정부가 어떤 역할을 맡을지, 어떤 항목에 개입하여 협조해야 할지 각급 정부 간의 재정적 상호작용을 연구하는 것도 공공경제학의 중요한 연구 분야다.

이상 네 가지 주제가 공공경제학의 중심이다. 물론 그 밖에 공무원의 행정효율, 이익을 위한 로비, 정책의 외부효과 등 수많은 소주제들이 있으며 여러 학술 논문에서 그 내용들을 발견할 수 있다. 현대 정부는 점점 더 공공경제학의 이론 분석을 중요하게 여긴다. 케인스 경제학 이후 정부의 경제적 역할이 나날이 복잡해지고 있다. 수백 년 전에 살던 현명하고 유능하며 국민을 사랑하는 군주만으로는 부족하다. 국가를 움직이려면 정확한 판단이 필요하다.

화폐경제학(Monetary Economics)

기원과 정의

화폐경제학을 소개하기 전에 먼저 짧은 이야기로 화폐를 이해해 보자.

첫 번째 이야기

인류 최초의 거래는 물물교환으로 시작됐다. 예전에 어촌에 의리 있고 신용 있는 어부 A가 살고 있었다. A의 가족은 물고기를 잡아 생계를 유지했는데 불을 피우고 요리를 하려면 매일 물고기를 가지고 나무꾼 B를 찾아가 장작과 교환해야 했다. 작은 해변 마을 사람들은 거의 대부분 비슷한 생활을 했다.

하지만 인구가 증가하자 노동력과 물고기 포획량이 늘어났다. 예전에는 겨우 다섯 명의 어부가 하루에 50마리의 물고기를 잡았는데 지금은 어부가 열 명으로 늘어났고 하루에 120마리를 잡았다. 인구가 늘자 장작의 수요도 늘었는데 마을 전체에 나무꾼은 B씨 하나인 게 문제였다. 공급이 수요를 따라가지 못한 것이다. A는 한 가지 방법을 생각해 냈다. "그래! 예전에는 물고기 한 마리로 장작 한 묶음을 교환했지만 이제는 장작을 확보하기 위해 물고기 두 마리와 장작 한 묶음을 바꾸자고 해야겠다. B도 분명 교환하려고 할 거야." 아니나 다를까 B는 A의 제안을 흔쾌히 받아들였다. 얼마 지나지 않아 A의 방법을 따라하는 사람들이 물고기 서너 마리를 가져왔다. 결국 물고기 네 마리와 장작 한 묶음이 일반적인 교환조건이 되어버렸다. 공급이 수요를 따라가지 못하는 현상은 점차 좋아졌고 나무꾼으로 업종을 전환하려고 생각하는 사람들도 생겨났다.

두 번째 이야기

시간이 흐르자 B는 생각했다. "매일 장작 열 묶음으로 40마리의 물고기를 얻지만 내가 하루에 정말 필요한 물고기는 이렇게 많지 않은데 말이야. 물고기 대부분을 상해서 버리니 낭비가 아닐 수 없군!" B는 신용이 있는 친구 A를 찾아가 말했다. "내 생각에 매일 물고기를 받을 필요가 없는 것 같아. 이러면 어떤가? 자네가 물고기 대신에 조개껍질로 바꿔서 나에게 주면 내가 물고기를 먹고 싶을 때 조개껍질 하나당 물고기 한 마리로 바꾸는 거네." A는 속으로 생각했다. '조개껍질 줍는 건 아주 쉬운 일이잖아! 게다가 물고기를 달라고 할 때 주지 못할 걸 걱정할 필요도 없지 않은가. 그럼 먼저 물고기를 다른 물건으로 바꿔 쓰고 B가 조개껍질을 가져왔을 때 물고기를 잡아서 주면 되겠군.' A는 주저하지 않고 B의 제안을 승낙했다. 그 뒤로 A는 거래의 증표로 쓸 조개껍질을 줍기 시작했다. 얼마 지나지 않아 다른 어부들도 B에게 같은 제안을 했고 B는 그중에서 몇몇을 골랐다. 모든 사람들이 다 조개껍질로 거래를 할 수 있는 것은 아니었다.

세 번째 이야기

　B는 조개껍질을 모았다가 신선한 물고기로 교환할 수 있었다. 심지어 A는 조개껍질을 가지고 C의 돼지고기와 교환하기도 했다. 편리한 방법이라 생각한 C도 B에게 조개껍질 두 개를 받고 돼지고기 한 근을 주었다. 몇 년이 흐르자 여러 어부들이 제공한 각양각색의 조개껍질이 어촌에 유통됐다. 어촌 인구가 증가하고 낚시 기술도 발전하자 원래 물고기 네 마리당 장작 한 묶음을 교환하던 것이 물고기 여섯 마리로 바뀌었다. 물론 조개껍질도 더 많이 주어야 했다.

　세월이 흘러 환경도 변하였다. A의 물고기 포획량이 불안정해지기 시작했다. "휴! 요즘은 매일 물고기가 많이 잡히지 않네. 아예 조개껍질을 줍는 게 낫겠어." 어느 날 B가 잔치를 열려고 A가 준 조개껍질 스무 개를 들고 찾아왔다. 그러자 A는 대성통곡을 하며 말했다. "정말 미안하네. 나한테 지금 그

핵심 포인트
화폐의 출현으로 물물교환은 더 편리해지고 교환의 다양성이 증가됐다.

렇게 많은 물고기가 없네. 며칠만 기한을 늦춰주면 안 되겠나?" B는 화를 내며 말했다. "안 돼! 당장 내일 잔치를 치를 건데 나중에 주면 무슨 소용이 있나? 게다가 좀 전에 C에게서 조개껍질 네 개를 주고 돼지고기 한 근을 받았단 말이네. 처음에 조개껍질 두 개로 돼지고기 한 근을 바꿨을 때랑 비교하면 이미 엄청 손해를 본 건데 자네가 약속을 어기다니. 마을 사람들에게 앞으로 다시는 자네를 믿지 말라고 알리겠네!" A는 바닥에 무릎을 꿇고 빌었다. "제발 그러지 말게! 내가 닷새 안에 25마리 물고기를 잡아 준다고 맹세하겠네. 제발 부탁이네!" B가 대답했다. "좋네. 25마리라는 조건도 나쁘지 않겠군. 하지만 다시는 거짓말을 해서는 안 되네!"

닷새 후 A는 약속대로 B에게 25마리의 물고기를 가져왔다. 간신히 신용은 지킨 셈이 됐다. 하지만 B는 며칠 마음속으로 계산기를 돌렸다. '성실한 A조차 이런 문제가 생겼다면 다른 사람도 마찬가지 위험이 있을 거 아닌가?' 결국 B는 사방에 다음과 같이 알렸다. "조개껍질을 가지고 나와 장작을 바꾸려는 사람은 들으시오. 3일 안에 물고기로 바꿔주지 못하면 일주일마다 조개 하나에 물고기 1마리를 나한테 더 주어야 하네." 이렇게 하자 일부 어부들은 감히 함부로 조개를 주워 어물쩍 이득을 보지 못하였다. 사기꾼의 꼬리표가 붙어 신용을 잃고 생계가 곤란해질까 두려웠기 때문이다.

이 이야기는 화폐의 유래를 각색한 것이다. 조개껍질은 후에 화폐가 되었고 장작과 물고기, 돼지고기는 경제상품이다.

핵심 포인트

화폐의 기초는 신용이다. 즉 화폐공급자는 화폐소유자에게 장래에 노동력 또는 물건으로 바꿀 수 있다는 신용을 보증한다.

화폐경제학은 바로 화폐의 공급과 수요, 상품과 가격 간에 생기는 경제 관계를 다룬다.

화폐에 관한 학문은 발행 문제 연구에서 시작됐다.《주례(周禮)》,《관자(管子)》같은 동서고금의 많은 문헌들은 화폐의 개념에 대해 언급했다. 화폐와 경제 발전에 대한 연구는 고전경제학자의 '화폐의 중립성' 개념으로 거슬러 올라간다. 백여년 후 케인스는 고전경제학의 화폐개념에 반박하여 화폐가 경제에 영향을 끼친다고 주장했다. 현대 화폐경제학의 기초는 프리드먼의 화폐주의로 화폐의 경제효과를 확인한 뒤에야 생겨났다. 이 일련의 변화는 화폐경제학의 두 가지 특징을 만들었다. ①화폐경제학은 거시경제학의 한 부분에 속하는 주류 학문이다. 현대 거시경제학은 화폐문제를 빼놓을 수 없다. ②화폐경제학은 대부분 계량경제학에 운용되는 일종의 실증 학문이라서 규범적인 토론을 하는 일은 매우 드물다.

● **화폐의 중립성** : 고전경제학 시기에 화폐공급에 대해 중립적인 개념이 제시됐다. 화폐공급이 증가하면 물가도 같은 비율로 상승한다. 하지만 이율, 소득 같은 기타 실질 변수는 화폐의 영향을 받지 않는다. 이 같은 개념은 일찍부터 존재했으나 화폐의 중립성이라는 단어는 19세기 말 신고전경제학 시기에야 출현한다.

화폐경제학의 탐구 내용

물물교환에서 벗어나자 돈만 있으면 귀신도 부릴 수 있다는 말이 나올 정도로 화폐가 중요시됐다. 비록 돈이 만능은 아니지만 돈이 없으면 안 되는 일이 많다.

앞의 첫 번째 이야기는 **통화팽창**과 **경제성장**의 이야기다. 두 번째 이야기는 화폐의 발행에 대해 설명하고, 세 번째 이야기는 이자의 유래를 들려주었다. 여기에 하나 더 보충하자면 중앙은행의 역할이 있다. 이 네 가지 경제문제는 화폐경제학의 중심 주제다.

① 화폐의 공급과 경제 성장

먼저 두 번째 이야기부터 시작하자. 이 이야기의 핵심은 신용이다. 화폐 발행의 기초는 신용에서 나온다. 신용은 발행 개체의 과거, 현재와 미래의 경제력에서 나온다. A의 조개껍질이 B에게 받아들여지고 돼지고기 가게의 C가 B로부터 조개껍질을 받아 교환하기를 원한 것은 바로 A의 신용에서 기인한 것이다. 인류는 분업과 합작을 하기 위해 수시로 거래했다. 조개껍질을 증표로 삼은 것도 거래의 편리함에 유리했기 때문에 유통되기 시작한 것이다. 만일 A가 신용이 없었다면, 예를 들어 A가 10개의 조개껍질을 유통했지만 그에 상응하는 물고기가 없었다면 전체 시장에 문제가 생기는 것이다.

A를 한 나라에 비유하면 시장의 화폐 수요는 정확하게 알수 없지만 화폐 공급은 A에 의해 계산할 수 있다. 따라서 경제의 핵심은 화폐공급에 있다. 화폐공급이 과도하면 (조개껍질은 많이 줍지만 물고기 포획량은 증가가 없다면) A는 더욱 열심히 생산을 늘려 신용을 유지하려 할 것이다. A가 누리기만 할 속셈으로 사방에 조개껍질을 가지고 가 물건을 마구 바꿔버리면 시장은 조개껍질이 급증해 통화팽창이 유발될 수 있다. 첫 번째 이야기의 결론처럼 원래 조개껍질 두 개로 돼지고기 한 근을 교환하다가 세 개로 교환하자는 사람이 나타나고 결국에는 모두가 A에게 물고기가 없음을 발견하게 된다. 신용 파산이후에는 만 개의 조개껍질로도 돼지고기로 교환하지 못할것이다. 화폐경제학은 화폐공급문제를 중요하게 여긴다. 도대체 한 국가에 얼마나 많은 화폐를 제공해야 할까? 화폐가

핵심 포인트

화폐경제학은 화폐의 공급이 가져오는 경제문제를 탐구한다.

생산을 자극하면서도 공포탄이 되지 않으려면 어떻게 해야할까? 생산의 자극 정도는 어느 정도인가? 간단히 말해 통화팽창, 경제성장, 화폐공급의 문제이다.

② 이자

화폐의 기초는 신용에서 나오지만 미래의 신용 상황은 예측하기 어렵다. 세 번째 이야기의 B처럼 소지한 조개껍질의 교환 신용에 위험이 생기는 것을 예방하기 위해 이자의 개념이 생겼다. B가 A의 증표를 받아들이는 것은 A의 담보와 같다. 변동은 당연히 A가 보장해야 한다. 따라서 우리가 은행에 돈을 빌리거나 은행에 저금(사실 은행에 돈을 빌려주는 것)을 하면 이자가 발생하는 것이다. 이자는 화폐 유통에 영향을 미친다. B가 오늘 갑자기 이자를 1마리에서 3마리로 정하면 어떻게 될까? 오른 이자 때문에 어촌의 어부들은 감히 조개껍질로 거래를 하지 못할 것이다. 게다가 약속을 지키지 못하는 어부들이 속출해 물물교환 시장으로 되돌아가는 유통거래의 퇴보가 야기될 것이다. 이처럼 이자율의 높고 낮음도 화폐공급과 수요에 영향을 끼치는 중요 요소다.

명언 한 마디
경제 쇠퇴는 정상적인 순환이지만 잘못된 화폐정책으로 인한 경제 쇠퇴는 1929년의 대공황을 초래했다.
- 밀턴 브리만

고대 수메르인이 사용한
조개화폐

③ 중앙은행

A의 조개껍질의 가치는 A의 신용에 달려 있다. 하지만 한 나라의 화폐는 어떤 한 사람에게 달릴 수 없기 때문에 중앙은행 같은 조직이 생긴 것이다.(세계 각국의 명칭은 다 다르다. 미국은 연방준비제도라고 부른다) 화폐를 찍는 권한을 가지고 있는 중앙

● 금본위제 : 화폐 발행의 기초는 각 시대와 나라에 따라 다르다. 19세기 초에는 백은을 기초로 했으며 이전에는 동을 사용하기도 했다. 19세기 말 유럽의 많은 국가가 황금을 화폐 발행의 기초로 바꿨다. 이것이 바로 금본위제다. 황금은 생산량이 제한된 데다 소수의 국가들에 독점되어 국제 정치의 불안을 조성했다. 게다가 황금은 사용하기에도 불편했다. 1971년 전 세계가 금본위제를 달러로 바꾸었고 황금은 '준 화폐'가 됐다.

은행은 화폐공급 속도와 각종 금융제도를 통제 관리한다. 금리 인상과 인하를 주관하고 실제로 시장을 조작하여 화폐의 공급과 수요의 안정을 확보한다. 국제무역이 번영하자 A, B, C 사이처럼 환전 비율의 문제 즉 환율의 문제가 생겼다. 이 부분도 각국의 중앙은행이 관심 갖는 문제다. 화폐경제학도 중앙은행의 조치 및 화폐정책을 탐구한다. 어떤 상황에 어떻게 대처해야 하는가? 어떤 이율이 국가 안정에 유리한가? 이런 문제들이 거시경제 발전의 핵심 요소다.

이야기 속 조개껍질의 기초는 물고기의 포획량이었다. 그렇다면 현재의 화폐는 무엇을 기초로 할까? 20세기는 전 세계가 금본위제도를 포기한 뒤 대다수의 국가들이 달러를 비축한다. 그렇다면 달러는 또 무엇을 기초로 하는가? 미국은 상업자본과 군사력으로 전 세계의 자원 및 정치 경제에 영향력을 행사한다. 이 영향력 덕분에 달러는 가장 강력한 신용을 가지게 된 것이다.

법경제학(Law And Economics)

기원과 정의

법은 사회생활의 규범이다. 법의 기원이 풍습이나 습관 혹은 공통된 인식이든 상관없이 사람이 결정한 약속은 도덕관념과 입법자의 사욕이 뒤섞이게 마련이다. 대다수의 법은 사회에 영향을 끼치고 사회는 다시 법에 영향을 끼치는 순환이 끊임없이 반복된다. 게다가 이런 순환은 완벽하지도 않다. 경제학은 생활 속 인류의 상호 관계에 대해 연구하고 법은 인류 생활에 영향을 미친다. 애덤 스미스가 《국부론》에서 교육 활동과 세무 관련법에 대해 특별히 언급한 것이 경제학과 법학의 최초의 만남이었다.

20세기 이전까지 법경제학은 하나의 독립된 학과로 불리지 못했다. 대부분 제도경제학의 내용에 머물러 있다가 애덤 스미스 연구의 뒤를 이어 법이 자원 분배에 미치는 효율과 공평성에 대해 연구하는 정도였다. 1890년 미국이 '반트러스트 법(anti-trust law)'을 반포한 뒤에야 법경제학은 새로운 영역에 진입했다. 제도경제학자들은 기업, 법, 경제 3자 간의 상호 작용에 대해 연구하며 실증을 통해 법률을 수정했다. 당시에는 반트러스트 법과 법경제학 연구를 동일시했다. 60년대에 들어서자 재산권에 관한 저작들이 우후죽순처럼 쏟아져 나왔다. 가장 중요한 책은 코스의 《사회적 비용의 문제점(The Problem of Social Cost)》이다. 코스는 "경제체제는 가격 메커니즘으로 조정해야 한다. 사회는 하나의 유기체이지 하나의 세포가 아니기 때문이다. 생산자의 핵심은 자원의 할당과 사용을 지휘 감독하여 결정하는 것이다."라고 했다. 이 책은 경제학으로 법을 분석하는 기초를 수립했다. 현대의 법경제학은 이때부터 시작됐다.

1970년 이후 법경제학은 인기 있는 분야가 됐다. 이 분야의 선구자인 미국 연방법원의 대법관 리처드 포스너

● **반트러스트 법** : 반트러스트법은 독점을 막는 법이다. 모든 기업은 가격과 매출에서 영향력 있는 기업이 되려고 한다. 시장을 독점하는 괴물 기업이 출현하면 경제적으로 복지에 영향을 미치고, 수요 공급의 불균형이 나타날 수 있으며 더 나아가 정치 문제를 불러올 수도 있다. 때문에 모든 나라에는 독점을 금지하는 법률 조항이 있다.

(Richard A. Posner)는 법의 효율원칙, 비용원칙 및 월권행위에 대한 연구 등 법경제학 발전에 핵심이 되는 개념을 정립했다. 포스너는 "정의 추구에 대한 대가를 무시해서는 안 된다!"라는 명언을 남겼다. 이 시기 시카고학파의 중요성에 대해서도 언급하지 않을 수 없다. 조셉 스티글리츠(Joseph Stiglitz)가 연구한 정보경제학은 법경제학에 상당히 풍부한 분석 이론을 제공했다. 그 외에 뷰캐넌의 공공 선택이론, 내쉬의 게임이론 등도 모두 법경제학의 발전에 기둥 역할을 했다.

현대의 법경제학은 경제학을 이용해 **법률 제도의 생성 원인을 새롭게 밝히고 그 합리성을 평가하는 것**을 목표로 한다. 동시에 더 이상 상업법 문제에만 국한되지 않고 민법, 형법, 소송법 등에도 경제학이 활용된다.

법경제학의 탐구 내용

명언 한 마디
정의 추구에 대한 대가를 무시해서는 안 된다!
- 리처드 포스너

좋은 법은 윤리학 기초와 논리적 유추가 필요하다. 경제학은 종종 논리 분석의 가장 좋은 도구로 쓰인다. 예를 들어 세법에 대해 얘기해 보자. '래퍼 곡선'을 보면 세율을 높일수록 징수하는 세금이 많아지는 것은 아니다. 정부에서 세수를 증가시키고 싶을 때는 증세 법안이 야기할 사회 비용과 전가 문제가 어떻게 전체 경제에 영향을 미치는지 고려해야 한다. 때문에 입법으로 증세하는 것이 가장 효율적인 방식이 아닐 수 있음을 알려준다. 이것이 법경제학의 사고방식이다.

법이 규정하는 영역은 위로 천문학부터 아래로 지리까지 너무 광범위하다. 법경제학에서 이를 다 포함할 수는 없기 때문에 재산권, 계약, 월권행위, 범죄, 상업, 세무, 소송프로세스 등의 영역에 주목한다. 계약과 범죄의 예로 경제학이 어떻게 법률이라는 학문을 분석하는지 간단히 살펴보자.

계약은 글자 그대로 쌍방의 합의를 거쳐 서명하는 것이다. 하지만 대부분의 계약서는 '한도 없이 길다.' 소프트웨어 다운로드의 사용 계약서를 끝까지 읽어 볼 인내심이 있는가? 다 보았다 해도 정말로 이해할 수 있는가? 계약 용어 자체가 이해하기 어려운데 일부러 제품의 결함을 숨기려 한다면 시장에는 영원히 정보 비대칭의 문제가 만연할 것이다. 예를 들어 집을 살 때 흉가를 사려는 사람은 없을 것이다. 하지만 집을 팔려는 사람은 어떻게 해서든 집의 단점을 숨기다보니 거래 차액이 수천만 원이 될 수도 있다. 이런 문제를 개선하지 않으면 부동산 시장의 거래가 원활하지 못하게 될 수도 있는 것이다. 집주인의 양심적이지 않은 행동으로 인한 시장 거래의 효율 하락을 막기 위해 규칙과 처벌이 정형화된 계약이 탄생하였다.

또한 집을 파는 사람이 내는 벌금이 이윤보다 훨씬 적다면 집주인은 흉가 정보를 공개하지 않을 것이고 법은 무용지물이 되고 만다. 벌금을 직감에만 기대어 제정할 수 없는 이유다. 이때 경제학의 분석이 유용하게 쓰인다.

정보의 비대칭으로 인한 시장의 실패는 상업관련 법률에서 자주 연구하는 항목이다. 특히 주식 내부자 거래가 그렇다. 그 밖에 소송 순서의 토론도 상당히 재미있다. 보통 사람들은 소송을 걸 때 '돈이 있으면 이기고 없으면 진다'는 잘못

핵심 포인트
법경제학은 경제학의 방식을 이용해 재산권, 계약, 월권행위, 범죄, 상업, 세무, 소송프로세스 등 법 문제를 분석한다.

된 편견을 가지기 쉽다. 사람마다 경제적 배경이 다르고 법에 대한 인식의 차이가 있기 때문이다. 예를 들어 보복을 당할까 두려워 검거를 못하거나, 증인으로 서는 것을 두려워하는 것이다. 때문에 규칙이 복잡한 민형사 소송 과정을 줄여 재판 과정의 비효율과 불공평을 최대한 줄이려고 노력한다.

범죄의 문제도 깊이 새겨볼 가치가 있다. 법경제학에서 형법의 징벌은 범죄 비용으로 간주한다. 훔친 물건에 상관없이 절도범은 일괄적으로 두 손을 잘라 버린다면 햄버거 도둑에게 너무 과한 벌일 것이다. 겨우 햄버거 때문에 손이 잘린다는 걸 알면 햄버거 절도범은 나쁜 짓을 포기할 테니 법이 성공적으로 범죄를 저지했다고 볼 수 있다. 하지만 법이 엄격하다고 반드시 공포감을 조성하는 것은 아니다. 만일 파산율이 낮거나 소송비용이 지나치게 높으면 오히려 범죄자가 범죄비용을 개의치 않는 상황이 유발된다. 간단한 예를 들어보자. 요즘 인터넷에 접속할 수 있는 전자제품이 성행해 운전 중에도 사용이 가능하다. 이에 정부는 교통위반 딱지를 떼기로 결정했다. 그런데 벌금을 얼마를 물려야 할까? 벌금은 최소한 그에 따른 효과와 이익을 뛰어넘어야 한다. 둘째로 집행검거의 효율은 얼마나 될까? 만일 효율이 없다면 벌칙은 아무런 의미가 없을 것이다. 현실적으로 보았을 때 엄격한 법이 존재해도 범죄자는 여전히 적지 않다. 사람은 늘 도박처럼 '요행'을 바라기 때문이다.

형벌도 반드시 비례원칙을 고려해야 한다. 이 역시도 비용 문제다. 모든 절도범을 반드시 사형에 처한다면 도리어 범죄자로 하여금 이왕 손을 댄 것 철저하게 하겠다는 심리를 조성하는 극단적 상황으로 몰고 갈 수 있다. 이런 비례에 맞지 않는 형벌은 사회 비용을 더 많이 지불하게 할 수 있다. 따라서 어떤 형벌로 위협해야 효율적으로 형사 사건이 가져올 사회 비용을 감소시킬 수 있을지, 더 중요한 것은 어떻게 정의와 효율에 부합해야 할지를 고려해야 한다.

'비용'에 얽힌 내용이 많은 것은 법경제학의 가장 큰 특징이다. 재산권과 권리침해 행위 등 절반 이상이 '비용' 운용 방식을 판단한다. 특히 지적재산권은 현재 법경제학 중 가장 인기 있는 분야이다. 지적재산권은 창작의 동기를 심어 주기도 하지만 때로는 부당한 법 조항으로 독과점 같은 상업 문제를 가져오기도 한다. 심지어 적지 않은 불필요한 소송비용으로 생산효율을 감소시키는 등 현대 과학기술, 상업에 상당히 큰 영향을 미친다.

우리가 생각하는 정의와 공평은 대부분 우리가 이해하는 범위에 국한된다. 법경제학의 분석은 다른 시각을 열어주어 법의 세계를 더 잘 이해할 수 있게 해준다.

핵심 포인트
경제학에서 농업이 가장 먼저 학과로 분류됐다. 농업이 인류의 가장 원시적인 생산력의 근원이기 때문이다.

농업경제학(Agricultural Economics)

기원과 정의

현대 경제학에서 말하는 농업은 모든 농산품을 가리킨다. 따라서 목축, 어업, 임업 뿐 아니라 생태, 천연자원, 환경경제학을 모두 포함한 것을 말한다. 동서양을 막론하고 농업은 아주 오래전부터 주목해온 국가 안정의 핵심이다. 농업은 가장 오래된 경제학 분야이기도 하다. 초기 인류의 생활에서 가장 중요하게 의지한 것이 농업이었으며 토지가 모든 자원 발전의 어머니였기 때문이다.

글자 그대로 농업경제학은 농작물의 거래, 생산 효율과 농업 금융 등의 의제를 연구하는 학문이다. 첫 번째 농업경제 관련 저서는 12세기의 《힌더클레이 농장의 경영(Hinderclay Farm Management)》으로 거슬러 올라가야 한다. 중국의 농업 지식도 뒤처지지 않는다. 《논어》, 《맹자》 등은 농업국가의 관리 방법에 대해 다루고 있고, 주나라의 정전제(井田制)도 모두 농업경제학의 토론 범주에 들어간다.

18세기 말에 이르러 중농주의가 흥하자 토지 생산과 시장 거래에 초점을 맞춘 많은 학술 사상이 발표되기 시작했다. 영국의 에든버러대학에는 전 세계에서 첫 번째로 농업경제학과가 생겼다. 당시의 고전경제학 사상은 농업, 특히 토지와 관련된 문제가 빠지지 않았다. 마르크스가 《자본론》에서 토지 이용의 이론을 여러 번 언급한 것은 농업경제학의 권위를 알 수 있는 부분이다. 후에 신고전경제학의 영향을 받아 19

핵심 포인트

농업공급량, 생산요소는 여러 가지 자연의 제한을 받으며 식량 자급률 문제와 연관된다.

세기 말 농업경제학 연구가 유럽 각 대학에서 우후죽순 전개
됐다. 이 당시 농업경제학은 생산의 시각에서 가격, 관세 등
경제문제를 연구하기 시작했다. 1899년 오하이오주립대학
에 미국 첫 번째 농업경제학 연구소가 생겨 미국 농업자본화
의 발전을 이끄는 동시에 전 세계에 영향을 미쳤다.

경작 기술의 발전으로 양식 문제는 공급부족에서 분배 불
균형으로 바뀌었다. 하지만 두 번의 세계 대전으로 양식자급
률은 다시 모든 나라가 직면한 나라 안정의 문제가 됐다. 이
밖에도 세계 각국의 농업은 대다수가 보호 산업에 속하기 때
문에 농산품 무역 문제는 국제 정치 분쟁의 중요한 쟁점이다.
최근 몇 년간 개발도상국의 경제력과 인구가 빠르게 상승하
여 농산품 가격이 수직으로 상승했다. 이는 농업경제학에 다
시 한 번 파도를 몰고 왔다.

● **식량 자급률** : 해마다 국내
에서 생산되는 미가공 식량의
생산량과 소비량의 비율을 가
리킨다. 자급률이 낮으면 식
량을 외국에 의존할 수밖에
없다. 전란이 생겼을 때 돈이
있어도 먹을 것을 살 수 없는
곤경에 처할 수 있다. 때문에
농업경제학이나 정치학 또는
군사방면 모두 반드시 이 문
제를 고려해야 한다.

농업경제학의 탐구 내용

농업은 자연환경의 영향을 강하게 받는다. 농업생산 기술
과 무역에서 가장 우세한 미국조차도 기후 이상의 고통에서
벗어날 수 없다. 기후의 영향이 얼마나 중요한지 알 수 있다.
토지 규모, 토양, 수질, 생산 주기 같은 자연 환경 즉 생산요소
는 다른 것으로 대체하기 어렵다. 일반 제조업이 원자재를 대
체할 수 있는 것과는 다르다. 따라서 농업자원은 상당히 특수
하고 진귀한 자원이다. 자유 무역에서 농업은 반드시 특수한
배경을 고려해야 한다. 아래에서 농업경제학만의 독특함을
알 수 있는 중요한 탐구 내용을 몇 가지 살펴보자.

① 농업의 수요와 공급 및 가격

대다수 제품은 제조할 때 비용을 고려한다. 스마트폰 모든 부품을 한 나라에서 온전히 자급자족하여 제작하는 것이 가능할까? 가능하지만 그렇게 하는 나라는 없다. 비용이 너무 많이 들기 때문이다. 농산품은 비용만 고려해서는 안 된다. 예를 들어 밀가루를 만드는 밀을 한국에서 자급자족하는 것이 가능할까? 불가능하다. 아무리 좋은 재배기술이 있어도 토양과 기후가 밀의 생산량과 품질에 영향을 미치고 밀가루 때문에 쌀 경작에 영향을 끼치는 문제도 고려해야 하기 때문이다.

무역이 발달한 오늘날 문화의 교류는 음식의 변화를 가져왔고 식량을 전혀 수입하지 않는 나라는 없다. 때문에 농산품의 가격을 방임하고 내버려 둔다면 틀림없이 주요 생산 국가에게 휘둘리게 되고 결국 국내의 관련 제품의 물가 불안정을 불러와 민생 소비와 전체 경제에 영향을 미칠 것이다. 예를 하나 설정해 보자. 한국에서 심는 쌀의 원가가 동남아 지역보다 상대적으로 비싸다. 만일 한국의 모든 논이 경작을 쉬고 쌀을 완전히 수입한다면 한국이 쌀을 먹는 음식 습관을 바꾸지 않는 한 쌀은 석유처럼 가격이 요동치는 현상이 발생할 것이다. 그때가 되면 스테이크보다 쌀밥이 비쌀 수도 있다. 식량은 국민 생활의 근본이다. 따라서 대다수의 농산품에 정부가 손을 놓기는 어렵다. 농산품의 가격과 수요 공급은 정부가 제정한 수매, 수출 보조, 휴경 정책 등과 밀접하게 관련된다.

정부는 해마다 각종 농산품의 생산량을 조사해 시장 수요

핵심 포인트

농업경제학은 농업생산과 관련된 비용, 관리 및 경제적 영향에 대해 탐구한다.

량의 통계를 내고 일련의 농업 계획을 제정한다. 재고 수매는 나중에 공급 부족이 일어났을 때 조절할 수 있고 휴경 보상은 공급 과다로 인한 농민의 피해를 줄일 수 있다. 하지만 이런 정책은 가격에 영향을 주지 않을 수 없다. 농산품이 원재료의 일종이기 때문에 가격은 더욱 통화팽창에 영향을 미친다. 국가 농업의 안전과 경제자유 사이에 어떻게 취사선택을 할지는 농업경제학의 커다란 난제이다.

② 농업 금융과 토지 정책 문제

20세기 이전의 농업은 노동력 밀집 작업이었다. 하지만 경작자와 토지 소유자가 달랐기 때문에 문제가 파생됐다. 과거 중세 유럽의 장원제도는 보편적으로 생산의 효율이 떨어지고 공급이 부족했다. 토지 정책은 농업생산의 비중을 계획해야 한다. 만일 쌀의 가격이 높으면 농부들이 서로 쌀을 재배하려 해 기타 농산품의 수요와 공급의 균형이 깨지게 된다. 따라서 어느 지역은 반드시 경작 변경을 해야 한다. 어느 지역에서 농업 산업으로 경제 이익을 획득할지 농업 생산의 안전을 위해 얼마나 많은 나라들과 관계를 유지해야 할지 등이 모두 토지 정책에서 연구해야 할 것들이다.

하지만 많은 정책이 정부자금만으로 운영되지 않아 농부들도 개인의 자금을 내야 한다. 문제는 대다수 농민이 자본이 거의 없다는 점이다. 토지은행과 농어촌 신용 합작사 등은 이런 배경에서 탄생했다. 구미(歐美)에서는 농업 금융이 일찍 발전하여 농민은행 등의 메커니즘 외에도 20세기 초 전 세계 최초로 농산물의 선물거래를 시작했다. 이는 리스크를 피하거나 자금을 확보하는 등 자금 사용면에서 더 많은 전략을 펼치는 데 많은 도움이 됐다. 각종 기술이 발달한 후 농지생산 효율의 상승을 위해서는 반드시 자본의 도움이 있어야만 효율적으로 기술을 발휘할 수 있게 됐다. 시장 가격의 왜곡 발생 시 정부 보호를 받은 농업에 종사하는 농민 대다수는 약자가 된다. 믿을 만한 금융정책이 없으면 결국 농산품 가격과 무역 거래 등에 악영향을 끼칠 것이다. 따라서 정부는 반드시 농업 금융에 개입해야 한다. 가장 중요한 기능은 자금 시장의 실패를 보완하는 것이다.

농산물 정부 수매
농산물 가격이 동기간 대비 특별히 많이 하락하거나 수확량까지 늘어날 것으로 예상되면 정부는 농민들로부터 수매하여 수급안정 대책을 시행한다.

③ 농장관리 문제

농장의 운영은 대기업 못지않게 복잡하다. 농산품의 생산은 '하늘'에 의지해야 할 뿐 아니라 투자의 회수율이 낮고, 수요와 공급의 탄력성이 작아 가격 파동이 쉽게 일어난다. 규모 경제에 불리하고, 연구 기한이 길며, 심지어 가장 중요한 경작 토지에는 수명의 제한도 있다. 이런 기본적인 장애를 어떻게 극복하고 농장을 계속 경영하는가가 바로 농장 관리의 문제이다.

자연에 의해 발생하는 장애는 사실 모두 하나의 중요한 핵심 문제를 가리킨다. 바로 어떻게 '리스크'를 극복하느냐다. 농장관리자는 반드시 사회, 정치, 경제, 생태 환경의 변화에서 리스크의 형식을 이해해야 한다. 예를 들어 음식 문화의 변화는 생산량을 조정할 필요가 있다. 토양의 액화는 휴경 또는 기타 화학방식의 사용을 고려해야 한다. 더 중요한 것은 경제다. '리스크'로 인해 발생하는 손실을 선물거래(장래 일정 시점에 미리 정한 가격으로 매매할 것을 현재 시점에서 약정하는 거래로, 미래의 가치를 사고 파는 것)로 줄여야 한다. 물론 가장 중요한 것은 이런 잠재된 비용을 이해한 후 어떻게 상품을 판매해 이윤을 획득하는가이다. 이것이 바로 경영의 도(道)이다.

대다수 국가의 농업 생산자는 사실 이런 경영관리의 개념이 부족하다. 분명 일부 리스크의 부담은 전문적인 지식이 필요하다. 따라서 정부가 반드시 개입해서 장기적인 교육을 제공해야 한다. 경제학은 오랜 시간 자유방임의 장점을 제창하였지만 농업은 국가의 기본이기에 정부의 보호가 필요하다. 양식은 영원한 인류 생존의 근본이기 때문이다.

보건경제학(Health Economics)

기원과 정의

생로병사를 피해갈 수 있는 사람은 없다. 이는 의료에 대한 인류의 수요를 의미하는 것으로, 생산 활동에도 영향을 미친

● **농산품 선물거래** : 세계 각지의 농산품 공급과 수요자는 선물거래를 이용해 발생 가능한 손실을 피할 수 있다. 예를 들어 내년에 옥수수 생산량이 3분의 1로 줄어들어 시장 가격이 상승할 것이라 예측되면 옥수수 선물가격이 폭발적으로 상승하여 농민은 선물시장에서 먼저 팔 수 있다. 즉 미래의 가격으로 옥수수를 매수자에게 건네는 것을 약속하는 것이다.

다. 특히 고대의 경제활동은 대다수가 노동력 밀집형에 속하기 때문에 체력은 경제 생산의 핵심 요인이었다. 생로병사는 개인의 일처럼 보이지만 때로는 중세 유럽이 흑사병 때문에 백여 년간 경제 암흑기에 빠졌던 것처럼 사회 전체에 수습할 수 없는 결과를 초래하기도 한다. 환경위생이 얼마나 중요한지 알 수 있다.

핵심 포인트
보건경제학은 건강 위생에 대한 투자 연구다.

동서양을 막론하고 질병 전파에 대한 두려움에서 위생의 개념이 생기기 시작했다. 고대 로마시대에는 전염병 예방을 위해 수원을 관리한 기록이 있다. 중세 유럽의 각국은 질병의 전파를 막기 위해 기관을 설치하여 직접 용수를 통제했다. 대항해시대에는 경제학자들이 노동자 의료에 투자하여 경제 수익을 증가시키자는 제안을 했다. 비록 당시 의료 기술이 발달하지 못했지만 교회 병원과 협조하여 환자를 격리조치하고, 주변의 청결을 유지하는 등 18세기 유럽은 이미 여러 방면으로 위생 관리를 한 문헌 기록이 있다.

유럽의 의료 기술은 제2차 세계대전 시기에 비약적으로 발전했다. 전후에 황폐하게 파손된 가정을 새로 일으켜 세우기 위해 UN은 세계보건기구(World Health Organization)를 만들었다. 질병의 전염은 국적을 구분하지 않기 때문에 건강한 위생환경은 인류의 보편적인 가치라고 여겼다. 이때부터 위생 산업에 대한 각국 정부의 자금투자 비중이 나날이 증가해 위생 산업으로 파생된 경제문제가 점차 수면 위로 올라왔다. 이후 학계는 보건경제학에 '보건 건강에 대한 투자 연구'라는 정의를 내렸고 인구 통계학, 사회학, 윤리학, 의학, 보험 등의 지식이 보건경제학에 응용되기 시작했다. 덕분에 경제학의 분석을 통해 건강보험, 무료예방접종 같은 정책의 효과와 이익을 어렵지 않게 이해하게 됐다.

1348년 피렌체의 전염병
흑사병은 유럽에서는 1347년 처음 창궐한 이래 많은 희생자가 발생하여 공포의 대상이었다. 1340년대 흑사병으로 약 2천5백만 명이 희생되었다. 이는 당시 유럽의 인구의 약 30%에 달하는 숫자이다. 최초의 흑사병 확산 이후 1700년대까지 100여 차례나 흑사병이 전 유럽을 휩쓸었다.

보건경제학의 탐구 내용

건강은 인생 최고의 재산으로 누구나 건강에 대한 수요가 있다. 건강을 유지해주는 의료는 의사가 제공하는 서비스다. 소송과 변호사 간의 관계처럼 경제학의 각도에서 보면 서비스의 거래 비용은 시장이 결정해야 한다. 하지만 의료가 시장 경제에 따라 결정된다면 아마도 가난한 사람은 심한 병이 아니더라도 열에 아홉은 목숨을 부지하지 못할 것이다. 누구나 건강 앞에서 공평한 대우를 받기를 원한다. 부자들만 건강을 지킬 수 있는 '비용'을 감당할 수 있고, 가난한 사람은 배제된다면 경제는 순식간에 무너질 것이다. 가난한 자든 부자든 누구나 병에 걸릴 수 있기 때문이다. 돈 있는 사람만 치료가 가능하고 돈이 없으면 격리돼 죽음을 기다려야 하는 사회는 누구도 상상하기 싫을 것이다. 그렇다면 건강의 수요는 어떻게 만족시켜야 할까? 이 배후의 수요 공급과 효율 문제가 보건경제학의 기본 주제다. 이에 대해 세 가지 방향으로 소개해보자.

① 보건경제학의 발전

어째서 선진국의 의료와 위생은 발전했고 후진국은 그렇지 못할까? 자금이 풍족해야 선진 위생 환경이 있는 건가 아니면 위생 환경의 관리에 자금을 투입해서 경제적 번영을 이끈 것인가? 이는 닭이 먼저인지 달걀이 먼저인지의 문제와 비슷하다. 하지만 적어도 한 가지 분명한 것은 바로 위생이 결핍된 환경은 부강한 경제를 이룰 수 없다는 것이다. 따라서 위생에 투자하여 얻은 노동의 질 상승, 주변 이익 및 관련 산업 발전이 바로 이번 주제에서 토론해야 할 내용이다.

예를 들어 한국은 2015년 메르스(MERS) 발생으로 주식이 크게 하락하고 관광산업은 참담했다. 메르스 사태로 인한 경제적 피해비용만 약 2조3천억 원으로 추산된다. 영화관·놀이공원·야구장·박물관 등을 찾는 사람이 많게는 80% 이상 줄었고 외국인 관광객도 여행을 취소하는 등 대내외로 악재를 겪었다. 매르스가 다시 발생할지 여부는 아무도 예상할 수 없다. 어쩌면 수십억 이상의 방대한 자금이 필요하겠지만 치료 연구에 일단 성공하면 이런 경제 참상을 방지할 수 있다. 바꿔 말하면 질병·위생 문제는 경제의 정상적인 운용을 방해하지만 통계로 이 사이의 관련성을 찾고 관련 비용을 계산해 가장 적합한 개선 혹은 예방 방법을 찾을 수 있다. 물론 세균과 바이러스는 변종이 있는 데다가 생태 균형에 기초해 이런 바이러스를 멸종시키는 것은 불가능하다. 때문에 위생은 영원히 소홀하게 취급할 수 없는 문제다.

핵심 포인트
위생과 경제의 발전, 건강보험, 공공위생은 보건경제학의 주요 탐구 내용이다.

② 건강 보험의 문제

날씨 변화와 사람의 일은 예측하기 어렵다. 보험은 손실 이후 일정한 보상을 받기 원하는 것으로 운영 메커니즘에 따라 보험료, 배상금 등을 결정한다. 하지만 경제학에서 다루는 보험은 리스크의 발생 비율을 계산하여 탐구하는 것이 아니라 인간의 행위를 탐구한다. 앞서 우리가 언급했던 역선택 문제 및 '도덕적 해이(moral hazard)' 등이 중요한 의제이다. 도덕적 해이란 보장이 확정된 후 잠재의식에 따라 행위를 바꿔 다른 사람의 손해를 유발하는 것을 가리킨다. 국민건강보험을 실행 후 진료비용이 크게 내리자 적지 않은 사람들이 수시로 병원을 찾아 건강보험의 손실을 초래하는 것도 그 예다.

국민건강보험이 없었던 때는 병원마다 의료비용의 차이가 심했고 보편적으로 비쌌다. 미국에서는 치과에 가려면 비싼 비용을 치러야 한다. 모든 사람은 의료 보험이 필요하다. 하지만 이런 보험의 실행권을 일반 사기업이 갖게 되면 도덕적 해이 문제가 적용된다. 개인 보험회사는 질병에 걸린 환자 앞에서 이익을 따진다. 때로는 의료 항목을 해체하여 병이 나면 두 가지 보험이 있어야 완전히 의료비용을 부담할 수 있는 경우도 종종 발생한다. 다시 원래의 문제로 돌아가 보자. 일반 사람이 모든 보험을 다 갖출 수 있는가? 그게 올바른 구매인 것인가? 경제학적으로 접근해 생각해 보자. 이런 의료가 효율적인가? 이에 대해서는 각국의 상황이 달라 나라마다 서로 다른 평가가 있다.

민간 의료보험은 경제 효율에 도달할 수 없고 사회 복지

핵심 포인트
비위생적인 환경은 질 낮은 노동을 유발하여 국가 경제 발전에 영향을 끼친다.

와 안전 문제를 고려해야 하기 때문에 국민의료보험의 필요
성이 광범위하게 토론되고 있다. 국민의료보험은 한국, 대만,
일본, 영국 등에서 이미 오래전부터 실행됐지만 아직도 더 발
전할 여지가 많이 있다. 어느 범위까지 민간에서 처리하고,
어느 부분을 정부가 개입하는 것이 적절할까? 효율과 효용의
경제문제 역시 보건경제학에서 탐구해야 할 부분이다.

③ 공공위생의 문제

　공공위생의 목적은 한 나라가 어떻게 위생 문제를 예방하
고 안전 등을 관리 · 제공하는지 토론하는 것이다. 이는 국방
과 매우 비슷하다. 국방의 적은 다른 나라지만 공공위생의 적
은 건강에 영향을 끼치는 각종 요소다. 따라서 이 전쟁에서
생물과학기술, 의료기술, 관념 교육, 하드웨어 개선 등이 모
두 공공 자원의 투입 효과 문제와 관련된다. 대만에 콜레라
가 발생했을 당시 정부가 해외에 의료지원을 요청했을 뿐 아
니라 체계적인 학교 교육과 환경, 음식 습관까지 개선하
도록 권유함으로써 성공적으로 콜레라 확산을 막은
것이 좋은 예다. 국민들에게 메르스 예방법과 증
상에 대하여 홍보를 하고 공공위생을 위해 전
국민적인 협조가 필요하기도 하다. 이런 행위
는 경제 효과와 이익, 도덕 법률상의 토론을
야기한다. 예를 들어 약물 특허와 공공위생 간
의 충돌, 심지어 장기 이식을 위해 복제인간을
이용해도 되는지 등의 문제도 있다.

● **도덕적 해이** : 제도, 계약,
법률 등은 모든 상황을 상세
히 규정할 수 없다. 때문에 쌍
방이 약속을 한 후 일방이 몰
래 행동을 바꿔 상대방의 원
래 리스크를 깨뜨리는 것이
도덕적 해이다. 예를 들어 손
해 보험에 가입한 후 차주가
도난에 대한 경계를 낮추어
아무데나 주차를 하거나 차량
을 잠그지 않아 도난률 상승
으로 보험회사의 손실을 조성
하는 경우가 이에 해당한다.

이 외에도 신체적 건강뿐 아니라 심리, 정신, 사회생활 등의 건강과 아동 권익도 세계보건기구가 관심 갖는 범주에 포함된다.

노동경제학(Labor Economics)

기원과 정의

노동은 인류가 경제활동 교역을 시작한 이래 끊임없이 탐구된 주제다. 의료, 농업처럼 노동도 완전히 상품으로 간주할 수 없다. 사람은 자유와 쾌락을 추구할 권리가 있다. 노동경제학은 인류 노동의 행위에 관한 학문으로 노동요소의 경제문제와 관련된 경제 정책을 탐구한다.

애덤 스미스는《국부론》에서 노동자의 유동, 급여 및 생산력 등 노동에 대해 많은 언급을 했다. 하지만 당시 사회는 농업 위주였지만 노동에 대한 토론은 성숙하지 못했다. 19세기 신고전경제학 시기에 이르러 공업화 및 마르크스의 자본주의에 대한 비판에 따라 근무 시간, 최저임금, 노동자 복지 등 노동정책의 개념이 등장했다. 노동경제학의 연구는 미시경제학과 보건경제학을 결합하여 탐구하면서 점차 모습을 갖추기 시작했다. 20세기 케인스학파가 새로 실업과 취업의 개념을 해석하며 정식으로 노동경제학 연구의 문을 열었다.

최근 20년간 노동경제학은 미시경제학의 분석에서 계량 분석으로 시각을 확장하였다. 많은 경제학자들이 통계를 이용하여 다양한 산업들의 노동 문제를 분석하면서 케인스학파에 도전하였다. 시카고대학의 베커 교수는 차별의 경제학 (economics of discrimination)이라는 개념을 제시했다. 여기서 차별은 경멸과 모욕의 의미가 아니라 차별적 대우를 말한다. 예를 들어 사극에서 주로 후궁의 역할을 맡던 배우가 황후 역을 하고 황후역의 배우가 애첩 역을 맡는다면 시청자는 이상하게 느낄 것이다. 이런 차별대우는 임금, 취업의 기회 등에 영향을 끼친다. 거의 모든 업종에 이런 문제가 존재한다. '차별'의 개념은 노동경제학에 새로 등장한 학설이 됐다.

노동경제학의 탐구 내용

노동은 정치와 마찬가지로 사람 간의 상호 작용에 관련된다. 경제학의 분석에 의지하여 법과 관리 정책을 제공하는 것이 유일하게 객관적인 방법이다. 노동경제학은 인구학, 심리학, 관리학 등과 밀접하게 결합돼 있는 상당히 방대한 학문이다. 여기서는 간단하게 몇 가지 중요한 주제를 소개해 보겠다.

핵심 포인트

노동의 수요와 공급, 임금, 실업 등의 현상은 전통 노동경제학의 탐구 문제이며 근대에는 차별 경제학의 개념이 추가됐다.

① 노동의 수요와 공급

보통사람들은 노동의 수요와 공급 대상을 종종 오인하곤 한다. 경제학에서 노동 공급자는 노동력을 제공하는 사람을 가리킨다. 즉 피고용자다. 반대로 노동 수요자는 노동력이 필요한 사람, 경영자 측이다.

케인스는 노동공급곡선이 후방으로 굴절된다고 하였는데 이는 상당히 중요한 개념이다. 모든 사람에게 노동과 휴식은 교체 대상이다. 하루는 24시간뿐이라 근무 시간을 제하고 남은 시간에는 쉬도록 서로 역할을 교대해야 한다. 노동과 휴식은 상호 보완이기도 해서 적절한 휴식은 업무 효율을 상승시킬 수 있다. 그러므로 높은 임금을 받는 사람이 반드시 휴식 시간까지 추가로 일하며 돈을 번 것은 아닐 수 있다. 오히려 임금이 높은 이들은 일정량의 휴식을 더 원하기 때문에 노동 공급곡선이 뒤로 가면 완만해지는 현상이 발생한다. 현대에서 말하는 많은 노동경제학 문제는 대부분 이 개념에서 출발한다.

노동의 수요는 외부의 경제 환경 및 회사의 인사제도 등에 영향을 받는다. 취업시장의 낙차, 즉 실업률이 너무 높거나 일손이 너무 부족한 상황이 발생할 때 노동 공급을 개선하는 방향으로 연구할 수 있다. 예를 들어 좋은 보너스 정책, 퇴직 정책, 노동 법규, 직능선택, 소질 교육 등이 있다. 물론 취업 보너스, 감세처럼 노동 수요에서부터 토론할 수도 있다. 이 또한 노동경제학 분야의 핵심연구다.

후방 굴절 노동 공급 곡선
사람들은 임금이 어느 정도 일정 수준에 이르기까지는 계속해서 노동시간을 늘리다가, 임금이 수준 이상이 되면 다시 노동시간을 줄이고 여가 시간을 확보하려 한다.

② 노동 임금과 기타 비용

미국의 프로야구를 보면 지난 시즌 최우수 선수가 다음 시즌에 높은 연봉 계약을 한 후 슬럼프에 빠지는 일이 자주 있다. 또는 계약이 만료되는 해에 선수의 성적이 굉장히 좋은 경

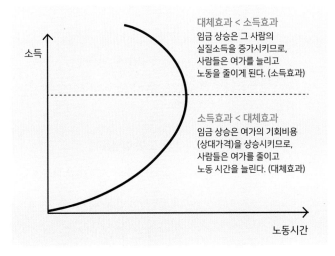

대체효과 < 소득효과
임금 상승은 그 사람의 실질소득을 증가시키므로, 사람들은 여가를 늘리고 노동을 줄이게 된다. (소득효과)

소득효과 < 대체효과
임금 상승은 여가의 기회비용 (상대가격)을 상승시키므로, 사람들은 여가를 줄이고 노동 시간을 늘린다. (대체효과)

소득

노동시간

우도 어렵지 않게 볼 수 있다. 노동자에게 합당한 급여는 어떻게 판단해야 할까? 보상금 또는 기타 격려 보너스의 효율과 효용은 어떻게 운용해야 할까? 계약은 어떻게 해야 하나? 모두 이번 주제에서 토론해야 할 내용들이다. 개인 회사에서 하면 인력자원 관리가 되고, 정부에서 운용하면 우리가 자주 토론하는 최저임금과 노동자 보호 등의 의제가 된다.

여기에 생각해볼 만한 재미있는 문제가 있다. 편의점에서 물건을 살 때는 포장지 위에 가격이 표기돼 있어 통상적으로 가격을 깎는 사람은 없다. 그뿐 아니라 대부분의 매매는 제품 공급자가 가격을 제시하고 거래가도 공급자 측에 유리하다. 하지만 노동력시장은 절대다수의 일이 모두 노동력 수요측(자본가)이 가격을 제시하고, 가격은 노동력 공급자(노동자)에게 불리하다. 이는 전당포의 거래 방식과 매우 흡사하다. 어째서 이런 낙차가 있는가? 물론 토론해야 할 원인은 매우 많다. 정보의 비대칭, 차별 경제학, 노동공급 유연성, 당연히 각각의 업계마다 다른 임금 환경도 반드시 고려해야 한다. 대다수의 노동자는 전체 노동시장에서 상대적 약자이다. 하지만 정부 개입에 의존할 수 있는 것은 일부분일 뿐이다. 노동력이 단결하지 않으면 이런 문제는 해결하는 데 한계가 있다.

③ 노동 실업문제

케인스는 "실업이야말로 정상 상태이다"라고 말했다. 그의 말처럼 실업문제가 전 세계 정부가 가장 골치 아파하는 경제 문제라는 점은 의심할 여지가 없다. '춥고 배고프면 도둑질하고 싶은 마음이 생긴다.'는 말이 있다. 실업률이 높으면 잠재된 사회내부 문제가 폭발하여 경제 성장률이 하락하고 다시 실업률이 더 상승하게 되는 악순환이 벌어진다. 실업 구제금은 소용이 있는가? 자본가는 어떻게 비용을 공동부담해야 할까? 실업문제는 사회 비용의 고려, 마찰적 실업(단기적으로 아직 일을 찾지 못한 것), 구조적 실업(기술 조정 또는 경기로 인한 감원) 등 수많은 요소가 있다. 이런 실업유형의 배후는 서로 다른 요소를 고려해야 한다. 근로기준법에는 해고수당, 구제 등 노동자 보호와 관련된 규정이 있다.

실업문제의 다른 일면은 바로 업무의 매몰이다. 노동력 시장에는 수많은 업무 공석이 있지만 일부 실업자들은 이를 채울 수가 없다. 이 중간에 정보의 비대칭 또는 임금 문제가 존재하기 때문이다. 정부가 개입을 해야 할까 아니면 민간 메커니즘에 맡겨야 할까? 모텐슨(Dale T. Mortensen)은 노동경제학 중 이러한 취업과 실업문제를 연구하여 2010년 노벨경제학상을 수상했다.

노동경제학의 많은 토론은 실제 노동문제에 있어서는 아무런 해결의 길을 제시할 수 없는 것처럼 보인다. 사실 마르크스가 《자본론》에서 서술한 자본가의 경영심리야말로 많은 노동 문제의 근본 원인이기 때문에 노동자가 용감하게 권익을 쟁취하지 않으면 더 많은 정책이 헛수고가 될 것이라는 견해는 상당히 일리 있는 주장이다.

행동경제학(Behavioral Economics)

기원과 정의

앞에서 경제학의 5대 주제 중의 하나인 '이성'에 대해 언급했던 것을 기억할 것이다. 행동경제학은 바로 경제학의 '이성'을 전문적으로 탐구하는 분야다. 심리학적인 부분이 많으며 생물학도 포함한다. 현재 행동경제학이 미국 경제학회의 주요 분류 안에 포함되지는 않지만 경제학과의 여러 분야에서 행위에 대해 전문적인 토론이 이어지고 있다. 특히 금융과 상업경제학에서 깊이 있게 다룬다.

이 모든 것은 이성의 유한성에서 기인한다. 사람은 완벽한 경제적 이성을 지키기 어렵다. 상황에 따라 우리는 특수한 행위를 한다. 신앙, 모험, 자선, 이타주의 등과 같은 특수한 행위는 '이성'으로 분석하기 어렵다. 사마광(司馬光)이 친구를 구하기 위해 물항아리를 깨뜨린 이야기가 좋은 예다. (친구가 물항아리에 빠져 살려달라는 것을 보고 주위 사람들은 어찌할 줄 몰라 하였지만 사마광은 주저 없이 돌을 던져 항아리를 깨뜨렸다.) 이 이야기는 고전

경제학의 관점에서는 쉽게 설명할 수 없다. 고전경제학이 사람들에게 어떻게 행동해야 하는지를 규범으로서 알려준다면 행동경제학은 사실상 인류가 어떻게 행동하는지를 묘사하는 것이 특징이다.

행동경제학은 애덤 스미스에서 시작됐지만 이미 많은 경제학자들이 사람의 이성은 한계가 있다고 언급했다. 후에 맬서스, 마샬, 케인스 등은 경제 정책 결정의 행위에 있어 심리요소의 중요성을 강조했다. 초기 경제학자들의 심리요소에 관한 주장은 별다른 인정을 받지 못했다. 게임이론과 기대효용이론이 크게 각광받은 후 대니얼 카너만(Daniel Kahneman)과 버논 스미스(Vernon L. Smith)가 2002년 노벨경제학상을 수상한 뒤에야 행동경제에 관한 이론이 대중의 관심을 끌기 시작했다.

행동경제학의 탐구 내용

행동경제학이 도박에서 기원한 학문이라는 말은 매우 적절한 표현이다. 경제학은 비록 사람이 이성적이라고 가정하지만 사람이 결정을 내릴 때 접수한 정보는 완벽하기가 어렵다. 지식의 한계가 있음은 물론이요, 판단의 정확성은 불완전하기 때문이다. 법관이 판결을 내릴 때 어느 정도 심증이 들어가는 것과 같다. 유한한 정보가 유한한 이성을 만든다. 때문에 결정은 종종 리스크를 가져온다. 인생이 도박 같다는 비유가 결코 지나치지 않은 것이다.

행동경제학은 경제학 가설의 부족한 부분을 보완하려 시

도한다. 이 연구 방법은 심리학과 닮았다. 행위 실험을 연구하고, 이에 더해 수학 모델을 적용하려 시도한다. 상당히 흥미로운 부분이다. 여기서는 세 가지 기본적인 이론으로 이 분야를 소개해 보려 한다.

① 기대효용이론

행동경제학을 이해하는 첫걸음은 바로 기대. 인생은 불확실로 가득하기에 사람은 대부분의 행위를 '기대'에 근거해 판단을 내린다. 기대효용은 사실 확률에서 말하는 기대치를 가리킨다. 이성적인 사람은 대다수가 기대치에 따라 선택하고 결정한다. 예를 들어 200원을 내고 앞뒤가 다른 동전을 던져 정면이 나오면 100원을, 뒷면이 나오면 250원을 갖는다고 하자. 계산해 보면 수지가 맞지 않는다. 이성적으로 따져 보면 누구도 이런 거래는 하지 않아야 한다. 돈을 물어줄 기대치가 돈을 따는 것보다 높기 때문이다. 이것이 바로 기대효용의 탐구이며 인류 자체에 존재하는 이성 행위를 설명한다.

기대효용이론은 고전경제학과 비교적 근접하지만 알고 보면 행동경제학의 근원이다. 기대치가 객관적 근거라 해도 모든 일에 다 참고할 만한 확률이 있는 것은 아니며 모든 사람의 정보가 충분한 것도 아니다. 정확한 확률을 획득할 정도로 학식이 풍부한 것도 아니기 때문에 기대효용이론에서 우리는 수많은 소재를 얻어 '실제' 행위를 탐구할 수 있다. 이것이 행위경제학의 중점 연구 분야다.

200원?
250원?

② 전망이론

전망이론은 기대효용이론과 상호보완 관계다. 서로 다른 불확실성이 '기대'되는 조건하에서 사람들의 행위는 예측이 가능하다는 것이다. 행동경제학은 그 안에서 인류의 불확실성 행위를 위험 회피, 위험 선호, 위험 중립 세 가지로 분석했다.

예를 들어 로또에 맞을 확률이나 도박에서 이길 기대치는 사실 모두 낮다. 고전경제학의 인류 이성에 대한 가설에 따르면 로또를 사려는 사람이 왜 있는지 해석할 수 없다. 하지만 행동경제학은 이 사회에 위험 선호자들이 보편적으로 존재하며 심지어 모든 사람이 많든 적든 이런 잠재력이 있다고 알려준다. 로또 한 게임당 1,000원은 일반 사람의 금전효용 손실로는 매우 적은 돈이다. 그럼에도 구입한 모든 사람이 다 행운에 당첨될 기회가 있다. 따라서 상금 총액이 높을수록 기대치가 높아져서 구입 열기도 왕성해진다.

게다가 재미있는 점은 로또 당첨 확률 1/13,983,816은 연속으로 동전을 던져서 같은 면이 224차례 나올 확률인 1/16,777,216과 비슷하다. 만일 상금이 똑같고 참여 비용이 모두 1,000원이라면 당신은 어느 쪽에 도박을 걸겠는가? 아마 대부분이 로또를 선택할 것이다. 동전을 던져서 열 번 같은 면이 나왔을 때 당신은 이미 동전이 가짜가 아닌지 의심하기 시작할 것이기 때문이다. 물론 사람마다 다른 생각이 있다. 어떻게 하면 실험 또는 통계를 통해 이런 생각의 규칙성을 찾거나 행위의 실마리를 찾을까? 카너만은 이를 위해 전

핵심 포인트

행동경제학의 기본이론 : 기대효용이론, 전망이론, 심리계좌이론

망이론의 세 가지 중요하고 실용적인 기본원리를 제시했다.

a. 수익 앞에서는 위험 회피자가 된다

오늘 도박판이 있다고 가정해 보자. A를 선택하면 100% 만 원을 딸 수 있고 B를 선택하면 80%는 만 삼천 원을 딸 확률이 있지만 20%는 아무것도 얻지 못한다. 기대치로 말하면 B가 조금 더 높으니 이치에 따르면 '이성적인 사람'은 마땅히 B를 골라야 한다. 하지만 실험결과 A를 선택한 사람이 더 많았다. 어째서일까? A는 확정수익이기 때문이다. 반면에 B는 비록 수익확률은 높지만 얻을 수 있는 돈의 이익이 만 원과 비교해 그렇게 크지도 않다. 게다가 아무것도 얻지 못할 확률이 20%다. 이때 대부분의 사람은 수익 앞에서 위험 회피자가 되는 것이다. 하지만 B를 선택해서 얻는 수익이 천만 원 혹은 백만 원이라면 결과는 달라졌을 것이다.

b. 손실 앞에서 위험 선호자가 된다

앞의 예와는 정반대로 만일 오늘 도박장에서 A를 선택하면 100% 만 원을 잃을 것이고 B를 선택하면 80%는 만 삼천 원을 잃고 20%는 돈을 물어줄 필요가 없다고 하자. 기대치로 보면 A가 물어주는 게 적지만 실험결과 보통사람들은 종종 B를 선택한 것을 발견했다. 손실 앞에서 사람은 습관적으로 확률을 시험해 본다. 1%라도 도박을 걸어 보는 것이다. 주식시장에서 많은 사람들이 손해를 인정하지 않으려 하고 오히려 계속 무리하게 버티는 원인을 여기서 찾을 수 있다.

● **기대치** : 확률학의 기대치는 어떤 확률의 현상을 가리킨다. 수학개념 중 출현을 기대하는 평균결과는 '기대치= 확률×결과의 양'으로 표한다. 예를 들어 주사위를 던질 때마다 그 기대치는 = (1/6x1)+(1/6x2)+(1/6x3)+(1/6x4)+(1/6x5)+(1/6x6) = 3.5가 된다. 다시 말해 주사위를 몇 번 던지든 평균값은 3.5가 나오는 것이다.

c. 수입보다 손실 앞에서 더 민감하다

한층 더 들어가서 보면 사실 대다수의 사람이 위험을 크게 두려워하지 않는다. 왜냐하면 빵을 먹으면 부스러기가 떨어지기 쉬운 것처럼 위험은 필연적으로 따르는 것이기 때문이다. 우리가 실제로 두려워하는 것은 위험이 아니라 손실이다. 손실을 두려워하기 때문에 '민간 처방'같은 미신을 믿고, 위험을 감내하면서까지 손을 놓지 못하고, 탐욕스럽게 변하기 쉽다. 예를 들어 원래 만 원을 벌 수 있었는데 결과적으로 오천 원만 벌었다면 돈을 벌었다는 희열보다 불만스러운 감정이 더 크다.

명언 한 마디
위험은 자신이 무엇을 하는 지 모를 때 온다. - 워렌 버핏

전망이론은 수많은 고전경제학에서 설명하지 못했던 현상을 설명한다. 또한 이 개념은 고전경제학 중에 '비정상적인' 현상을 설명하는 데 자주 사용된다.

③ 심리계좌이론

당신은 돈에 라벨을 붙이는가? 고전경제학의 관점에서는 도박장에서 번 100만원과 회사에서 일해서 번 100만 원은 성취감이 다르지만 돈의 효용은 모두 같다. 하지만 행동경제학에서는 이런 주장을 틀렸다고 말한다. 그 효용이 반드시 같다고 말할 수는 없다는 것이다. 도박장에서

인간의 비합리적 행동에는 일정한 패턴이 있다

2017년 '넛지' 이론을 발표하여 노벨경제학상을 수상한 세일러 교수는 인간의 비합리적 행동에는 일정한 패턴이 있기 때문에 이를 예측하고 경제 모델화할 수 있다고 주장했다. '퇴직 후 생활이 어려워질 것을 빤히 알면서도 저축을 하지 않고, 매입 시점보다 주가가 떨어졌는데도 주식을 팔지 않으며, 집값이 계속 오를 것이라는 기대에 집값이 오르고 있을 때 집을 산다.' 이것은 사람들이 비합리적, 비논리적으로 경제적 의사 결정을 한다는 증거이다.

딴 돈은 의외의 재화다. 많은 사람들이 포커에서 돈을 딴 후 다른 사람들에게 인심을 쓴다. 하지만 매달 월급을 받은 후 친구들에게 이익을 나누는 사람은 없다. 우리는 자신도 모르게 모든 돈에 라벨을 붙이는 것이다. 모든 돈은 다른 가치가 있다. 의외의 재물의 이익을 나누는 것은 통상적으로 다른 사람의 마음을 상하게 하지 않는다. 하지만 월급을 받고 이익을 나눈다면 다를 것이다. 이것이 바로 심리계좌다.

자주 하는 실험을 하나 더 살펴보자.

상황1. 당신이 5만 원을 주고 중요한 시합의 표를 구매했다. 그런데 경기장에 도착한 뒤 표가 보이지 않았다. 현장에서는 아직 표를 팔지만 당신은 표를 다시 사길 원하는가?

상황2. 경기장에 도착해서 표를 사려고 했는데 오는 길에 5만원을 잃어버렸다. 만일 수중에 현금이 아직 충분하다면 표를 사서 경기를 보기 원하는가?

사실 두 가지 상황 모두 10만 원을 써야 한다. 하지만 실험 결과 엇갈리는 답이 나왔다. 상황1에서 다시 표를 한 장 더 사는 비율은 매우 낮았다. 반면 상황2에서 돈을 내고 표를 사는 비율은 매우 높았다. 똑같이 5만 원의 손실이 있지만 다른 심리계좌가 발생해 생긴 결과다.

심리계좌는 투자학에서 상당히 중요한 개념이다. 미국 경제학자 리

처드 탈러(Richard Thaler)는 심리계좌 실험을 통해 투자학의 학설을 제시했다. 그의 주장에 따르면 대다수의 사람은 자신의 소득을 세 부분으로 나눈다. 즉 현재의 급여 소득, 자산 소득, 미래 소득이다. 사람마다 이 세 가지 소득을 대하는 태도가 다르다. 미래 소득에 대해서는 즉각 사용하기를 원하지 않지만 급여 소득은 언제든 사용할 준비가 돼 있다. 그의 학설은 투자시장의 이해하기 어려운 수많은 모순 심리를 해석했다. 예로, 주식 한 주를 동시에 사고파는 원인을 해석할 수 있다. 시간적 요소를 더하면 심리계좌 이론으로 선물시장의 분석도 할 수 있다. 때문에 심리계좌 이론은 투자심리학의 중요한 근거로 여겨진다.

심리계좌는 미래자산 배치에 대한 이해를 돕는다. 재테크를 하지 않으면 돈은 우리를 거들떠보지 않는다. 계란을 하나의 바구니에 담든 위험요소를 분산하든 자신의 심리계좌를 관리할 줄 모른다면 돈이 아무리 많아도 투자시장에서 잃어버리는 건 시간문제일 것이다.

행동경제학 관련 소재와 이론은 상당히 많다. 최근 5년 사이 '신경경제학'이라는 새로운 분야도 나왔다.

명언 한 마디

사람들은 실수를 저지르는 것을 개의치 않는다. 하지만 이것이 실수를 알고 고칠 수 있다는 것을 의미하지는 않는다. 단지 사람들은 자신이 다음에는 틀림없이 실수를 피할 수 있을 것이라 생각한다. - 다니엘 카너만

● **신경경제학**

(Neuroeconomics) : 신경경제학은 행동경제학의 한 분야이자 신흥 경제학과다. 현대 생물, 의료 등의 과학기술을 이용하여 대뇌가 정보를 받아들인 후의 사고판단 모델, 즉 신경반응 상황을 연구한다. 일종의 실험과학에 속하며 생물학과 경제학을 연결하여 인류의 이성을 새로 구성하려 시도한다.

3분 리뷰

오늘 배운 내용을 정리하며 점검해보세요.

1. 계량경제학은 수학, 통계와 경제를 결합하여 분석한다.

2. 제도경제학은 경제문제의 '질'을 분석하는 데 중점을 두지 고전경제학처럼 '양의 균형'을 중시하지 않는다.

3. 권력이전론, 생산자 주권, 이원체계 사회는 제도경제학의 세 가지 방향이다.

4. 후생경제학은 본질적으로 효용을 분석하는 학문이며 공공정책 연구에 많은 영향을 미칠 뿐 아니라 기타 경제학 분야에도 상당히 중요한 기초 이론이다.

5. 부정적 외부성의 축적으로 경제에 해를 끼치게 될 것이다. 피구는 세수의 방식으로 부정적인 외부성을 교정하는 방법을 연구했다. 대기오염세, 원자력에너지세 등이 모두 피구세의 일종이다.

6. 공공경제학의 4대 중심은 세무와 채무, 공공재의 설치, 정부예산 지출 정책, 각급 정부행정 행위를 토론하는 것이다.

7.   화폐경제학은 화폐공급과 경제 성장, 이율, 중앙은행의 통제 관리에 대해 토론한다.

8.   농업경제학은 농작물 거래, 생산효율과 농업 금융 등의 의제를 탐구하는 농장관리를 응용하여 생긴 학문이다.

9.   보건경제학은 위생과 경제 발전, 건강보험과 공공위생 문제를 탐구한다.

10. 노동경제학은 노동의 수요와 공급, 임금비용 및 실업 문제를 다룬다.

11. 행동경제학의 세 가지 기본 이론은 기대효용이론, 전망이론과 심리계좌이론이다.

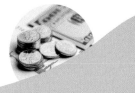

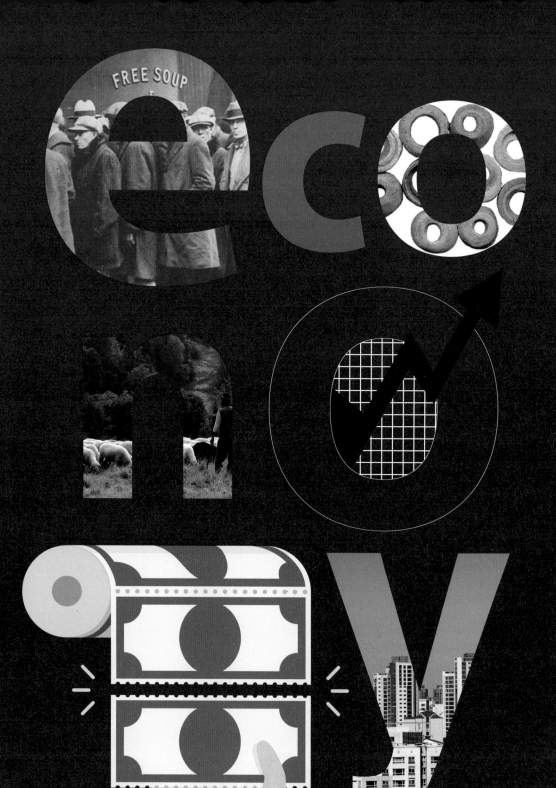

5

금요일

———

경제학으로 세계 바라보기

———

사람은 자신의 가치관에 따라 어떤 일을 판단할 때

의식적으로 경제학적인 사고를 하여 의사결정을 내린다고 하지만 실제 행동은 그렇지 못한 경우가 많다.

경제학은 줄자처럼 이런 사유와 행동의 합리적인 정도를 잰다. 앞서 위대한 사상을 배웠으니

이 장에서는 생활 속에서 자주 만나는 20가지 경제문제를 살펴보자.

살면서 꼭 알아야 할
경제학 상식은 무엇이 있을까?

– 일상에서 만나는 경제학 문제

거시경제

GDP의 비밀

경제학이라 하면 거의 모든 사람들이 첫 번째로 떠올리는 단어는 바로 국내총생산(Gross Domestic Product)이다. 언론 중에 GDP를 얘기하지 않는 곳이 거의 없다. 하지만 GDP가 정말 그렇게 만능인가?

소위 '연간 GDP'는 '한 해 국내에서 실제 거래된 부가가치의 통합'을 가리킨다. 간단히 말해 아이스커피 한 잔의 원가가 천 원인데 삼천 원이라는 가격으로 팔면 GDP는 이천 원이 증가한다. 시장에 만연해 있는 다양한 거래의 제품 또는 서비스로 생산해 낸 총이익은 마지막에는 직원의 급여로 변한다. 따라서 거시경제학에서 '국민소득 ≒ GDP'라고 여긴다. 우리가 가장 관심을 가지는 평균국민소득도 계산을 해야 한다. 급여를 받

은 뒤 다시 한 번 시장거래에서 구매를 해야 하는 것이다. 따라서 총이익은 끊임없이 축적과 순환을 반복하면서 경제활동의 변동이 생기고 경기순환이 발생한다. 경기순환은 통상적으로 해마다 GDP의 증감 변화, 즉 '경제성장률'을 근거로 삼는다.

위의 간단한 정의 외에 GDP는 다음 세 가지 특징이 있다.

핵심 포인트

GDP는 국내에서 실제 거래된 이익의 총합을 가리킨다.

2018년 세계 GDP 현황(세계은행 발표)

순위	국가	GDP	순위	국가	1인당 GDP(달러)
1	미국	20조4128억7000만	1	룩셈부르크	12만61
2	중국	14조925억1400만	2	스위스	8만6835
3	일본	5조1670억5100만	3	아이슬란드	8만4675
4	독일	4조2116억3500만	4	노르웨이	8만2711
5	영국	2조9362억8600만	5	아일랜드 공화국	8만641
6	프랑스	2조9250억9600만	6	카타르	6만6202
7	인도	2조8482억3100만	7	덴마크	6만3830
8	이탈리아	2조1819억7000만	8	미국	6만2152
9	브라질	2조1389억1800만	9	싱가포르	6만1767
10	캐나다	1조7985억1200만	10	호주	5만9655
11	러시아	1조7199억	11	스웨덴	5만8345
12	대한민국	1조 6932억4600만	12	네덜란드	5만5185
13	스페인	1조5064억3900만	13	오스트리아	5만3764
14	호주	1조5002억5600만	14	핀란드	5만2422
15	멕시코	1조2128억3100만	29	대한민국	3만2775
16	인도네시아	1조749억6600만	30	바하마	3만2715
17	네덜란드	9453억2700만	31	스페인	3만2559

① GDP는 움직인다. 따라서 거래 속도가 빨라지면 단지 왼손을 오른손으로 바꾸더라도 GDP에 공헌할 수 있다.

② GDP는 반드시 물가의 영향을 받는다. 제품가격이 오르면 GDP도 상승하고 환율이 변동하면 GDP도 변동한다. 물가 구매력 요소를 고려한다면 실질 GDP(real GDP)라고 부르며 반대는 명목 GDP(nominal GDP)라고 한다.

③ GDP는 인터넷 거래, 지하경제, 가사 등 수많은 경제활동을 무시한다. 또한 사회 비용, 환경비용 등의 활동도 포함하지 않는다.

● **GDP의 계산법** : 본문에서 소개한 GDP의 계산법은 사실 여러 계산법 가운데 보편적인 것이다. 그 외에 '지출접근'이라는 계산법도 있다. 즉 케인스의 GDP모델은 총산출=소비+투자+정부지출+(수출−수입)으로 계산한다. 다른 많은 계산법은 여기서는 언급하지 않겠다.

비록 GDP가 정확한 통계 데이터, 중복계산이 적다는 등의 장점이 있어 한 나라의 경제상황을 객관적으로 보여줄 수 있지만 각국의 통계능력과 방식이 달라 데이터에 영향을 끼치기도 한다. 중국 같은 경우 진실을 은닉한다는 지적을 자주 받는다. 앞서 말한 세 가지 특징을 고려하면 GDP는 단지 거래 활동의 속도, 구매력 강화 등을 보여줄 뿐 경제와 생활의 질이 좋다는 것을 의미하지는 않는다. 또한 정부가 GDP를 끌어 올리는 것은 사실 상당히 쉽다. 환율, 화폐정책 등에 손을 쓰면 어느 정도 효과가 있다. 때문에 일반인들은 GDP가 높으면 무조건 좋다고 여기지만 사실 GDP 성장이 높다고 꼭 좋기만 한 것은 아니다. 만약 해마다 GDP 성장률이 10%에 달하지만 폭력, 총기 사고가 만연하고 비위생적인 환경이라면 이런 사회는 분명 사람들을 공포에 떨게 만들 것이다.

실업이 없는 국가를 추구하는가?

일을 하는 목적은 임금을 받아 가족을 먹여 살리기 위해서다. 물론 우리가 생활하는 사회에서 존중받기 위해서기도 하다. 이런 문화적 분위기에서 실업률이라는 데이터는 모두들 낮을수록 좋다고 생각한다. 하지만 누구나 일하는 사회는 이상세계에만 존재한다.

나라마다 실업률 계산법은 약간의 차이가 있다. 한국을 예로 들면 통계청은 실업률을 광의와 협의 두 가지로 나눈다. 일반적으로 우리가 보는 데이터는 협의의 실업률이다. 계산법은 간단하다.

핵심 포인트

실업률 = 실업인구/노동력. 노동력은 15세 이상의 노동을 할 수 있는 인구를 가리키지만 취학 인구는 배제한다.

$$\text{실업률(\%)} = \frac{\text{실업자}}{\text{경제활동인구}_{\text{(노동 가능 인구 – 비경제활동인구)}}} \times 100$$

통계청의 정의에 따르면 '경제활동인구'란 취업자와 실업자를 포함한 15세 이상의 일을 할 수 있는 인구를 가리킨다. 육아·가사 등을 전담하는 가정주부, 학원 또는 학교 등의 기관에 통학하는 학생, 일을 할 수 없는 연로자 및 심신장애자, 자발적으로 자선사업이나 종교단체에서 활동하는 자, 그리고 기타 취업 및 진학 준비자, 군입대 대기자 등을 비경제활동인구로 분류한다.

모두가 알다시피 일반 회사에서 모든 사람이 평생 일할 수는 없다. 매일 일정 부분의 사람이 취업에서 취업 대기 상태가 되고 실업인구가 발생한다. 또 모든 회사가 경영을 잘하는 것이 아니기에 매일 많든 적든 회사 경영상의 문제 때문에 일자리를 잃어버리는 사람이 생긴다. 이에 더해 금융상품의 발달로 어떤 사람들은 출근할 필요 없이 재테크만으로도 괜찮은 수입이 있다. 이런 사람들도 실업 인구로 잡힌다. 그 밖에도 다양한 실업 상황이 통계기관에는 실업에 들어간다. 모든 사회에는 일정한 실업비율이 존재하며 이런 실업비율을 '자연실업률'이라고 한다. 어떤 정책에서 실업률 제로를 달성한다는 것은 거의 불가능하다.

이처럼 자연실업률이 존재하는데 실업률을 낮추는 것은 사실 자연실업률과 비슷하게 만드는 것을 의미하며 충분히 취업하는 사회라고 할 수 있다. 하지만 실업의 요소는 수없이

● **자연실업률** : 실업은 때로 개인적 요소(마찰성) 때문에 발생하고 때로는 회사의 구조조정 때문에(구조성) 발생한다. 이것은 모두 경기가 나빠서 유발된 것이 아니므로 '자연실업'이라고 부른다. 자연실업률 = 마찰성 실업률 + 구조성 실업률

한국 실업률 3%대는 완전 고용 수준?

그래프만 보면 한국의 실업률은 다른 선진국에 비해 비슷하거나 낮은 수준이다. 케인즈의 말에 따르면 실업률 3%는 완전 고용 수준이라 할 수 있다. 하지만 한국의 경우 취업준비자, 그냥 쉬는 사람 등 비경제활동인구의 비중이 상대적으로 높다는 점, 취업구조나 고용 관행이 다른 국가와 달라 실업률이 낮게 보이는 것이다.

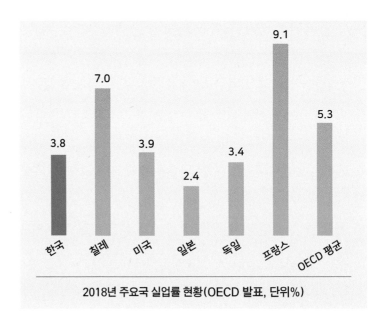

2018년 주요국 실업률 현황(OECD 발표, 단위%)

많아 만병통치약처럼 한 번에 모든 문제를 다 잡을 수는 없다. 환경이 좋든 나쁘든 정부는 각각의 실업 상황에 맞춰 직업훈련, 취업 소개, 법규개선, 대대적인 투자 등 다른 정책 협조를 계속해야 한다. 더 중요한 것은 산업 발전의 정확한 계획과 노동법규의 엄격한 집행이다. 일단 실업률이 빠르게 상승하면 정부는 거시경제의 부흥에 역량을 쏟아부어야 한다. 단기간 내에 실업률 숫자를 보기 좋게 하는 데만 신경 써 정책적으로 노동시장의 가격 균형에 개입하면 그 결과는 상상할 수 없게 된다.

최악의 통화팽창?

신문을 보다보면 이상한 현상을 발견할 수 있다. 통화팽창이 다가온다고 썼다가 며칠 뒤면 긴축통화를 걱정한다. 뒤를 이어 다시 강력하게 통화팽창을 저지해야 한다고 한다. 마치 '통화팽창'이 대마왕이라도 되는 것처럼 들리지만 때로는 없으면 안 될 것 같기도 하다. 잡다한 정보 속에 통화팽창에 대해 커다란 오해가 생긴다.

앞서 화폐경제학을 배울 때 물고기를 잡던 A와 장작을 팔던 B 사이의 통화팽창 이야기를 다시 보자. 이 이야기를 경제학의 표현으로 바꿔보면 통화팽창은 **물가가 어느 시간 내 지속적으로 상승하는 현상**이다. 도대체 어떤 원인이 물가를 상승시키는지, 이 현상은 계속될 것인지 생각해 보아야 한다.

물가 상승의 원인은 대체로 두 가지다. 첫째, 가장 직접적인

통화팽창(=인플레이션)
상품량에 비교하여 통화가 지나치게 많아져서 화폐가치가 떨어져 물가가 폭등하는 현상이다.

원인은 원재료, 임금, 세금, 설비 갱신 등 생산자의 비용 증가다. 하지만 비용이 증가한다고 물가가 반드시 따라 오르는 것은 아니다. 제품의 공급과 수요의 탄력성 혹은 브랜드 차별화 등 요소에 대해서도 생각해야 한다. 어느 시간 동안 비용 요소로 대다수의 제품의 물가가 지속적으로 오르게 된다면 이런 종류의 통화팽창을 비용 주도 통화팽창이라고 한다. 가장 흔하게 보이는 것은 기름과 전기가 함께 올라 유발한 물가상승이다. 두 번째는 **수요의 견인으로 인한 것이다.** 제품의 공급이 수요를 따라가지 못할 때 물가에서 반응이 나타나며 상승하게 된다. 이런 종류의 통화팽창을 수요견인 통화팽창이라고 한다. 한 나라의 국민소득인 GDP가 지속적으로 증가하면 수요의 상승을 가져오고 통화팽창이 발생한다. 2000년 이후의 중국이 좋은 예다.

화폐경제학파는 이 두 개의 통화팽창 요소의 배후에 공통된 현상이 있다고 여긴다. 모두 **화폐공급의 증가로 유발된 것이다.** 어부 A가 조개껍질을 한가득 주웠지만 원래 2개의 조개껍질로 장작 한 묶음을 교환하던 것이 후에 6개로 늘어난 것과 마찬가지다. 화폐공급이 많아지면 물가는 상대적으로 상승한다. 따라서 이 두 가지 요소 간에는 서로 순환 영향이 생기고 때로는 정확하게 주요인이 무엇인지 말하기 어렵다.

이 두 가지 원인으로 보면 통화팽창은 나쁜 일이 아니다. 예를 들어 수요견인 통화팽

언제 가격이 올랐지?

1,500원
원가 상승으로 인해
부득이하게
500원 인상됨을
알려드림!

창은 나라의 경제 성장이 빠르다는 것을 나타낸다. 너무 과열된 게 아닌지는 보통 소비자물가지수(Consumer Price Index)의 연 증가율로 적당한 통화팽창 비율을 따져본다. 연평균 2~3%는 안정권에 속한다. 예를 들어 2000년에 어떤 음료수 한 통이 대략 200원이었는데 현재는 적어도 300원이다. 만일 2000년에 한 달 월급으로 천 개의 음료수를 살 수 있었다면 현재의 월급으로는 겨우 900병을 살 수 있다. 이는 설사 급여가 수치상으로는 올랐어도 우리의 실질구매력은 오히려 떨어졌다는 뜻이다. 이것이 사람들이 가장 싫어하고 가장 곤란해 하는 스태그플레이션이다.

장기간으로 보면 물가는 반드시 상승하게 돼 있다. 이런 현상은 사실 간단하게 이해할 수 있다. 전체 금융 시장은 이자가 있다. 이자가 있으면 화폐 공급은 증가하고 물가는 상승한다. 단지 상승 속도의 문제만 있다. 음료수의 가격은 갈수록 오르기만하지 내려가지는 않는다. 중앙은행이 수시로 화폐정책을 이용하여 물가파동을 지키고 거시경제문제를 통제하는 이유다.

경제 정책에서 모든 정부는 완만한 통화팽창을 추구하고 스태그플레이션과 긴축통화(수요가 쇠퇴하여 CPI 연 신장률이 대폭으로 떨어지는 것)를 피하려 한다. 종합해보면 좋은 통화팽창은 우리를 천국으로 이끌고 나쁜 통화팽창은 우리를 셋방으로 이끌 뿐이다. 어쩌면 지옥으로 보낼 수도 있다. 2009년 아프리카의 짐바브웨이처럼 말이다. 당시 짐바브웨이 화폐 2조로 겨우 빵 하나와 교환할 수 있었다.

핵심 포인트

완만한 통화팽창이 경제에 가장 도움이 되는 좋은 통화팽창이며 장기간 스태그플레이션에 빠지면 국가의 혼란을 가져올 수 있다.

부동산 거품 위기는
어디에서부터 시작되는 것일까?

최근 한국의 가장 핫한 이슈는 바로 부동산이다. 땅값이 오르면 환호하는 집도 근심하는 집도 있다. 땅값은 한 번 오르면 잘 내려가지 않는다. 게다가 연이어 오른다. 건설업체도 수시로 각종 광고를 통해 투자수요를 확장하고 전체 부동산 시장을 뜨겁게 달군다. 물론 미래를 내다본 사람들이 투자자에게 거품을 조심하라고 호소하기도 한다. 하지만 우리는 물건을 매매할 때 절대로 닭갈비 가격이 거품이라는 말을 들어본 적이 없다. 또한 루이비통 가방의 가격이 거품이 될 거라는 말을 듣지 못했을 것이다. '거품'이라는 두 글자는 특정한 상품이나 거래에만 쓰이지 모든 상품을 아우르는 것이 아님을 알 수 있다.

거품이라는 단어는 글자 그대로 '사라진다'는 개념이다. 경제학에서 거품은 사실 회계의 계산 문제와 심리가치 문제다. 유명 브랜드의 한정판 운동화를 예로 들어보자. 이 운동화는 출시날 줄을 서야 겨우 살 수 있을 정도로 인기가 있다. N브랜드는 한 켤레에 10만 원인 한정판 운동화를 출시했다. 철수는 어렵게 이 운동화를 구매했는데 어떤 사람이 50만 원에 거래를 제안했다. 그 브랜드의 팬이었던 철수는 거래를 하지 않았다. 5년 뒤 우연히 인터넷 경매사이트에서 이 운동화를 팔려는 사람이 판매가로 5만 원을 적어놓은 것을 보았다. 철수는 하는 수 없이 지금까지 기념으로 운동화를 가지고 있다.

이 시간 동안 철수는 정말 45만 원을 손해 본 것
일까? 아니다! 그럼 누가 철수의 45만 원을 가
져간 것일까? 역시 아니다! 하지만 회계상
으로는 당시 철수의 운동화 값은 시세가 50
만 원이었는데 가격이 5만 원으로 확정된
후 운동화 값도 따라서 대폭으로 떨어진 것
이다. 마치 주식이 하락할 때 신문에서 모모
사장의 주머니에서 수십억이 증발했다고 쓰는 것
과 마찬가지다. 실제로는 어떤 손실도 없을 수 있다. 어
쨌든 가격이 대폭으로 떨어지면 종종 단기간에는 원래 수준
으로 회복하기 어렵다. 사람의 본성은 탐욕스러워서 마음속
으로 후회를 하게 되는데 이것이 바로 '거품'이다! 거품이 일
단 발생하면 분명히 누군가는 상처를 입는다. 당초 50만 원
에 운동화를 산 사람이 있다면 지금 굉장히 괴로울 것이다.

한정판 운동화 이야기를 통해 거품은 희소하고, 특수하며,
감가상각을 하기 어려운 자산에서 발생한다는 것을 이해할
수 있다. 예술품, 귀중한 장신구, 기념 카드 등 누군가 이 자산
을 팔아 돈을 만들고 싶지만 아무도 거래를 하고 싶지 않을 때 거품
화가 발생하는 것이다. 공급이 증가하여 가격이 하락하게 되면
거품이라고 말할 수 없고 인위적인 파괴라고 한다.

핵심 포인트
부동산 거품이란 부동산 가치
의 명목적 수치가 실질가치보
다 과도하게 평가되어 있는 상
태를 말한다.

부동산 거품으로 되돌아가 보면 우리는 두 가지 기본 문
제를 생각해봐야 한다. 이 부동산들은 왜 매매시장에 나왔을
까? 누군가는 급하게 현금이 필요하고 또 누군가는 집을 당
장 다른 곳으로 옮겨야 한다. 돈을 빌려 투기를 했는데 이자

에 발목을 잡혀 지금 팔지 않으면 안 되는 상황일 수도 있다. 다음으로 구매 기세가 위축되는 것은 왜일까? 경기가 나빠서, 집값이 너무 비싸서, 아니면 대출이자가 너무 높아서일 수도 있다. 이 두 가지 기본 문제가 반드시 동시에 일어나야 거품이 발생한다. 이 밖에 가격이 폭락하는 것은 거품이라고 말할 수 없다.

이런 여러 가지 원인 중 '대출이자'와 '정치적 요인'이야말로 유일한 양날의 칼이다. 투기 혹은 집을 짓는 것은 모두 이자의 견제를 받는다. 집주인이라도 대출이자를 업고 있으면 숨을 쉬기 어렵다. 때문에 이자가 너무 높으면 거품의 압력이 없다. 정치의 불안정도 거품 제조기다. 예를 들어 한국의 남북 관계가 악화되어 내일 당장 전쟁이 일어난다고 하면 많은 사람들이 부동산을 팔려고 해도 아무도 사지 않을 것이다.

중앙은행의 음모

핵심 포인트
중앙은행은 경제변화의 관건을 쥐고 중앙은행과 은행 간의 각종 금리를 조정한다.

가장 돈을 많이 버는 국영기업은 중앙은행이라는 우스갯소리를 하곤 한다. 외환을 많이 버는 것은 사실이다. 하지만 중앙은행은 국영기업이 아니다. 중앙은행의 경영 목표는 금융의 안정을 촉진하고 은행의 업무를 돕고, 대내 및 대외 화폐 가치의 안정을 보호하는 것이다. 중앙은행은 돈을 잘 벌지만 단지 전 세계 자산 배치로 인한 이자이지 정말 돈을 버는 것이 목표가 아니다. 화폐정책의 주관기관이기 때문에 반드시 화폐의 공급과 수요 상황을 장악해야 하며 적시에 국가 경제를 안정시켜야 한다.

경제는 화폐와 떼려야 뗄 수 없는 관계다. 따라서 화폐의 공급과 수요를 장악하는 것은 경제에 영향을 미치는 능력이며 그 영향력의 핵심은 바로 금리다. 중앙은행은 일련의 수단을 통해 금리를 올리고 내리는 것으로 목적을 달성한다. 하지만 여기서 말하는 금리는 은행에 넣어둔 정기 적금의 이자가 아니라 은행 간의 환산금리, 각 은행이 보유한 예금지급준비금, 중앙은행에 대한 은행의 어음 등 십여 가지 종류가 있다. 중앙은행의 모든 정책 결정은 이런 금리의 변동을 불러 온다. 화폐의 공급을 조절하는 정책 결정을 화폐정책이라고 통틀어 말한다.

중앙은행이 금리를 올리면 은행이 중앙은행에게 돈을 빌리는 비용도 올라간다. 이런 비용은 전가될 수 있어서 주택임대 대출 이율, 신용대출 이율, 감가상각 이율이 같이 상승돼 대출 소비의 감소를 가져오고 통화팽창의 압력도 감소한다. 반대의 경우도 마찬가지다. 하지만 이율의 상승, 하락의 효과가 순식간에 달성되는 것은 아니다. 매번 화폐정책에서 시간 지연의 문제가 관찰되며 때로는 예상에 못 미쳐 다시 이율이 오르내린다. 미국의 부시 정부 집정 기간에 연방준비제도 이사회 의장 그린스펀(Alan Greenspan)이 금리를 13차례나 내린 기록이 있다. 때문에 어떤 이는 그린스펀이 비록 대

전 세계적 영향을 끼치는 연방준비제도(약칭 연준)

연방준비제도는 미국의 중앙은행 제도이다. 연방준비제도 이사회에 의해 운영되며, 정부로부터는 철저한 독립성을 보장받고 있다. 가장 중요한 기능은 달러화의 발행이며, 그 외에 지급 준비율 변경, 주식 거래에 대한 신용 규제, 가맹 은행의 정기 예금 금리 규제, 연방 준비 은행의 재할인율을 결정한다. 달러화가 세계 기축통화로 쓰이는 만큼, 이러한 결정은 미국 및 세계 경제 전반에 영향을 미친다. 워싱턴 D.C.에 위치한 연방준비제도 본부.

출과 소비를 조장했지만 거품도 가져왔다고 비판했다. 중앙은행의 정책 결정이 얼마나 어려운지 알 수 있는 대목이다.

그 밖에 중앙은행에는 **예금준비율**이라는 비책도 있다. 예금준비율은 경제학에서 '중앙은행의 무기'라고 부른다. 예금준비율의 인상과 하락은 화폐 수요공급에 크게 영향을 미치기 때문에 신중하게 사용해야 한다.

비록 직접적으로 이율과 관련 있는 것은 아니지만 상당히 자주 보이는 '**공개시장조작**'이 있다. 이는 중앙은행이 정기적금 혹은 금융시장 거래표 채권과 관련 있는 방식으로 은행 체계의 준비금을 조절하는 것이다. 이 방법은 단기 효과가 좋고 기타 화폐정책보다 더 많은 융통성 있는 조정이 가능하다. 특히 환율의 부분에 있어서 그렇다.

● **양적완화정책** : 공개시장조작방식으로 일정 수량의 화폐를 직접 시장에 투입하는 것이다. 예를 들어 정부가 화폐 발행 후 직접 은행에 공채를 사들이면 은행은 자금을 획득할 수 있다. 때문에 QE정책이 지폐인쇄 정책이라고 비판하는 사람도 있다. 주로 이율이 너무 낮아 유동성 함정의 리스크가 전통 화폐정책의 실패를 유발하자 이런 방식으로 경기를 자극하게 된 것이다.

최근 인기 있는 **양적완화정책**(Quantitative easing, QE)은 새로운 화폐정책이다. QE는 특정한 이율에 주목하지 않고 공개시장조작의 방식으로 일정수량의 화폐를 직접 시장에 투입한다. 간단히 말해 간접적으로 수표를 인쇄하는 행위다. 주로 금리가 이미 너무 낮아 유동적인 함정의 리스크가 화폐정책의 실패를 유발하기 때문에 이런 방식으로 경기를 자극하는 것이다.

전 세계에서 영향력이 가장 큰 사람은 미국 대통령 외에 미국 연방준비제도 이사회 의장이라고 농담을 한다. 틀린 말이 아니다. 글로벌경제 시장에서 미국 경제가 재채기를 한 번 하면 전 세계가 감기에 걸린다. 때문에 각국의 중앙은행은 이런 화폐공급의 잔재주를 통제한다. 국내경제만을 봐서는 안 되

며 심지어 국가 안전 문제도 치밀하게 고려해야 한다. 따라서
중앙은행의 독립은 상당히 중요하다. 중앙은행의 정책 결정
을 법원에 넘겨 심리해야 한다면 중앙은행의 위원들이 배를
불리는 외에 전체 국가의 대란이 머지않아 실현될 것이 틀림
없다.

환율 정책은 어떻게 하는가?

중앙은행의 화폐정책은 국내 안정에 영향을 미치는 것 외
에도 대외의 환율문제와도 관련된다. 글로벌 무역환경에서
환율은 국가의 물가에 심각한 영향을 끼칠 뿐 아니라 **수출입
무역의 증감 때문에 간접적으로 국가의 GDP와 실업률에도 영향을**
준다. 이는 국가 안전 문제까지도 파급되므로 어떻게 화폐정
책을 장악해서 환율의 불균형을 피할지는 굉장히 중요한 문
제다.

환율은 국가 간의 화폐 교환에서 발생하며 각국의 화폐가
치에 따라 시장 매매로 결정한다. 앞서 언급한 아프리카 짐바
브웨이는 경제 생산력이 낮은 데다 장기간에 걸친 내전 때문
에 짐바브웨이 화폐는 시장에서 아무도 원하지 않게 됐다. 휴
지조각으로 변할지도 모르기 때문이다. 게다가 짐바브웨이
정부가 광적으로 지폐를 찍어내어 경제를 구하려 했기 때문
에 2009년에는 짐바브웨이 화폐 300조로 1달러를 교환하는
지경에 이르렀다. 한 나라의 환율에 영향을 끼치는 요소가 굉
장히 많음을 알 수 있다. 하지만 이 예에서도 알 수 있듯이 화

핵심 포인트
환율의 변화는 국내경제에 영
향을 미친다. 때문에 각국 중
앙은행은 투기적 조작을 방지
하려 손을 써 단기간 내 환율의
격렬한 변화를 피하려 한다.

폐 공급의 조절에 중앙은행의 일거수일투족이 중요한 지위를 차지하고 있음을 쉽게 알 수 있다.

일반적으로 말해 경제학은 환율정책을 크게 '고정 환율'과 '변동 환율' 두 가지로 나눈다. 전자는 중앙은행이 어느 나라의 환율에 고정하는 것으로 절대로 환율을 변동시키지 않는다. 후자는 완전히 시장에 따라 결정된다. 하지만 중앙은행이 환율에 간섭하지 않는 나라는 단 하나도 없다. 단지 정도의 경중이 다를 뿐이다. 미국은 환율이 거의 완전 변동에 가깝다. 경제력이 상당히 높은 일본조차도 2013년 신정부가 무제한 화폐 완화정책을 선언했고 계획적으로 엔화를 1 : 90(달러 대 엔화)으로 평가 절하시켰다. 각국 정부가 환율 간섭으로 들어섰음을 알 수 있다.

중앙은행은 보통 두 가지 방식으로 외환 시장을 간섭한다. 첫 번째는 우리에게 비교적 익숙한 방법으로 외환 시장에서 직접 거래하는 것이다. 단기적인 정책이지만 모든 중앙은행이 실행한다고 다 성공하는 것은 아니다. 예를 들어 1997년 아시아 금융위기가 있다. 당시 퀀텀펀드(Quantum Group of Funds)의 책임자였던 소로스(George Soros)가 시장에서 태국 돈을 대거 팔았다. 외환보유액이 부족한 태국 중앙은행이 기간 내에 자금을 지불하지 못하자 일주일도 안 돼서 태국화가 크게 평가 절하됐고 태국 경제는 순식간에 통화팽창에 빠지게 됐다. 얼마 뒤 한국도 같은 문제가 일어났다. 두 나라는 국제사회에 지원을 요청했고 한국은 심지어 수백억 달러를 빌

핵심 포인트

중앙은행은 단기로는 직접 시장 거래에 진입하는 방식으로, 장기로는 화폐정책을 이용하는 방법으로 외환을 간섭한다.

렸다. 그러나 전 국민이 대동단결하여 금을 수집해 정부의 부채상환을 도왔고 2000년 이후 다시 경제의 빛을 밝혔다.

두 번째 방식은 **화폐정책**이다. 화폐정책이 환율에 미치는 영향은 단기적 효과는 보기 어렵지만 장기적으로 작용한다. 이론적으로는 중앙은행의 기준금리가 오르면 이율이 비교적 낮은 외국의 돈이 비교적 높은 나라로 유입돼 화폐수요 증가를 조성하고 마지막에 환율상승을 촉발한다. 반대도 마찬가지다. 예를 들어 중국은 최근 몇 년간 빠르게 발전하여 국민들의 저축 비율이 대만보다 훨씬 높았다. 2013년 둘의 화폐 정산 메커니즘이 자리잡은 후 인민폐 정기 적금의 열풍이 한동안 대만 각 신문의 핫 이슈였다. 마찬가지로 최근 몇 년간 호주의 정기 적금 이율이 상당히 높아 핫머니가 많이 유입됐고 호주달러도 적지 않게 올랐다. 실제로 환율 상황은 장악하기가 너무 어렵다. 때문에 화폐정책은 종종 환율의 관찰 지표가 된다. 중앙은행의 간섭은 여전히 단기 위주다. 일본은 2000년 이후 이율이 이미 0에 근접했지만 엔화는 2012년까지 여전히 올라 새로운 완화 정책이 나오고서야 내려갔다.

환율은 주식처럼 예측하기 어렵다. 중앙은행의 태도를 관찰 지표로 삼을 수는 있어도 일반 사람이 외환선물을 거래할 때 위험은 여전히 크다. 대기업도 단기파동이 조성할 회사 경영수입 손실을 피하기 위해 외환 리스크 회피 부서를 설치하고 있다. 대처를 잘하면 때로는 회사에 의외의 부를 가져오기도 한다. 환율은 투기성이 충만하기 때문에 각국 중앙은행은 신중하게 대할 수밖에 없다.

대한민국의 IMF 구제금융 요청

1997년 국가부도 위기에 처한 대한민국이 IMF으로부터 자금을 지원받는 양해각서를 체결한 사건이다. 기업이 연쇄적으로 도산하면서 외환보유액이 급감했고 IMF에 20억 달러 긴급 융자를 요청하였다. 외환 위기 속에 대한민국은 외환보유액이 한때 39억 달러까지 급감했지만, IMF에서 195억 달러의 구제금융을 받아 간신히 국가부도 사태는 면했다. 많은 회사들의 부도 및 경영 위기가 나타났고, 이 과정에서 대량 해고와 경기 악화로 인해 대한민국의 온 국민이 큰 어려움을 겪었다.

외환보유액은
도대체 얼마나 있어야 될까?

앞에서 언급했듯이 국가별 무역수요에 따라 환율이 발생하게 됐지만 이런 외환거래의 돈은 각 은행에 완전히 분산해 넣을 수는 없다. 은행은 일단 외환을 받으면 대부분 중앙은행에 다시 팔아 자국의 돈으로 바꿔 놓는다. 이렇게 중앙은행에 파는 외국환이 외환 보유가 된다. 무릇 중앙은행이 보유한 외국 화폐(현금, 저축, 수표, 차용증, 환어음 등을 포함)와 화폐로 교환이 가능한 유가증권(공채, 국고 채권, 주식, 회사채 등 포함) 모두 외환 보유의 일종이다.

우리가 해외로 제품이나 서비스를 수출할 때 은행 또는 중앙은행이 해외 금융상품의 수익 등을 보유하고 외국인의 대부분은 달러로 지불한다. 이 돈은 우리가 벌어들인 외화라고 할 수 있다. 반대로 우리가 해외에서 제품이나 서비스를 수입하면 외화로 지불해야 한다. 이때 외화는 유실된다. 따라서 외화보유액이 증가하면 통상적으로 수출 생산액이 수입보다 크다는 것을 의미한다. 이는 중국이 대량의 외환을 보유할 수 있었던 주요 원인이다. 이 밖에 외환 보유의 증가와 보유량은 중앙은행 화폐정책 운용 공간의 지표로 볼 수 있다. 단기간 시장 환율 간섭을 포함하여 지폐인쇄 준비금(속칭 달러본위제)로 삼는 등이 이에 해당한다.

하지만 외환 보유의 많고 적음은 나라마다 다른 의미를 가지기 때문에 국력의 절대 지표가 될 수 없다. 도대체 얼마나

보유해야 좋은지는 일정한 기준이 없다. 너무 많은 외환 보유는 자본 유동을 점차 완화시키는 등의 문제가 있고 보유량이 너무 적으면 환율 리스크와 국채 지불 능력 등에 문제가 있다. 국민들은 보통 '외환보유가 많을수록 경제가 좋다'라고 여기지만 이는 고정관념일 뿐이다.

    그럼에도 대만에게 외환보유는 여전히 고려할 만한 재미있는 부분이다. 대만의 외환 보유량은 국가 안전 문제와 연관이 있다. 한 나라의 화폐 가치는 생산력과 신용에서 나온다. 대만은 무역과 제조업에서 확실히 강하지만 군사정치에서는 그렇지 못하다. 특히 대만은 세계은행의 회원도 아닌 데다 중국의 정치적 위협이 끊이지 않는다. 2000년 한국의 금융위기 같은 상황이 발생하면 대만은 전 세계에 돈을 빌려 해결하기 어렵다. 바꿔 말하면 지연(地緣)정치의 불안에다가 국제 정치 실력의 미약함으로 중국이 위협하는 흉내만 내도 충분히 영향을 받는다. 예를 들어 만일 중국이 대만 북부를 지나 태평양에 미사일 몇 발만 떨어뜨렸다고 하자. 그 시각 외환이 부

● 세계은행 :
세계은행은 국제부흥개발은행(International Bank for Reconstruction and Development, 약어 IBRD)의 속칭이다. 현재 UN 기구의 하나다. 회원국의 생산성 투자자금 지원, 금융개혁 계획 지도 및 자금 제공, 경제 환경이 쇠락한 회원국의 경제 성장 원조 등을 하고 있다.

족하면 국내 정치와 경제를 먼저 안정시키고 외부로 도움을 청할 방법이 없다. 대만 화폐는 순식간에 제2의 짐바브웨이 화폐가 될 것이며 싸우기도 전에 질 확률이 크게 늘어날 것이다. 때문에 대만으로서는 오직 외환 보유를 증가하는 것만이 경제를 안전하게 만드는 방법이다.

롤러코스터 같은 경기순환

경제는 분석할 수도, 바꿀 수도 있다. 하지만 어째서 경기순환은 막아내지 못하는가? 어느 나라든 경기가 심전도처럼 또는 롤러코스터의 궤도같이 오르락내리락 하는 것은 인류의 역사 이래 피할 수 없는 현상이다. 가장 오래된 경기순환은 기후와 관련이 있었다. 《사기 화식열전(史記 貨殖列傳)》에는 "육 년마다 풍년이 들고, 육 년마다 가뭄이 생기고, 십이 년마다 큰 기근이 일어난다."라고 언급돼 있다. 소위 천리의 순환은 사물의 발전이 극에 달하면 반드시 반전하는데 모두 일종의 경기순환 현상이다.

고전경제학 시기에 통계 데이터가 없었을 때는 경기순환에 대해 논했어도 대부분 경제성장의 탐구에 편향됐다. 먀살은 인구문제를 이용하여 경제성장을 논했고 노동생산력과 기술의 발전이 더 많은 생산을 이끌어 경제가 성장한다고 여겼다. 하지만 인구도 따라서 증가하여 결국에는 양식과 자원부족으로 경기가 쇠퇴하였다. 신고전경제학 시기에는 저축의 양과 노동력이 경제성장 및 쇠퇴와 밀접한 관계가 있다고 보았다.

케인스 이후에야 경기순환에 대한 탐구가 이루어졌다.

케인스학파는 경기순환과 소비부족이 큰 관계가 있다고 보았다. 새뮤엘슨은 이를 위해 가속도원리와 승수이론 (multiple-accelerator interaction)을 주장했다. 간단히 말해서 총수요의 확장 → 소득 증가 → 투자 증가 → 소득 증가 → 투자 재증가 → 소득 증가 및 속도 완화 → 투자 증가 및 속도 완화 → 소득 완화…… 결국 소득과 투자가 다시 안정 또는 원점으로 돌아가고 경기는 회생된다는 것이다.

케인스학파가 연구의 선봉에 서자 경기순환 관련 연구도 따라서 불붙었다. 가장 흔한 실질경기순환이론(the theory of real business cycles)은 경기파동을 불러 오는 근원이 실질 충격에서 온다고 여긴다. 예를 들어 석유위기, 전쟁, 파업 등은 수요면의 원인이 아니다. 화폐학파도 자신의 견해를 제시하며 화폐 공급 성장률이야말로 경기순환의 주원인이라고 주장했다. 화폐정책이 조성한 이율의 파동이 수요 감소로 인한 쇠퇴를 유발하기 때문이다. 이 밖에 건축업 경기가 만든 경기순환에 근거해 분석한 쿠즈네츠 파동(Kuznets cycles), 기업생산매출과 재고에 근거해 만든 키친 파동(Kitchin cycles), 선거 연도에 근거해 분석한 정치경제 순환이론도 있다.

● **가속도원리와 승수이론:** 새뮤엘슨이 주장한 이론으로 국민수입, 전국 투자와 소비 세 가지 문제를 공통으로 경기순환에 대입한 이론이다. 새뮤엘슨은 투자의 변동이 승수 및 가속으로 국민 수입의 변동과 소비에 영향을 미친 결과 경기순환이 생긴다는 것을 발견했다.

각 경제연구기구마다 경기에 대해 다른 견해를 가지고 있어 이런 정교한 경제 모델 간에 상호 비교대조가 생기자 단기의 경기는 확실히 예측하기가 어렵지 않다. 하지만 정부의 정책은 시간 낙차가 크게 존재하는 데다가 정부는 종종 시장경제를 망치는 원흉이 되기도 한다. 따라서 설사 경제학자들이 합리적으로 예측해도 순환의 추세를 막을 수는 없다. 영원히 경기가 확장되는 사회를 갖는 불가능하다. 때문에 사전에 경기순환을 대비해야 한다. 어떤 것이 우리가 원하는 '좋은 경제'인지 꼼꼼하게 사고해야만 경기순환에 따라 부화뇌동하지 않을 수 있다.

공포의 2007년 경제 위기

2007년 11월부터 꼬박 일 년 동안 전 세계 주식시장은 어마어마한 재난을 겪었다. 금융 쓰나미는 유럽 채무 위기에 영향을 미쳐 전 세계 경기가 여러 해 동안 침체됐다.

미국의 서브 프라임 모기지 사태에서 기인한 금융 쓰나미는 금융상품의 거품으로 간주할 수 있다. 2000년 이후 전 세계 경제 수요가 대폭으로 증가하여 브릭스(2000년대를 전후해 빠른 경제성장을 거듭하고 있는 브라질·러시아·인도·중국·남아프리카공화국의 신흥경제 5국을 일컫는 경제용어)를 포함하여 동유럽과 동남아 신흥시장까지 원재료, 양식 등의 가격이 역사상 가장 높게 올랐다. 구미(歐美) 강대국의 금리가 인하되자 시장 자금이 쏟아져 나왔고, 미국의 많은 소형 은행은 경기 열풍에 따라 주

핵심 포인트
CDO와 CDS 이 두 신거래 제도는 금융신용을 과도하게 확장하여 자산 거품의 기폭제가 됐다.

택 대출 자격 제한을 대폭 수정하였다. 이렇게 조건이 비교적 부족한 사람들에게 빌려준 대출이 속칭 '서브 프라임 모기지 론'이다.

서브 프라임 모기지론은 자금 회수가 어려운 고위험을 가지고 있었지만 똑똑한 미국 금융업계는 위험을 분산할 방법을 생각해냈다. 바로 이런 채권을 모아서 채권을 담보로 채권을 발행하는 것이다. 이것이 바로 소위 '부채담보부 증권 (Collateralized Debt Obligation, CDO)'이다. 은행은 채권을 투자회사에 팔고, 다시 말해 은행은 채권으로 우선 투자회사에 돈을 빌리고 만일 이자를 갚지 못하면 이들 담보품의 금액은 전부 투자회사에 속하는 것이다. 물론 은행은 기타 채무, 회사대출, 자동차 대출 등을 하나의 채권으로 함께 묶어 위험을 낮췄다. 하지만 투자회사도 바보가 아니다. CDO를 일반 투자자에게 팔았다. 즉 투자자를 이용해 함께 자금을 모아 구매한 것이다. 한편으로는 위험을 분담하고 다른 한편으로는 충분한 자금을 모은 것으로 이것이 바로 '연동채권펀드'다.

이 밖에도 투자은행이 고위험 채권을 구입할 수 있었던 공은 리스크 전이 제도인 '신용부도 스와프(Credit Default Swap, CDS)' 탓이다. 간단히 말해 A 투자회사가 채권을 산 후 다른 투자회사 B에게 CDS 조약을 체결한다. A는 우선 일정한 고정된 비용 또는 이자를 B에게 지불한다. 하지만 채권에 계약 위반이 발생해 돈을 회수하지 못할 때 B는 모든 손해의 부채를 메워야 한다. 이는 일종의 보험 개념으로 A가 B에게 보증인이 돼달라는 의미다. 그 밖에 B는 반드시 동시에 수많은

서브 프라임 모기지 사태

2007년 미국의 초대형 모기지론(주택담보대출) 대부업체들이 파산하면서 시작된, 미국만이 아닌 국제금융시장에 신용경색을 불러온 연쇄적인 경제위기를 말한다. 미국은 2000년대 초반 IT버블 붕괴, 911테러, 아프간·이라크 전쟁 등으로, 경기가 악화되자 경기부양책으로 초 저금리 정책을 펼쳤다. 주택융자 금리는 인하되고 부동산가격이 급등하기 시작했다. 서브 프라임 모기지의 대출금리보다 집값 상승률이 높아서 파산하더라도 집값으로 보전되어 금융회사가 손해를 보지 않는 구조가 되었다. 하지만 2004년 미국이 저금리 정책을 종료하면서 부동산 버블이 꺼지기 시작했으며, 서브 프라임 모기지론 금리가 올라가 저소득층 대출자들은 원리금을 제대로 갚지 못하게 된다. 대출금 회수불능사태에 빠진 금융기관들은 큰 손실이 발생했고, 대형 금융사, 증권회사의 파산으로 이어졌다. 이 사태는 세계적인 신용경색을 가져와 실물경제에 악영향을 주었고, 2008년 이후에 세계금융위기까지 이어졌다.

CDS를 체결해야만 위험을 분산할 수 있다. 일반 보험회사의 행위와 같다. XYZ 삼종 채권이 있는데 X가 만일 계약불이행이 되면 B는 YZ로 번 보험료로 X를 보충하는 것이다. 이는 합리적으로 보이지만 만일 XYZ가 다 문제가 생긴다면 어떻게 해야 할까? 때문에 CDS는 일종의 금융 역량이 상당히 중요한 투자다. 고보수 고위험인 것이다. 사람의 욕심은 본성인지라 당시 너 나 할 것 없이 달려들었다.

2007년의 금융 위기는 리먼브라더스가 투자한 서브 프라임 모기지론 채권의 파산으로 시작됐다. 2006년부터 미국 부동산 가격이 쇠퇴하기 시작한 데다 대량의 부동산 법원 경매가 야기됐다. 과거 저금리가 가져온 투기 열풍이 긴장되기 시작돼 구매하려는 마음이 대폭으로 줄었다. CDS 위약은 2007년 이후 순식간에 폭발하여 수중에 가지고 있던 채권의 각국 투자 은행도 CDO 주머니 속의 채무가 지뢰인지 아닌지 알 수가 없었다. 리먼브라더스는 바로 이런 분위기에서 그 아래의 모든 금융상품이 순식간에 전 세계 투자자의 버림을 받았다. 미국의 당시 최대의 보험 회사인 ING(Internationale Nederlanden Groep)마저도 연루됐다. 결국 2008년 리먼브라더스는 파산을 선포하고 ING는 미국 재정부의 협조 하에 운 좋게 살아남았다. 뜻밖에도 불길은 유럽까지 옮겨 붙어 지금까지도 꺼지지 않고 있다. 전체 과정은 후에 영화 〈투 빅 투 페일(Too Big To Fail)〉로 만들어졌다. 이 영화가 미래의 경제학자들이 공부할 생생한 교재가 될 것임을 믿어 의심치 않는다.

유럽 부채국가에
무슨 일이 생긴 것일까?

미국이 리먼브라더스로 골치를 썩고 있을 때 유럽 각국은 금융의 불길을 바라보면서 탄식할 수밖에 없었다. 2007년의 금융위기는 직접적이고 빠르게 전 세계 투자와 수요의 위축을 가져왔고 특히 수출에 상당부분 의존하는 나라들은 GDP 가 보기 드문 마이너스 성장을 하기도 했다. 금융위기의 강한 위력을 알 수 있다. 전 세계 경제는 자신감이 무너졌다.

이런 심각한 배경 하에 2009년 말, 전 세계에서 채권에 대한 평가에 가장 공신력 있는 스탠다드 앤 푸어(Standard & Poor)가 솔선해서 그리스의 국가 채권 등급을 좌천시켰다. 후에 기타 두 개의 채권 평가 회사도 뒤를 따랐다. 며칠 뒤 그리스의 국가 채권은 시장에서 거의 쓰레기 채권이 돼버렸다. 그리스처럼 너무 비싸게 돈을 빌린 몇몇 유럽 국가 즉 아일랜드, 스페인, 포르투갈의 신뢰가 무너지고 국가 채권도 타격을 입었다. 공업대국 이탈리아조차 2011년 국가채권에 붉은 등이 켜졌다. 전체 유럽 연합의 와해가 일촉즉발의 위기에 처해 글로벌경제의 회생이 희망을 찾기 어려웠다. 유럽 5개국(PIIGS, 포르투갈, 아일랜

드, 이탈리아, 그리스, 스페인)의 재정난은 **빠르게** 퍼져 나갔다.

사실 대다수의 국가가 돈을 빌리고 국가의 재정은 주로 세수에서 나온다. 세수의 금액이 크다 해도 종종 정치 수표, 대형 건설과 국가 재정에 대한 국민의 환상 때문에 모든 나라에서 수지가 맞지 않는 상황이 늘 발생한다. 만일 직접 지폐를 찍어낸다면 어부 A가 필사적으로 조개껍질을 주운 것처럼 결국에는 화폐가 가치를 잃어버릴 것이다. 때문에 정부는 자금을 모아 공채를 발행한다. 채권을 발행하는 주원인은 화폐 회수를 이용하는 방식으로 정부 재고를 충족시키기 위해서다. 때로는 정부가 채권 발행의 비용을 평가하고 공채를 해외 투자자에게 지정해서 팔아 외환을 이용하여 화폐를 구매하거나 지폐를 찍는 기초로 삼아 자금을 모금한다. 정부가 빚을 지는 채권대상이 국내은행이라면 처리하기 쉽지만 빚을 진 대상이 외국 투자자라면 정치, 경제의 상해 위험은 상대적으로 더 크다. 유럽 5개국(PIIGS)은 너무 많은 빚을 져서 재정난이 발생한 것이다.

이런 위기는 하루 이틀 사이에 이뤄진 것이 아니다. 그리스를 예로 들면 국가 시스템의 문제, 사회 복지 항목의 과다 지출, 통화팽창 모두 그리스 정부가 20여 년간 앓아 온 지병이었다. 비록 그리스가 1990년대에 괜찮은 성장의 최고봉을 겪었어도 유로존 구역에 들어온 후 유럽중앙은행의 화폐정책 통제를 받자 그리스 자체는 유럽연맹의 경제개혁 요구에 부합할 수 없었다. 그리스 정부는 카드빚에 찌들어 사는 사람처럼 외부로 도움을 청하기 시작했고 2000년부터 2010년까

핵심 포인트

정부의 기채가 경제성장을 촉진하지 못한다면 기채는 무한 순환에 빠져 스태그플레이션을 유발한다.

지 빚으로 빚을 갚는 눈덩이를 굴렸다. 그리스는 관광수입이 GDP의 50%이상을 차지하는 나라였다. 리먼브라더스의 폭풍이 발생한 후 글로벌경제의 신뢰가 무너지자 그리스가 유일하게 믿던 관광업마저 연대적으로 심각한 타격을 입었다. 2009년 그리스의 전체 외채는 GDP 비율의 77%에 달했고 끝내 다음해 2월에 파산을 선언했다. 유럽국가 채권에 대한 투자자의 신뢰는 크게 흔들렸고 채권 폭탄이 터지자 글로벌경제는 더욱 곤궁에 빠졌다.

2007년의 금융위기든 2009년의 유럽채권 위기든 전 세계에서 대가를 치르지 않은 나라는 없었다.

자유방임 만만세?

애덤 스미스 이후 대다수의 경제학자들은 자유방임 경제 시장의 '보이지 않는 손'이 시장을 효율적으로 만들 것이라고 주장했다. 하지만 200여 년간 거의 모든 나라가 경제활동을 완전히 방임하지는 못했다. 자유시장을 표방한 미국조차도 무역 역차가 큰 나라에 대해 무역보복 조항을 적용한다. 학자들이 말하는 대로 자유방임이 경제시장을 가장 효율적으로 만들 수 있는가? 어떤 요소가 정부로 하여금 자유방임의 경제 시장을 믿지 못하게 만드는 것인가?

유럽 계몽시대 이후 민주사회에 공평과 정의라는 기본 가

핵심 포인트
자유방임 하에 어떤 자원의 자연분배는 사회의 최대복지를 달성할 수 없다. 때문에 정부의 간섭이 필요하다.

치관이 점차 자리 잡을 때 이는 한 나라를 안정적으로 발전하게 하는 핵심이자 인간의 존엄성에 대한 보장이었다. 자유방임은 비록 효율을 가져왔지만 효율은 공평과 정의를 가져오지는 못했다. 혹은 사회 총 효익의 최대화를 가져오지 못했다고 할 수 있다.

예를 들어 보자.

A의 소유 : 바나나 3개(X), 사과 5개(Y)   U=Utility 효용

효용함수 : U(A) = 2 Y

B의 소유 : 배 6개 (Z)

효용함수 : U(B) = 5 X

효용함수(개인의 만족도)

재화 및 용역의 양과 그 효용과의 대응 관계를 효용함수라 한다. 일정한 종류의 재화나 용역 또는 수종의 재화나 용역의 결합체는 각 개인에 대해서 일정한 크기의 만족 정도, 즉 효용을 부여한다. 그러므로 심리적인 만족의 정도를 적당한 척도로 측정하여 이를 U로 하고 X1재, X2재, …, Xn재의 소비량을 x1, x2, …, xn이라고 하면, 효용함수는 U=U(x1, x2, …, xn)라고 쓸 수 있다.

파레토의 이론에 따르면 자유방임의 교역 행위는 자원배치에서 파레토 최적상태를 만든다. 하지만 배는 A의 효용에 아무 도움이 되지 못함을 발견할 수 있다. 따라서 A는 교역의 수요가 없다. 다시 말해 파레토 최적의 결과는 아마도 쌍방이 교역이 없을 때이며 이때 쌍방의 효용은 다음과 같다.

U(A) = 2 × 5 = 10   사회 총 효용 = 10 + 0 = 10

U(B) = 5 × 0 = 0

하지만 쌍방이 교역이 없는 것은 좋은 일인가? B는 바나나를 좋아한다. 심지어 모든 배를 주고 바나나와 바꿔 효용을 최대화하고 싶다. 게다가 증거가 보여주듯 A는 거래에 응해

도 자신의 효용이 줄지 않을 것이다. 따라서 정부의 입장에서
판단해 볼 때 거래에 개입을 하여 A로 하여금 B와 거래하게
해야 한다. 정부가 개입한 후 B는 6개의 배와 3개의 바나나를
교환하고 이 때 쌍방의 효용은 다음과 같다.

$$U(A) = 2 \times 5 = 10$$

사회 총 효용 = 10 + 15 = 25

$$U(B) = 5 \times 3 = 15$$

이 결과 전체의 생활 복지를 높일 수 있지만 이는 자유방임
에서 이룬 것은 아니다. 사회에는 이 같은 현상이 너무 많다.
예를 들어 독점 사업, 교육사업, 정보의 비대칭시장 등이 그
렇다. 대만의 소비자협회, 소비자보호원 등은 바로 이런 문제
에서 보호자 역할을 한다.

물론 정부의 간섭으로 사회 전체의 효용이 감소하는 예도
있다. 2008년 금융위기 때 대만정부는 국내 유가에 대해 '동
결' 정책을 선포하였다. 중동의 원유회사가 일정 부분 손실
을 흡수하고 소비자 잉여는 증가하지 않았지만 생산자 잉여
는 많이 감소하여 사회 총 효용은 적지 않은 손실을 보았다.
2012년에는 동결의 압력을 견디지 못해 기름과 전기가 함께
올라 단기간 내 기업 생산과 민간 소비가 처참한 손해를 입었
다. 단기간의 동결이 당시에는 확실히 물가 안정 작용을 했지
만 결과로 보면 언젠가는 갚아야 한다. 정부 간섭은 분명 득
과 실이 있고 득실은 시간의 낙차가 존재하며 외부적인 영향
이 있다.

● **정책 보조금(policy of fiscal subsidies)** : 정부의 목표는 종류가 많다. 정책은 돈을 벌어 이득을 취하는 것만 있는 것은 아니다. 때문에 일부 경제정책은 초기에 아무 이익을 얻지 못한다. 일반 기업이 투자를 원하지 않는 일은 정부가 보조금을 주는 방식으로 기업의 투자를 유도한다. 예를 들어 환경보호 설비의 교체 등이 있다. 물론 보조금은 때때로 산업을 보호하기 위해서 지급하기도 하는데 이는 다른 종류의 목적이다.

모든 사람과 모든 생산자가 이익의 최대화를 추구하지만 정부도 자신의 이익 계산이 있다. 예를 들어 환경의 지속적인 발전을 촉진하기 위해 정부는 전기자동차의 생산과 구매에 모두 보조 정책을 실시하였다. 만일 전기자동차에 자유방임 경제를 적용한다면 10년 뒤에는 전기자동차의 생산자를 찾기 어려울 것이고 환경 보호 목표는 한 걸음 더 멀어질 것이다.

자유방임의 시장은 분명 효율이 있다. 하지만 전체의 효용으로 보면 최선은 아니다. 정부도 자신의 효용을 놓고 고려해야 한다. 정부 간섭은 지금까지 오랜 시간 이어져 왔고 이후에도 사라지는 것은 불가능하다. 이런 시장 간섭 정책의 이면에는 도처에서 자신의 주머니를 채우거나 정치 선거를 위해 함부로 예산을 짜는 정치인의 모습을 볼 수 있다. 이야말로 국가 경제에 입히는 최대의 해악이다.

세상에 공짜 점심은 없다

화폐학파의 창시자 프리드먼이 출간한《세상에 공짜 점심은 없다(There's No Such Thing as a Free Lunch)》의 제목은 명언이 됐다. 사실 이 말은 선량한 마음을 가지고 한 행동이나 길에서 돈을 줍는 행운을 부정하는 것이 아니라 경제행위에는 반드시 **기회비용, 매몰비용(sunk costs) 구두창비용(shoe leather costs)** 등의 여러 비용이 은연중 내포되었음을 형용한 것이다. 우리는 때로 이런 비용을 소홀히 여기지만 그렇다고 실제로 그 비용이 없는 것은 아니다.

회사를 운영하려면 반드시 고정비용과 변동비용이 든다. 고정비용은 물, 전기, 가스, 설비 등 매달 고정적으로 나가는 비용이고 변동비용은 통상적으로 투입한 생산 요소 즉 노동력, 재료 등을 가리킨다. 이러한 비용 외에 회사는 **기회비용** 또한 고려해야 한다. 예를 들면 똑같은 밀가루와 노동력 그리고 기타 재료를 가지고서 과자와 빵 중 어느 것을 만들어 팔아야 더 이익을 남길 수 있는지 고민한다. 회사는 이익을 얻으려면 반드시 이런 비용을 지불해야 하며 꼭 제조 작업이 아니더라도 비슷한 운영상의 판단을 매번 해야 한다.

사실 개인의 경제 행위와 회사의 운영 개념은 다를 바가 없다. '열매를 거두려면 먼저 씨를 뿌려야 한다.'는 건 절대 원칙이다. 개인의 결정 역시 여러 가지 비용 문제가 발생한다. 기회비용과 자주 함께 언급되는 **매몰비용**이란 것이 있다. 매몰비용은 묻혀버린 비용으로 어떻게 해도 회수할 수 없으므로 현재 및 미래의 경제적 가치는 0이다. 이것은 인력으로 통제 불가능한 영역이다. 예를 들어 여자친구와 이별을 고민 중인 남자가 있다면 그동안 쓴 데이트 비용들이 떠오른다. 밥값, 선물값 등등. 과거에 쓴 돈은 이미 끝난 이야기로 얼마나 많이 지출했는지와 미래의 행복은 별개이다. 그러므로 과거에 쓴 돈이 아까워서 헤어지지 않겠다는 생각은 논리적으로 앞뒤가 맞지 않다. 대부분 그 당시에는 매몰비용에 대해 시시콜콜 따지지 않다가 마음에 들지 않을 때가 오면 유난히 억울하게 느껴지는 것이 매몰비용의 최대 특징이다.

매몰비용과 비슷한 **구두창비용**이라는 개념도 있다. 구두창 비용은 인플레이션 상황에서 화폐를 덜 보유하기 위해 드는 비용이다. 물가가 상승하면 화폐가치가 떨어지기 때문에 사람들은 화폐가 아닌 땅이나 건물, 상품으로 자산을 보유하려고 한다. 이러한 자산을 알아보기 위해서는 여기저기 발로 뛰어 다녀야 한다. 그러면 구두창이 많이 닳아서 '구두창이 닳아서 교체해야 하는 비용'이 부수적으로 들게 된다. 또 이런 거래로 인해 각종 수수료가 들게 되는데(돈을 찾으러 은행이나 ATM기에 가는 횟수와 시간 증가, 투자 시장을 오가면서 드는 비용 발생 등) 이 비용 또한 구두창비용이라고 한다. 즉 인플레이션으로 인해 드는 추가적 비용은 모두 구두창비용이라고 할 수 있다.

이런 다양한 비용은 경제 행위에서 매우 중요하다. 늘 불로소득만 바라는 이들에게 '공짜가 제일 비싼 것!'이라는 말을 경고로 들려주고 싶다. 어떠한 경제 행위에는 반드시 대가가 뒤따른다. 지금 당장은 발생하지 않았어도 이후에 몇 배가 들 것이다. 속담에 "행운은 준비된 사람에게만 온다."는 말이 있다. 준비는 바로 비용이다. 세상에 정말로 공짜 점심은 없다.

최저임금이 높을수록 노동자는 보장을 많이 받을까?

유럽의 재정 위기 폭풍 이후 노동자들의 임금도 역행하였다. 역행은 두 가지로 나눌 수 있다. 첫 임금의 역행과 물가상승이 야기한 구매력의 역행이 있다. 이 두 가지 요소의 변화가 연대적으로 최저임금에 영향을 끼쳤다.

최저임금은 정부가 법으로 노사 시장의 보장 정책에 개입하는 것이다. 노동자의 최저임금을 규정하여 노동자의 최소 생존 금액을 보장하는 것이 목적이다. 최저임금의 제정은 여러 가지를 고려해야 한다. 예를 들어 기초식량 물가, 교통 운수 소비, 주거 수요 등이 있다. 일단 물가가 해마다 상승하면 최저임금도 조정이 필요하다. 안 그러면 노동자는 살기 어려울 것이다. 자유경쟁의 노동시장에서 기초 임금 수준이 이런 기본 지출을 대처하기에 충분하다면 정부는 개입할 필요가 없다. 바꿔 말해서 정부가 정한 최저임금은 정부 간섭을 완전히 받지 않을 때의 평균 임금보다 높아야 한다. 이는 일종의 '관세'의 보호와 비슷하다고 할 수 있다. 이런 보호의 문턱을 높거나 낮게 조절하는 것은 항상 논쟁을 피하기 어렵다.

일반 대중의 심리로 보면 최저임금은 당연히 높을수록 좋지만 최저임금이 '보호'의 특성을 가지고 있기 때문에 평균 임금보다 높으면 자본가로서는 인력을 감축할 수밖에 없다. 이론상 이는 초과 공급 현상을 조성한다. 다시 말해 원래 최저임금이 8,000원이라면 기업은 노동자 100명을 쓸 수 있지만 9,000원으로 오르면 95명만 쓸 수 있게 된다. 다른 한편으로는 최저임금이 오른 후 고용자가 제시하는 가격 이상의 높은 기술과 지식을 가진 노동자는 도리어 채용이 안 돼 더 많은 실업을 유발할 수 있다.

하지만 실제로는 그렇지 않다. 최저임금이 올라도 최저임금에 해당하지 않는 노동자는 급여가 단기간 내에 오르지 않

핵심 포인트

최저임금의 목적은 노동자의 최저 급여를 규정하여 노동자들이 생존을 위한 충분한 금액을 보장받게 하는 것이다.

는다. 대다수 직원에게 모두 최저임금을 주지 않는 한 단기에 회사가 받는 영향은 크지 않다. 하지만 장기간으로 보면 어떨까? 1990년대 많은 미국 경제학자들이 각 주의 최저임금 상승 현상을 조사했고 그 결과 최저임금이 오른 후 소비자 구매력이 뒤따라 상승한 것을 발견했다. 장기적으로 실업률이 상승하지도 않았다. 다만 상대적으로 경쟁력이 뒤처지는 노동자들의 실업은 유발됐다. 이후 600여 명의 경제학자들이 한목소리로 '기본임금 상승'을 지지했다. 임금 상승이 사회 복지와 안정에 긍정적인 효과를 가져 온다고 여겼기 때문이다.

핵심 포인트
완전경쟁 시장에서 제품의 진입 문턱이 낮고 호환성이 높고 이윤이 있다면 여러 생산자들이 경쟁에 참여한다.

　전체적으로 보면 최저임금의 상승이 더 유리한 것 같지만 사실 꼭 그렇지도 않다. 문제는 최저임금의 판단 조건에 있다. 한국을 예로 들면 자원이 과도하게 서울에 집중되어 있다. 정부가 전국의 물가, 집세 등 평균가격을 참고했을 때 지방은 최저임금이 비교적 높게 책정됐다고 느낄 수밖에 없다. 똑같은 최저임금이라도 서울보다 지방의 소규모 회사들이 임금 상승의 압박을 더 크게 느낀다. 따라서 최저임금이 높을수록 좋을지는 더욱 정확한 데이터 분석이 필요하며 그래야만 정확한 정책을 제시할 수 있다. 지역, 연령에 따라 차등적 최저임금 정책은 유럽과 미국에서 이미 실행되고 있으나 한국은 아직 이런 정책 개념이 없다.

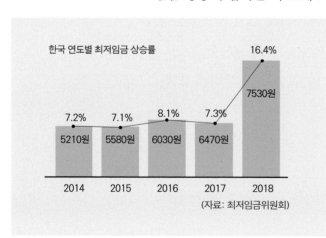

한국 연도별 최저임금 상승률

	2014	2015	2016	2017	2018
상승률	7.2%	7.1%	8.1%	7.3%	16.4%
금액	5210원	5580원	6030원	6470원	7530원

(자료: 최저임금위원회)

최저임금 정책은 확실히 이익이 많은 제도이다. 노동자 임금을 완전히 '자유방임'의 시장에 넘겨준다면 아마도 실업률은 상상할 수 없을 정도로 상승할 것이고 역 선택의 위험이 발생할 것이다.

코카콜라와 펩시콜라는 다르다

경제학 교재를 보면 '완전경쟁 시장'에 대한 소개가 빠지지 않는다. 어떤 제품은 진입 문턱이 낮거나 대체성이 높아 이윤만 있다면 생산자들이 벌떼처럼 몰려들어 제작한다. 이후 생산자의 도산이나 증가에 따라 가격과 생산량이 끊임없이 균형점 부근을 오르내린다. 하지만 현실 소비시장에서 이런 상황은 보기 드물다. 특히 선진국에서는 더욱 그렇다. 이는 생산자가 스스로 억제해서가 아니라 브랜드 상품의 판매에서 기인한다.

코카콜라와 펩시콜라는 모두에게 친숙한 음료이다. 어떤 때는 맛으로 둘을 구별하기 어렵기도 하다. 이처럼 높은 대체성이 있어도 둘의 가격대는 여전히 차이가 있다. 게다가 편의점의 냉장고 앞에서 많은 사람들이 습관적으로 붉은색의 비교적 비싼 코카콜라를 꺼내 들고는 한다. 소비자의 이 같은 경제 행위는 붉은 색이 파란색보다 더 효용이 있거나 붉은색이 파란색보다 더 건강 가치가 있어서가 아니다. 일종의 상업적 인상이 무의식적으로 이 상품을 받아들이게 하는 것이다.

코카콜라의 밝은 분위기와 즐기는 느낌, 그리고 수많은 운동 경기의 스폰서 활동이 판매를 촉진한다. 북극곰과 산타클로스의 선명한 홍백의 조화는 많은 사람들이 특별한 날 모일 때 자신도 모르게 코카콜라를 떠올리게 만든다. 펩시콜라는 젊은이들을 타깃으로 삼아 현지의 스타들과 함께 현지 문화와의 결합을 강조한다. 게다가 코카콜라보다 싸다는 가격 경쟁성을 주장하며 공략한다. 바꿔 말하면 광고의 포장 때문에 비슷한 두 제품에 차이가 생겼고 내용물은 별 차이가 없어도 소비자에게 다른 인상을 준다. 이런 광고비용은 제품의 가격에 포함돼 가격의 차이를 만든다.

핵심 포인트
브랜드 이미지를 만드는 것은 독점적 경쟁을 하기 위해서이다.

사실 이 외에도 많은 예를 들 수 있다. 애플의 아이폰은 다른 스마트폰과 비교해서 비록 시스템의 차이는 있지만 기능은 거의 비슷하다. 애플은 유행에 앞서가는 고급 이미지에 주력하며 전자제품계의 루이비통으로 비유되곤 한다. 재미있는 현상은 많은 사람들이 애플의 노트북을 사지만 윈도우 시스템을 함께 설치한다는 것이다. 제품 이미지와 구매 욕망의 사이에 확실히 큰 관련이 있음을 알 수 있다. 경제학에서 우리는 이런 광고로 제품을 판매하는 현상을 '독점적 경쟁 시장(monopolistic competition market)'이라고 부른다. 간단히 말해 두 제품이 일부분만 다를 뿐 대체성이 높지만 소비자 구매의 주관적 느낌은 크게 다른 것이다.

노트북, 의류, 카페, 편의점 등 많은 상품이 완전경쟁 유형에 접근했지만 브랜드 때문에 제품 가격의 차이가 나며 그 차이는 쉽게 변하지도 않는다.

코카콜라가 워렌 버핏의 총애를 받을 수 있었던 것은 그만한 이유가 있다.

프로축구의 모순

한국에 프로축구가 생긴 지 어느덧 40여 년이 다 되어 가고 있다. 최근에 프로축구의 인기가 상승하고 있다고는 하지만 프로야구에 비하면 그 인기는 아직 밀리는 수준이다. 그동안의 각종 승부조작 사건, 심판 매수 사건, 외국인 선수 비리계약 사건 등도 팬들을 축구장에서 멀어지게 했다. 어떤 사람들은 한국 프로축구는 재미가 없고 발전도 없다고 비웃는다. 프로축구 불황에 대해 어떤 구단주는 긴축재정 방식을 채택할 수도 있고 어떤 구단주는 반대로 광고와 투자를 확대할 수 있다. 사실 누가 맞고 틀리는 것은 없다. 하지만 우리는 프로축구의 발전에서 경제학의 경쟁 관계를 탐구할 수 있다.

비용을 줄이는 데는 두 가지 방식이 있다. 첫 번째는 소위 말하는 허리띠를 졸라 매는 것이다. 고정 비용은 단기간에 바꾸기 어렵다. 때문에 **변동비용을 줄이는 것이 전략의 주요 목적**이다. 인력지출, 재료비 등을 줄이는 것이다. 변동비용의 감소로 이득의 증가를 달성하는 것은 기업의 단기 이득 성취의 가장 효과적인 방식이다. 따라서 완전경쟁 시장에서 제품의 동질성이 높고 대체성도 높으면 생산자는 빠르게 시장에 진입해 주문을 받고, 경쟁자를 방지하기 위해 종종 변동비용을 줄이는 방식을 이용한다. 더 나아가 주문 가격을 낮춰 다른

핵심 포인트

비용을 낮추는 것은 공급자가 조절하는 것이지만 사업을 확장하려면 제품의 수요를 확대해야 한다.

생산자와 경쟁한다. 시장의 수많은 불량품들은 이런 경쟁이 가져온 후유증이다. 비록 다수의 생산자가 여전히 품질을 매우 중시하지만 모든 소비자가 품질의 좋고 나쁨을 구별해 낼 수 있는 게 아니다보니 소수의 상인이 비집고 들어갈 틈을 찾아낸다. 중국에서 발생했던 멜라민 독 분유 사건이 바로 살아 있는 예다. 생산자가 진입할 문턱이 낮아지면 설사 경기가 좋을 때라도 경쟁자는 상대적으로 증가한다. 일단 이런 경쟁이 자리를 잡으면 운명의 굴레를 벗어나지 못한다.

두 번째 비용 감소 방식은 **생산 수량을 고려하는 것**이다. 동일한 설비로 더 많이 생산할수록 제품의 평균 비용은 낮아진다. 이것이 소위 말하는 규모경제(Economies of scale)다. 예를 들면 대학을 다닐 때 많은 학과들이 과티를 제작한다. 이때 구매 수량이 많을수록 가격이 더 싸진다. 만일 겨우 한두 벌 때문에 티셔츠를 만들어야 하면 아마 학교 밖에서 사는 것보다 훨씬 더 비쌀 것이다. 이것이 바로 규모경제의 개념이다. 수많은 생산자가 이 개념을 이용하여 제품의 평균 비용을 내린다. 일단 비용이 내려가면 경쟁력도 강해진다. 하지만 대량 생산은 반드시 설비 작업장의 확충과 더 많은 인력자원의 문제가 뒤따른다. 이런 투자는 비교적 긴 시간이 지나야 이익이 발생한다.

비용을 낮추는 것은 공급자가 조절하는 것이지만 사업의 판을 크게 만들려면 제품의 수요를 확대해야 한다. 상품 판매, 정책, 제품 내재 가치 등을 동시에 개선하는 방식을 통해 더 많은 소비자들이 구매하게 만들 수 있다. 관광여행이 좋은

멜라민 분유 파동
2008년 중국에서 우유에 물을 타 양을 불린 후 멜라민을 섞어 가공한 분유를 유통시킨 일명 저질분유사건이 일어났다. 중국산 분유에서 멜라민이 검출되었다는 사실이 뒤늦게 알려지면서 중국산 유제품을 원재료로 한 세계 각국의 식료품에도 비상이 걸렸다.

● **규모 경제** : 규모 경제란 생산량의 증가에 따라 평균비용이 내려가는 것을 말한다. 고정비용의 변화는 크지 않은데 새로 증가된 제품 수량이 더 많은 고정 비용을 분담할 수 있기 때문에 평균비용이 내려가 전체 비용도 내려가는 것이다.

예다. 여행사의 판매 전략 외에 무비자나 직항 등 정부의 협조를 받으면 여행 산업의 상업적 성장 기회를 가져올 수 있다. 사업의 판을 키우는 것은 모든 산업의 꿈이다. 때로는 몇 년의 시간이 필요하고 때로는 투자 금액이 충분한지 고려해야 한다. 게다가 생산자 대다수는 어부지리를 바라기 때문에 여러 가지 어려움이 존재한다. 이때 정부의 역할이 매우 중요하다.

한국의 프로축구 얘기로 되돌아가 보자. 비록 여러 차례 승부조작 사건이 발생했었지만 일부 구단의 평균 팬 수는 여전히 상승하고 있다. 종종 큰 국제 경기가 벌어지거나 유명 축구선수가 유럽의 명문 리그 무대에 서면 시청률이 수직 상승하며 괜찮은 사업 기회가 생긴다. 축구를 좋아하지만 표를 사서 구장에 가고 싶어 하지는 않는 팬들은 아마도 프로축구 수준이 장기간 발전이 없고 선수의 세대교체가 정체된 것을 못 참는 사람들일 것이다. 이런 배경을 잘 알고 생각해 보면 구

단은 비용을 줄일지 투자를 해서 판을 키우는 전략을 선택해야 할지 답을 찾을 수 있을 거라 믿는다.

물론 정부가 구단에 단기 저이자 대출의 방식으로 협조해 주면 절대적으로 구단 경영에

도움이 될 것이다. 중요한 것은 정부가 선수의 몸값을 올리는 데 도움을 줄 필요는 없다. 그러면 한계 효익이 줄어드는 데다가 프로축구라는 상품에 대한 소비자의 수요를 바꾸는 데 도움이 되지도 않는다. 정부는 오히려 간단한 형식의 작은 구장을 많이 만들어 지방 축구조직의 건전한 발전을 촉진시켜 더 많은 사람들이 직접 축구공을 만져보게 만드는 것이 더 효율적일 것이다.

공유지의 비극과 비공유지의 비극

중국 속담 중에 "형제가 등산을 하며 각자 노력한다."라는 말이 있다. 반대로 "형제 두 사람이 마음을 합치면 쇠라도 자를 수 있다"라는 말도 있다. 사람들이 이익을 추구할 때 서로 경쟁하는 것이 좋을까 힘을 합쳐 노력하는 것이 좋을까? 사실 경제학의 관점에서 보면 대부분의 협력 관계는 손실의 위험을 분산시키며 부정적인 외부 요인을 줄일 수 있다. 경쟁은 비록 개인이 추구하는 효용을 극대화할 수 있고 개인의 잠재 능력을 자극하여 발산할 수 있지만 둘 다 상처만 입고 참패할 위험이 높다. 제로섬 게임(마지막에 한 사람만 승리)이라도 최후의 승리자는 경쟁의 과정 중 종종 커다란 대가를 치르곤 한다. 물론 협조를 할지 경쟁을 할지는 상황을 보고 결정해야 하며 심지어 동시에 두 가지가 다 존재할 가능성도 배제할 수 없다. 이는 경제학의 게임이론에서 깊이 있게 다룬다.

'형제의 등산'으로 돌아가 얘기해 보자. 각자 자기 이익만

추구하다 쌍방이 모두 손상을 입는 상황을 피할 수 없는 것이 경제학에서 유명한 '공유지의 비극' 이론이다. 여기서 공유지란 주인이 없는 천연 자원, 국가가 관리하지 않는 자원이다. 중세 영국은 주인 없는 대초원이 많았다. 어느 날 경제학자가 주인 없는 초원에 양치기가 주기적으로 찾아와 방목을 한 후 돌아가는 것을 발견했다. 처음에는 양의 수가 많지 않아 양들은 잘 먹고 풀도 잘 자랐으며 양치기도 적지 않은 경제적 가치를 얻었다. 그러자 양치기가 점점 양의 수를 늘렸다. 즉 생산량을 확대한 것이다. 하지만 곧 그를 질투한 다른 양치기가 자신의 양을 이 초원으로 이끌고 왔다. 첫 번째 양치기는 두번째 양치기를 쫓아낼 권리가 없다. 두 사람은 비옥한 천연자원을 양보하거나 양의 수를 줄이려고 하지도 않았다. 시간

핵심 포인트
각자 자기 이익만 추구하다 쌍방이 모두 손해를 입는 상황이 경제학에서 말하는 '공유지의 비극'이다.

이 흐르자 초원의 풀은 빠른 속도로 사라졌고 먹을 것이 부족해진 양들은 점점 초췌해져 좋은 가격에 팔리지 못하게 됐다. 결국 두 양치기는 모두 손해를 입고 자리를 떠나 다른 초원을 찾기 시작했다.

공유지의 비극은 **자원경쟁의 잔혹한 현실을 지적한다.** 오늘날의 오수 배출, 배기가스 같은 환경오염 혹은 전용 베란다 독점, 불법 건축물, 노상강도 문제 등이 모두 공유지 비극 이론으로 해석할 수 있다. 경제학자들은 재산권의 설정으로 공유지의 비극을 해결할 것을 주장했지만 재산권의 설정은 재판을 통해 강력한 법으로 보호하지 않으면 헛수고다. 주의할 점은 공유지 비극을 해결하기 위한 비용이 재산권 거래 비용, 재산권 담판 비용, 새로운 경쟁자를 규제 혹은 제거하는 비용 등을 포함하여 상당히 방대하다는 것이다. 그러므로 정부의 역할과 태도가 상당히 중요하다. 지적 재산권의 보호는 좋은 예다.

재산권을 확정하면 경쟁은 줄어들지만 이어서 자원이용의 부족 문제가 발생한다. **재산권을 소유한 사람의 독점욕으로 자원의 공유가 이루어지지 않고 결국 자원 부족을 초래하는 것이다.** 이것이 바로 1998년 미국의 헬러(Michael Heller) 교수가 제시한 '비공유지의 비극(tragedy of anti-commons)' 이론이다.

자원재산권이 과도하게 분산됐을 때는 마치 도시 재개발 때처럼 알박기를 하며 협조를 하지 않는 주민을 쉽게 만나는 것과 같다. 특허권의 분산처럼 자원조합의 이용을 저지하기도 한다. 특히 의학특허 영역에서 재산권 분산은 인류에게 유

익한 약물 연구를 저지하기도 한다. 헬러 교수의 이론은 윤리
학의 문제를 직접 지적해 개인의 자유 거래의지와 기타 대중
의 이익 중 어떤 것이 중요한지 묻는다.

공유지의 비극이든 비공유지의 비극이든 이는 모두 인류
의 이기심에서 비롯됐다. 이런 문제는 모든 시대에 적용되는
입법자와 법의 집행자 모두에게 영원히 중요한 숙제다.

죄수의 딜레마 이론으로 사회 보기

경제학에서는 인간이 이성적이라는 가설을 세우고 그 때
문에 이기적인 행위를 한다고 본다. 게임이론의 탄생 이후 인
간은 정보와 지식이 극도로 차단된 상황에서 이성을 발휘할
수 없을 뿐 아니라 '함께 지는' 선택을 할 수도 있음이 밝혀졌
다. 이 유명한 경제학 이론이 바로 '죄수의 딜레마' 이론이다.

죄수의 딜레마 이야기는 다음과 같다. 사건의 증거가 부족
한 재판에서 법관이 두 죄수를 각각 다른 방에 데려가 심문했
다. 법관이 죄수 A에게 말했다. "당신들이 아무리 입을 꼭 다
물고 있어봤자 우린 지금 상황에서도 1년은 감옥에 보낼 수
있소. 근데 말이오. 당신이 먼저 자백하고 B가 계속 묵비권을
행사한다면 당신은 무죄로 풀어주되 B는 10년 동안 감옥에
갇히게 될 것이오. 만일 두 사람 다 자백한다면 당신들은 각
각 5년 형을 받을 것이오." A에게 이 조건을 말한 뒤 법관은 B
의 방으로 가서 같은 조건을 알려주었다. A와 B는 고민하기
시작했다. 그들은 자백을 할지 침묵을 지킬지 선택을 해야 한

다. 여기서 조건을 간단하게 표로 정리해 보았다.

죄수의 딜레마		죄수 A	
		침묵	자백
죄수B	침묵	A : 1년 B : 1년	A : 무죄 B : 10년
	자백	A : 10년 B : 무죄	A : 5년 B : 5년

A와 B는 이렇게 생각할 것이다. '만일 우리가 둘 다 침묵을 지키면 1년만 감옥에 가면 돼. 근데 저놈이 배신을 하면 나 혼자 꼼짝없이 10년을 감옥에서 살아야 해. 어쩌지! 이거 불안해서 못 살겠다. 내가 먼저 자백해야겠다.' A와 B는 어떠한 정보도 교류할 수 없는 상황에서 자신의 이익을 위해서 신뢰를 버리고 결국 약속이나 한 듯 배신을 선택해 두 사람 다 지는 결과가 된다.

중요한 핵심은 상호 신뢰의 부족에 있다. 서로에 대한 믿음은 상대방 이성에 대한 이해에서 온다. 이 사회에서 많은 사회문제, 정치문제들은 모두 이성의 소통이 결핍돼서 발생한다. 그중 많은 부분의 원인은 사람들이 자신의 진정한 동기를 숨기고 있기 때문이다. 예를 들어 대만의 정치인은 중국과 대만의 자유개방을 독려할 때 선거 유권자에게는 자신이 중국 대륙에서 얼마나 많은 사업을 가지고 있는지 알리지 않는다. 이런 상호 신뢰의 결핍 문제를 경제학에서는 '사회적 딜레마'라고 한다.

핵심 포인트

죄수의 딜레마는 일종의 비협조 비제로섬 게임이다. 사회의 많은 문제는 협력에 대한 신임이 결합돼 생기는 경우가 많다.

A와 B가 쓰레기를 버리는 문제로 서로를 싫어하는 이웃이
라고 가정해 보자. 간단한 게임이론으로 어떻게 된 일인지 아
래 표를 살펴보자.

사회적 딜레마		A의 효용	
		옆집에 버리기	쓰레기차 신청
B의 효용	옆집에 버리기	A: 50 B: 50	A: 20 B: 200
	쓰레기차 신청	A: 200 B: 20	A: 150 B: 150

여기서 우리는 B가 어떻게 쓰레기를 버리든 A는 쓰레기를
B에게 버리는 게 가장 좋은 전략임을 알 수 있다. 마찬가지
로 B도 같은 선택을 할 수 있다. 쌍방의 오해가 깊어 서로 소
통을 하기를 원하지 않다보니 둘 다 손해를 보는 것이다. 사
실 A와 B로서는 함께 쓰레기차를 신청하여 깨끗하게 치우는
것이 적어도 서로에게 쓰레기를 버리다 둘 다 손해를 보는 것
보다는 더 효용이 높다. 이 주제를 환경보호나 에너지 절약의
문제로 확장하면 어째서 많은 환경보호 정책이 효과를 거두
지 못하는지, 어째서 국제 조약이 효력을 발휘하기 어려운지
이해할 수 있다.

'곤경'에서 벗어나 문제를 해결하는 방법은 '끊임없이 왕래
하며 메커니즘을 세우는 것'이다. 이론은 대부분 정적인 토론
이고 실제 생활 속의 곤경은 대부분 동적이다.

명언 한 마디
성실이 최고의 미덕이다.
- 애덤 스미스

정보의 비대칭으로
이익을 얻을 수 있을까?

경제학에서 우리는 '정보의 비대칭'에 대한 토론을 자주 접한다. 이것은 주로 각 거래 주체가 보유한 정보의 차이가 불균등한 구조에서 경제적 행위를 할 때 생기는 문제이다. 즉 **누구는 정보를 많이 가지고 있고, 누구는 정보가 부족한 것이다.** 시장의 경제 활동은 일반적으로 정보비대칭의 문제로 가득하다.

보험회사는 보험가입자에 관해 더 많은 정보를 알아내기 위해 정보 수집에 공을 들인다. 예를 들어 각 은행에 신용 상황, 급여 상황 등을 조사하고 사람의 개성이나 과거 범죄 기록에 대해 문의하기도 한다. 보험에 가입하려는 개인은 가능하면 불리한 정보는 숨기려는 경향이 있기 때문에 보험사 입

핵심 포인트

쌍방이 상호 작용을 할 때 서로의 능력은 한계가 있는데 모든 정보가 다 공개되지 않거나 적절하게 해석이 되지 않아 경제적인 결정에 맹점이 가득할 수 있다. 이것이 정보 비대칭의 핵심이다.

레몬 시장

레몬 시장이란 구매자와 판매자가 정보비대칭인 상황에서 거래가 이루어져 우량품(복숭아)는 자취를 감추고 불량품(레몬)만 남아 있는 시장을 말한다. 미국에서는 레몬이 겉은 탐스럽지만 시큼하고 맛없는 과일로 통용된다. 중고차 시장에서 레몬은 불량중고차, 복숭아는 우량중고차라고 불린다. 중고차 시장에서 판매자는 자신의 차의 장단점을 잘 알고 있지만 구매자는 중고차의 품질을 알 수 없다.

장에서는 가입자에 대한 정보를 하나라도 더 수집해야 나중에 보험금 지급에 대한 리스크를 줄일 수 있다. 이것은 정보의 검색비용에 속한다. 그 외에도 소송이 벌어질 경우 변호사를 고용하는 것은 정보의 거래 비용에 속한다. 보험회사는 사고가 발생하면 보험금을 지급하지 않거나 보험금 지급을 연기하기 위해 소송절차를 진행하는 경우가 빈번하다. 보험사는 상품을 판매할 때는 이런 자세한 정보는 거의 제공하지 않는다. 생산자는 제품 이미지를 포장하기 위해 돈을 아끼지 않고 광고를 하는데 이는 정보의 제조비용에 속한다. 이런 광고비용은 통상 소비자에게로 전가된다.

정보의 비대칭을 확대하는 것이 괜찮은 이익을 만들어 내는 것처럼 보이지만 사실은 그렇지 않다. 정보비대칭의 부정적인 면은 바로 '사기'다. 단기적으로는 확실히 이익이지만 장기적으로는 부정적인 외부 효과를 조성하여 결국 시장의 실패를 야기하고 경제 효율과 이익을 거두지 못하게 된다.

주식 시장에서 내부자 거래 스캔들이 끊임없이 발생하는 이유는 회사 고위층이 일반 대중 투자자보다 더 빠르고 정확한 정보를 쥐고 한 발 먼저 사고 팔 수 있기 때문이다. 이런 일을 용인한다면 주식 시장은 아무도 들어가지 않을 것이고 썩은 물구덩이가 될 것이다. 일반의 상품거래도 마찬가지다. 왜 상품의 진열기간을 규정할까? 공정거래위원회는 어째서 과장 광고 처벌에 개입할까? 이 모든 것들이 정보비대칭이 가져올 시장 후유증을 방지하기 위해서다. 물론 모든 회사는 자신의 상업적 비밀을 가지고 있다. 이는 정보 권리의 규범에

● **공정거래위원회**: 나라마다 비슷한 행정 조직이 있다. 법에 근거해 공정거래정책과 법규를 제정하고 독점, 단합 및 연합 등 경쟁을 제한하거나 불공평한 경쟁을 하는 등 경쟁에 방해되는 행위를 조사하고 처리한다.

속한다. 경제시장 외에 투표에도 정보비대칭의 문제가 있기 때문에 매체의 역할은 상당히 중요하다. 매체가 정보비대칭의 공범자가 된다면 정치인만 이익을 취하고 피해는 고스란히 전 국민에게 돌아갈 것이다.

때로는 좋은 경제적 가치를 가져오기도 한다는 것을 부인할 수 없지만 정보비대칭의 반작용은 상당히 크다. 정보비대칭에 대한 법적인 처벌도 나날이 엄격해지고 있다. 한 나라의 경제발전을 유지하는 데 상당히 중요한 일이기 때문이다.

생활경제

현대인은 왜 아이를 낳지 않으려 할까?

핵심 포인트

아이는 열등재가 아니다! 현대인이 아이를 낳지 않는 것은 과거보다 비용이 훨씬 많이 들기 때문이다. 특히 기회비용이 더 많이 든다.

출생률이 크게 감소한 것은 많은 선진국의 사회 문제가 됐다. 출생율의 감소가 인구의 감소를 의미하지는 않지만 인구 성장의 완화는 의미한다. 개별 국가로 보면 출생률의 하강은 경제 성장에 여전히 부정적인 영향을 끼치고 있다. 예를 들어 인구 고령화, 소비 수요 감소 등이 있다.

자본과 기술이 발달하지 못한 과거 농업사회에서 노동력은 생산력의 보증이었다. 한 가정의 경제를 유지하려면 남자 아이를 많이 낳아 생산력을 증가시켜야 했다. 물론 의학이 발달하지 않은 영향도 있었다. 당시는 영아들이 일찍 죽는 경우가 많아서 더 많이 낳으면 낳을수록 노동의 근원과 가정경제의 안정을 확보할 수 있었다.

　경제학에서는 소득이 증가하면 상품의 소비량이 유지되거나 증가하고 이 상품을 **정상재**라고 부른다. 같은 상황에서 소비수량이 감소하면 **열등재**라고 부른다. 현대 가정의 수입과 생활수준은 50년 전과 비교해 훨씬 높지만 아이는 오히려 덜 낳는다. 설마 아이가 열등재라는 말인가? 엄격히 말하면 이는 일종의 통계학과 관련된 문제다. 소득 변동은 출생율과 반비례하는 것처럼 보이지만 사실 둘은 직접적인 영향이 없다. 바꿔 말해서 아이가 정말 열등재라면 왜 절대다수의 사람들이 재력만 허락된다면 아이를 낳겠다고 말하는 것일까? 아이는 여전히 정상재화에 속함을 알 수 있다. 높은 자녀 양육비용이 수요 감소의 원인이라고 볼 수 있다.

　임신에서 초등학교 입학까지 7년 동안 드는 비용을 나열해 보자. 병원에서 산전 검사, 산후조리, 분유, 기저귀, 각종 유아용품, 보모 또는 어린이집, 의료비, 유치원 등 50년 전 전후의 베이비붐 때와 비교하면 지출이 상당히 많이 늘었다. 이것은 보이는 비용이고 보이지 않는 기회비용도 있다. 예를 들면 육아휴직 기간에는 비급여로 수입이 줄고, 임신기간 구직의 어려움이 대폭 증가되며 산후 거취가 불편한 문제 등이 있다. 농업사회에는 이런 현상이 드물었다. 아이가 학교에 진학한 후의 각종 교육비용이 과거보다 얼마나 증가했는지는 말할 필요도 없다. 이 밖에 과거에는 아이들을 15세까지 양육한 뒤 노동 시장에 투입했다면 현대는 20세 이상으로 늘어났다. 이 또한 현대 부모의 숨통을 죄게 한다.

이런 비용을 전부 합치면 현대에 자녀 한 명을 키우는 데 소요되는 비용을 쉽게 짐작할 수 있다. 과거보다 수십 배는 더 들 것이다. 즉 과거 10여 명의 아이를 키우며 드는 소득 부담이 현대에 아이 한 명을 키우는 소득 부담과 비슷하다. 하지만 이런 비용이 정말 필요한가? 정확한 답은 없지만 각종 상업 수법, 광고 등의 영향을 벗어날 수 없다. 사실 이것도 일종의 과도한 경쟁과 정보비대칭이 가져온 결과이다.

출생률을 높이기 위한 정부의 각종 보조는 계란으로 바위 치기일 뿐 효과는 매우 제한적이다. 분명 외부 비용이든 기회비용이든 육아비용은 해마다 증가한다. 현재의 보조금은 미래의 신혼부부에게는 부족할 것이다. 보조금이 정비례로 증가된다면 먼 미래에 아마도 국가 재정을 무너뜨릴 수도 있다. 이 세상에서 장래에 태어날 아이가 출생에서 완전 독립할 때까지의 지출을 정확하게 계산할 수 있는 사람은 거의 없다. 부부가 아이를 낳기 전에 할 수 있는 건 마음의 준비와 미래의 자신에게 돈을 빌리는 것이다. 문제 해결의 중심을 노동조건의 합리성 확보, 경제와 물가의 안정, 생활의 질 향상에 두어야만 출산율을 정상적인 성장으로 되돌릴 수 있을 것이다.

애정경제학

사랑은 얻기도 어렵고 유지하기도 상당히 힘들다. 사랑에 빠진 자는 자유를 갈망하는 혁명가처럼 종종 사랑을 위해 목숨을 내던지기도 한다. 이 또한 사랑이 사람을 현혹시키는 점이다.

사랑의 공급과 수요 시장은 매우 흥미롭다. 사랑의 수요자 역할을 맡은 남성에서 사랑을 제공할 여성은 사실 매우 많다. 하지만 공급자로서 이는 완전한 경쟁시장이 아니라 오히려 '독과점 경쟁'이다. 모든 공급자가 다 다르고 심지어 수요자도 자신만의 특별한 선호 순위가 있다.

모의 구애자 남성 Z의 수요 선호 순서

순위	외모점수	내면점수	어울림 점수	경쟁자 수	평가순위
여성 A	3	2	1	5명 이상	3
여성 B	2	3	3	경쟁자 없음	1
여성 C	2	2	2	2명	2

비록 좋아하는 순위가 있긴 하지만 사랑은 돈으로 살 수 있는 상품이 아니다. 남성이 쫓는 여성은 사랑의 수요자도 될 수 있다. 그녀들도 자신이 좋아하는 순위가 있고 그 순위는 남자가 얼마만큼의 진심을 보여주는가에 따라서 달라질 수 있다. 서로의 순위가 첫 번째가 됐을 때 이 사랑은 성립된다.

명언 한 마디
난 너의 미래를 약속하는 게 아니라 온전한 너 자체를 약속해. - 쉬즈모

모의 구애자 여성 B의 수요 선호 순서

순위	외모 점수	지적 언어 점수	유머감각 점수	자상함 점수	평가 순위
남성 X	3	2	2	2	2
남성 Y	1	2	1	3	3
남성 Z	2	3	3	2	1

남자 Z가 여자 B에게 구애하기 위해서는 외모를 좀 꾸며

서 자신의 품위를 높여야 한다. 유머감각을 키우기 위해 시간을 투자해 재미있는 이야기를 수집하거나 언어 기교에 관한 책을 구입해 말주변을 갈고 닦아야 한다. 만일 여력이 있다면 연수나 석사 학위를 따서 지식을 늘리는 것도 좋다. 물론 가장 중요한 것은 이런 변화를 여자 B가 알아차리게 하는 것이다. 상술한 지출 외에도 데이트나 연애편지는 고정 비용이다. 마지막에는 시인 쉬즈모(徐志摩)의 시를 인용해 보자. "사랑을 얻는 것은 나의 행운이요, 얻지 못함은 나의 운명이다!"

이성적으로 보이지만 현실 생활에서는 이토록 구체적으로 배우자 선택의 조건을 나열할 수 없다. 때문에 정보의 비대칭은 애정을 맹목적으로 만든다. 다른 한편 사랑은 가치를 매길 수 없기 때문에 사람들은 어떠한 대가라도 치를 각오를 한다. 예를 들어 남자 Z는 상대방의 조건을 모르는 상황에서 사랑의 비용을 자상함에만 투자했다가 자신의 순위를 올리지 못하고 결국 성격만 좋은 사람이 됐다. 또 다른 문제도 발생할 수 있다. Z는 정확하게 자신의 외모에 투자하였고 많은 돈을

줄을 서시오

쓴 뒤 점수는 비록 높아졌지만 이를 유지하기 위해 계속해서 돈을 쏟아부어야 했다. 그러다보니 한계효용이 떨어지기 시작해 결국에는 0이 되고도 본인은 자각하지 못했다.

사랑은 사람을 이성적이지 못하게 만들지만 추구하는 과정에서 이성의 끈을 붙잡고 유지해야 한다. Z처럼 어느 날 갑자기 외모를 과하게 치장하게 되면 오히려 사람들로 하여금 불편함을 느끼게 할 수 있다. 자신이 정확한 방식으로 추구하고 있는지 수시로 점검해야 한다. 너무 심한 자상함은 상대방을 곤혹스럽게 만들어 점수가 깎일 수 있다. 물론 당신이 이성적인 구애자라면 동일한 비용을 투입해서 A에게 구애하는 것이 더 성공 가능성이 높은 건 아닌지도 생각해 봐야 한다. 하지만 '진심' 없이 양다리를 걸치는 구애자는 정보비대칭의 시장에서 매우 높은 부정적 비용을 지불해야 할 것이다.

사랑은 때때로 커다란 대가를 치르게 하지만 추구하는 과정에서 겪게 되는 실망, 상처, 시인의 우울과 낭만은 늘 심금을 울린다. 번번이 짝사랑이 될지라도 이런 추억은 죽어도 변치 않는 영원한 가치가 있다.

3분 리뷰

오늘 배운 내용을 정리하며 점검해보세요.

1. 경기순환에 대해 우리는 통상적으로 해마다 GDP 증감변화율을 사용한다. 다시 말해 '경제 성장률'을 근거로 삼는다. GDP는 단지 거래 활동의 속도, 구매력 강화 등을 보여줄 뿐 경제와 생활의 질이 좋다는 것을 의미하지는 않는다.

2. 모든 사회에는 일정한 실업비율이 존재하며 이런 실업비율이 '자연실업률'이다. 실업률을 억제한다는 것은 자연실업률과 비슷하게 만드는 것이며 충분히 취업하는 사회라고 할 수 있다.

3. 통화팽창은 물가가 일정 기간 지속적으로 상승하는 현상이다. 한 나라의 GDP가 지속적으로 성장하면 즉 국민소득이 지속적으로 증가하면 수요의 상승을 가져오고 통화팽창이 발생한다.

4. 경제 정책에서 모든 정부는 온화한 통화팽창을 추구하고 정체성 통화팽창과 긴축 통화를 피하려 한다.

5. 경제는 화폐와 떼어놓을 수 없다. 화폐의 공급과 수요를 장악하는 것은 경제에 영향을 미치는 능력이며 그 영향력의 핵심은 이자다. 중앙은행의 모든 정책 결정은 이런 이자의 변동을 불러 온다. 화폐의 공급을 조절하는 정책 결정은 화폐정책이라고 통틀어 말한다.

6. 양적완화정책은 새로운 화폐정책의 하나다. 공개시장 조작의 방식으로 일정 수량의 화폐를 직접 시장에 투입한다. 간단히 말해 간접적으로 수표를 인쇄하는 행위다.

7. 환율은 국가 간의 화폐 교환에서 발생하며 각국의 화폐가치에 따라 시장 매매로 결정한다.

8. 경제학은 환율정책을 크게 '고정 환율'과 '변동 환율' 두 가지로 나눈다. 전자는 중앙은행이 어느 나라의 환율에 고정하는 것으로 환율을 변동시키지 않는다. 후자는 완전히 시장에 따라 결정된다.

9. 중앙은행은 두 가지 방식으로 외환 시장을 간섭한다. 첫 번째는 직접 외환 시장에서 거래하는 것이고 두 번째는 화폐정책이다.

10. 외환 보유의 많고 적음은 국력의 절대 지표가 될 수 없다. 너무 많은 외화 보유는 자본 유동이 점차 완화되는 문제가 있고 보유량이 너무 적으면 환율 리스크와 국채 지불 능력 등에 문제가 있다.

11. 실질 경기순환 이론은 경기파동을 불러 오는 근원이 실질 충격에서 온다고 여긴다. 예를 들어 석유위기, 전쟁, 파업 등의 요소이지 수요면의 원인이 아니다. 이 밖에 건축업 경기가 만든 경기순환에 근거해 분석한 쿠즈네츠 파동, 기업생산 매출과 재고에 근거해 만든 키친 파동, 선거 연도에 근거해 분석한 정치경제 순환이론도 있다.

12. 2007년 금융 쓰나미는 미국 서브 프라임 모기지론의 대출이 범람한 데서 기인한다. 불길은 유럽으로 번져 유럽 5개국의 채권위기를 불러와 전 유럽연합의 위기를 불러왔다.

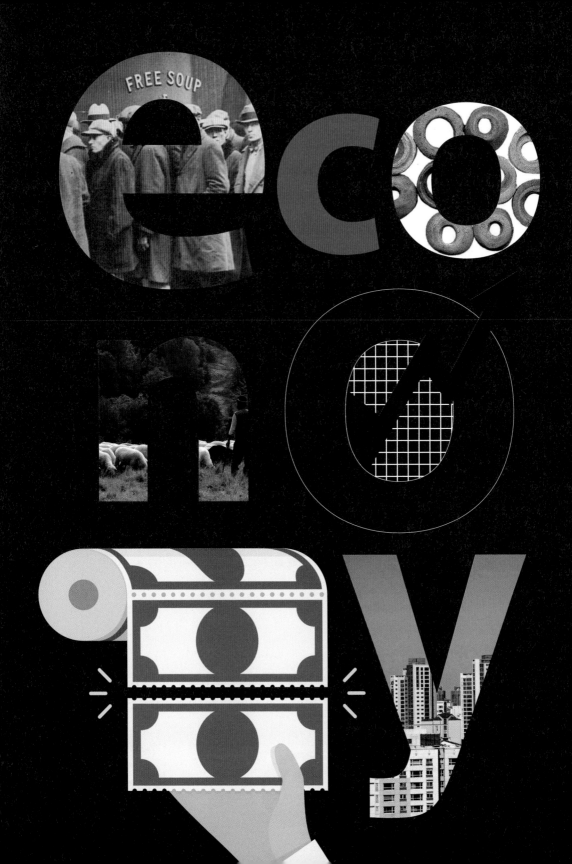

6

주말

경제학 실천하기
– 똑똑한 부동산 매매

집을 사고팔 때 먼저 경제학을 이해해야 한다!

부동산을 매매할 때 충동적 소비대신 경제학의 관점을 이용하여 이성을 유지하면

업자와 광고에 속지 않고 '경제'적인 선택을 하는 데 도움이 된다.

함정 많은 집 구매,
어떻게 선택할까?
– 이성적인 경제인이 되는 법

현대사회에서 부동산 구입은 많은 돈이 들 뿐 아니라 수많은 지방 법규, 세무, 분쟁이 관련된 복잡한 거래에 속한다. 가난하든 돈이 많든 집을 살 때 눈을 크게 뜨고 이성을 유지하지 않는 사람은 없다.

이성적인 판단만 있으면 부동산 시장의 터무니없는 분위기 속에서도 경제학에서 뽑아낸 실마리를 이용해 객관적 시각으로 간단하게 자신의 수요와 공급, 득과 실을 규명할 수 있으며 부동산 거래의 재미있는 현상을 음미할 수 있다.

토지의 발전 이야기와
가치에 대한 이해

부동산은 사실상 건물과 토지 두 가지를 포함한다. 우선 토지부터 이야기를 시작해 보자!

산업이 발달하기 전에 집을 사는 목적은 가정을 이루고 자리를 잡기 위해서였다. 경제가 빠르게 발전함에 따라 집은 원래의 목적 외에 투자를 하여 부를 이루려는 투기의 기능이 추가됐다. 높은 집값은 인류 발전의 필연적인 비극이며 토지의 희소성과 시장 경제의 특징이 잘 드러난다. 하지만 희소성이라는 말을 듣자마자 자신도 모르게 경제학의 신경이 뛰는 것을 피할 수 없다. 특히 집을 사는 것처럼 큰 금액의 지출은 이성의 신경을 반드시 날카롭게 유지해야 한다.

① 토지가격의 유래

우선 시간을 200년 전 농업시대로 되돌려 보자. 당시에는 인구가 적어 많은 사람들이 외딴 지역을 개척하고 거주지를 정했다. 미국 동부의 인구가 중부지역으로 이주해 개간한 것처럼 말이다. 대만이 네덜란드의 식민지였을 때도 타이난 일대에서 북부로 발전해 올라왔다. 당시에도 세계 각국에 상업도시가 있었지만 농사를 짓는 사람들에게 도시에 사는 것은 의미가 없었다. 첫 번째는 농작물을 심을 땅이 적었기 때문이며 두 번째는 농작 환경이 적당하지 않았기 때문이다. 하지만

● 희소성 : 경제사회 인류의 욕망은 무한하지만 자원은 유한하다. 기본적인 경제 문제를 위해 경쟁과 선택을 해야 한다. 경제학의 목적은 유한자원 배치의 문제를 해결하는 것이다. 영국 경제학자 라이오넬 로빈스(Lionel Robbins)가 내린 유명한 경제학 정의다. '경제학이란 각종 대체 용도가 희소한 자원을 어떻게 운용하는가를 연구하는 학문이다.'

명언 한 마디
시장의 척도를 잠시 내려놓고 자기 마음속의 척도를 발굴해라. - 장진어

농산품의 운송과 도시 판매의 관리 비용을 아끼기 위해 성곽
에서 멀지 않은 땅으로 이주하여 경작하는 농부들도 있었다.
때문에 대도시 부근에는 대부분이 농촌 부락이 자리 잡았다.

지역의 생활이 안정되면 인구는 점차 증가하고 토지를 계
속 일구다보면 당연히 도시도 밖으로 확장된다. 도시 확장으
로 도시에 사는 사람들은 외곽의 농부에게서 토지를 사기 시
작했고 토지 거래가 자연스럽게 출현하게 됐다.

당시 성곽 밖의 토지는 대부분 조상들이 일군 것이거나 주
인이 없는 땅으로 실제로 구매할 때 돈으로 계산할 방법이 없
는 땅이었다. 하지만 농부들에겐 비용을 생각할 기회이기도
했다. 여기서 비용이란 토지가 해마다 농부에게 가져다 준 생
산액이다. 토지에서 일 년에 양배추 500통을 생산해서 한 통
에 순이익이 500원이라면 농부는 토지의 기회비용 즉 1년에
25만원을 잃어버리는 것이다. 거기다 농부는 다음 농지를 찾
는 비용을 계산할 수 있다. 예를 들어 이주 교통비용, 개간 비
용이 필요하며 개간도 2년의 시간이 필요하다. 농부의 전체
기회비용은 바로 25만원 × 2(년) + 개간 비용 + 교통비용이
다. 농부에게 토지를 구입하려면 적어도 50만 원 이상이 있
어야 거래가 성립될 기회가 있다.

자본의 발달, 공업기술의 발전, 빌딩과 주택을 건설하는 등
의 수요 증가에 따라 토지의 수요도 나날이 커져갔다. 심지어
농부들도 농사를 접고 토지를 더욱 상업 가치가 있는 공장부
지로 바꾸었다. 이어서 수도, 전기, 가스, 도로 같은 공공시설
을 세우는 것도 모두 토지를 포기하고 얻는 기회비용을 빠르

핵심 포인트
토지의 가장 원시적인 가치는
토지 수익에서 온다.

게 상승시켰다.

이런 발전 역사로 보면 토지의 가장 원시적인 가치가 토지를 파는 사람이 토지의 기회비용을 포기하는 데서 오는 것임을 쉽게 알 수 있다. 이것이 토지 수익이다. 바꿔 말하면 토지 수익에 영향을 미치는 하드웨어와 소프트웨어의 건설이 토지 가격을 높인다는 것이다. 이런 논리에 따라 생각해보면 토지 가격에 영향을 미치는 몇 가지 요소를 귀납할 수 있다. 용도, 교통, 공공시설, 상업시설 상황, 자연환경 조건, 기타 생산 가치 등이 있다. 이 요인들을 가지고 분석해 보면 토지 수익이 상승할지 하락할지를 예상할 수 있다.

② 토지 가격은 항상 오른다

상술한 내용에 의하면 토지가치는 높은 곳은 높고 낮은 곳은 낮아야 옳다. 그렇다면 어째서 전 세계의 땅값은 거의 모두가 오르기만 할 뿐 떨어지기는 힘든 것일까? 이는 토지의 특성과 화폐문제와 관련된다.

고가의 자동차는 사는 순간 가격이 절반으로 떨어지지만 **토지는 기본적으로 감가상각**이 없다. 때문에 토지를 구입한 후 생산을 하지 않고 놀리더라도

표준지 공시지가 변동률 추이(%)

2.51 1.98 3.14 2.70 3.64 4.14 4.47 4.94 6.02 9.42

2010 2011 2012 2013 2014 2015 2016 2017 2018 2019

(자료:국토교통부)

나중에 팔 때 자연히 당초 구매 가격을 고정비용으로 삼아 정가를 정한다. 정상적인 사람은 토지를 팔 때 당초 구매 비용보다 낮게 잡지 않는다. 본인이 경제적인 압박이 있거나 토지 환경에 심각한 변화, 예를 들면 방사능이나 산사태 같은 문제가 있는 경우를 제외하고는 말이다.

그 밖에는 **통화팽창**이다. 앞서 시장에는 영원히 이자가 존재하기 때문에 통화팽창 현상은 필연적이라고 언급했다. 현재의 백 원은 미래의 백십 원과 같다. 이 비용은 고정 비용에서 반응한다. 즉 당초에 만 원에 산 토지를 지금 팔려면 반드시 통화팽창을 더해야만 원래 지불한 가치를 얻을 수 있다. 물가상승과 토지의 비감가상각의 필연적인 현상 때문에 가격은 오르거나 유지된다. 하지만 우리가 부동산을 살 때 가격은 여전히 높거나 낮다. 이는 건물의 가치문제와 관련된다.

건축물의 가치에 대한 이해

경제가치가 있으려면 토지에 반드시 지상건물 시설이 있어야 한다. 주차장으로 쓰더라도 간단한 울타리가 있어야 하며, 야시장으로 쓴다면 식당차, 화장실 등 수도와 전기 기본시설이 있어야 한다. 농지라도 농기구를 둘 간단한 농가주택이 있어야 한다. 대도시에 살면서 많은 시간을 들이고 매일 농기구를 갖고 가서 경작을 할 수는 없지 않은가. 이런 지상시설이 바로 광의의 건축물이다. 토지를 구입한 후 건축물은 다음 단계로 지불할 비용이다.

여기서는 우선 정부 공공시설은 배제하겠다. 건축물 자체는 일반 상품처럼 기능성을 구비하며 크기, 외관설계, 건물 외부적 가치, 건물 품질, 내부사용 공간 설계 등이 모두 건축물 자체 가치의 기본 요소가 된다. 다시 말해 상인이 건물을 팔 때는 핸드폰 판매자처럼 상술한 비용을 모두 가격에 반영한다. 예를 들어 디자인이 뛰어나고 활용성이 높은 30층 건물이 있는데 이 건물의 독특성 때문에 그 안에 입점한 상가의 평당 임대료를 백화점보다 훨씬 높게 받는다. 30층 건물의 건축 비용이 비교적 높고 독특성이 확실히 매력적인 사업적 가치를 제공해주기 때문이다.

하지만 이런 건축물의 가치는 토지와 매우 다르다. 건물은 시간이 흐름에 따라 감가상각을 한다. 콘크리트의 수명이 50년이라면 보수를 하지 않는다는 가정 하에 30층 건물은 50년 후 아마도 위험한 건물로 판정을 받을 것이다. 그때가 되면 건축예술로서의 가치만 남아 입주 상가들은 뿔뿔이 흩어진다. 이처럼 건축물의 가치와 토지 가치는 정반대다. 대다수의 건축물의 가치는 마지막에는 없어지게 되고 토지 가치만 남는다. 이는 선진국에서 매우 중요하게 생각하는 도시 리모델링을 해야 하는 이유다. 상업지구의 건축물 노화가 가져오는 경제적 손실이 막대하기 때문이다.

법령의 규정 때문에 토지 위에 건축물을 지을 수 있는 공간은 제한적이다. 서울시는 준주거지역(도시계획법에 의거, 주거기능을 주로 하되 상업적 기능의 보완이 필요한 지역)의 경우 건폐율(토지 위에 건축물을 지을 수 있는 사용면적 비율)은 60%, 용적율(건축물 모든 지반 면적 총합과 토지 면적의 비율)은 400%로 제한한다. 예를 들어 100평의 토지에는 60평만 사용할 수 있지만 위로는 4층 건물을 지을 수 있다.

건축비용은 일반적으로 매우 비싸다. 게다가 어느 정도 시간이 걸려서야 완성되기 때문에 그 사이 물가 상승이 비용에 영향을 끼칠 수 있다. 이상 몇 가지 특성에 의하면 토지를 사서 자신이 설계한 건축물을 지을 자금이 있는 큰 기업이 아니고서야 일반 사람들은 부동산을 매매할 때 보통 건축비용이 그 안에 포함된다.

일반 부동산 거래는 건물과 토지가격을 구분하지 않기 때문에 소비자는 스스로 판단할 수 있도록 충분한 정보가 필요하다. 다른 한편 자신의 수요를 심사숙고해야지 부화뇌동해서는 안 된다.

명언 한 마디
부동산 가치를 결정하는 것은 첫째 지역, 둘째도 지역, 셋째 역시 지역이다.
- 리자청

주택 부동산의 수요비밀을 파헤쳐라

의, 식, 주, 교통, 교육, 즐거움은 인생의 여섯 가지 기본 수요다. 살다보면 누구나 반드시 집을 사야겠다는 생각이 들 것이다. 하지만 정말로 모든 사람이 다 집을 살 필요가 있을까? 어떻게 해야 이성적인 경제인이 될 수 있을까?

① 오해1 - 집은 절대 손해보지 않는 재테크

서점의 수많은 책들이 집을 구매하는 비결을 자세하게 소개한다. 여기서는 경제학의 이성적 사고 논리를 이용하여 부동산에 대한 오해를 파헤쳐 보자. 바로 부동산은 본전을 절대 잃지 않을 뿐 아니라 반드시 이윤을 남긴다는 오해다. 정말 그런 장밋빛 미래만 장담할 수 있을까?

집을 구매할 때 중개업자는 끊임없이 당신에게 '물가상승에 대비해 화폐 가치를 유지하고 가격이 더 오를 것'이라는 생각을 세뇌시킨다. 대다수의 사람들도 자연스럽게 이런 기대를 첫 번째로 한다. 이런 기대가 자신에게 집을 살 용기를 주기 때문이다. 화폐가치 보장이란 '나는 절대 손해를 보지 않을 것'이라는 의미다. 그러니 어찌 기쁜 마음으로 실행에 옮기지 않겠는가?

집값과 땅값의 배경에 대해 다시 생각해 보면 땅값은 일반적으로 물가상승에 따라 상승하지 쉽게 하락하지 않는다. 집값은 건축물이라 결국에는 감가상각으로 가치가 없어지게 되는 순간에 직면할 것이다.

실거주용 주택을 구매하는 것을 예로 들면 주택은 생산가치가 있는 곳이 아니라 개인의 휴식, 여유와 가정의 기능을 제공하는 장소다. 하지만 땅값의 기초는 토지 효익에서 나온다. 다시 말해 토지에 주택을 지으면 토지 효익은 어떠한 증가도 없다. 따라서 우리가 '땅값의 상승'을 기대할 때는 집값이 오른다든지 주변에 길을 낸다든지 공원을 만든다든지 등과 같은 소프트웨어와 하드웨어 시설이 땅

핵심 포인트
땅값의 상승은 토지에 건물이
세워졌기 때문이 아니라 하드
웨어와 소프트웨어 시설의 증
가 때문이다.

값을 끌어올려주기를 기대하는 것이다. 토지 가격의 상승은 본
인의 노력이 아니라 기타 자원의 보충으로 인한 것이기 때문이다.
하지만 이런 뜻밖의 호재를 기다리는 시간에 우리의 집은 감
가상각의 문제를 마주하게 된다. 집의 감가상각의 가치가 만
일 토지 물가상승보다 크면 결국에는 손해를 보게 된다.

이런 손해는 1, 2년이라는 단기간 안에 심지어 5, 6년 내에
비교적 자주 발생한다. 왜냐하면 건물은 초반에 감가상각 속
도가 빠르기 때문이다. 예를 들어 1평에 300만 원을 주고 새
집을 구매했다면 일 년 후에 팔 때도 집값은 대략 1평에 300
만 원 정도다. 어느 지역이든 다 마찬가지다. 이는 땅값이 변
동이 없기 때문이 아니라 집값의 감가상각이 땅값 변동을 상
쇄해서이다. 만일 경기가 좋지 않아 물가상승률이 낮다면, 특
히 아직 갚아야 할 대출이 있다면, 그리고 '본전을 지키고 거
기에 이윤까지 취하는 것'을 목표로 한다면 아마 단기간 내
에는 뜻대로 되지 않을 것이다. 경기가 크게 좋아지거나 영업
수완이 좋은 중개사를 만나야만 단기 국면을 역전할 수 있다.

따라서 '본전 확보 더하기 이윤추구'는 반드시 장기적으로
보아야 하며 장기로 보면 건축물의 가치는 떨어진다. 토지의
통화팽창이 비교적 높기 때문에 시간을 15년 이상으로 늘리
면 '원금 보장'은 기본적으로 어려운 일이 아니다. 게다가 장
기적으로 보면 지하철이나 고속전철 같은 건설이 증가할 만
한 좋은 기회가 올 수도 있다. 하지만 장기경영은 중요한 전
제가 있다. 부동산 재산의 가격 상승이 대출이자를 상쇄하고도 남
아야 한다는 것이다.

하지만 매일 이런 부동산 가격 변동에 전전긍긍하는 것도 옳은 일은 아니다. 게다가 이윤획득을 이유로 집을 팔면 결국 다시 다른 건물을 사서 입주해야 하니 거주용 주택을 구매한 사람은 생활의 질을 가장 중시해야 한다.

② 오해2 – 집은 무조건 교통 입지 좋은 곳이 최고

교통은 토지가치에 가장 중요한 요소다. 우리가 토지에서 생산한 것을 거래하려면 교통이 필요하기 때문이다.

하지만 도시의 많은 광고는 '교통요지에서 5분거리', '지하철역에 근접', '20분 만에 시내 도착' 등등을 강조한다. 이 같은 유혹적인 광고에서 우리는 편리한 교통이 무엇을 가져다주고 어떤 대가를 치르게 하는지 생각해야 한다.

교통 기능을 고려할 때 대부분은 자신의 생활권 위주로 고려한다. 예를 들어 직장과 친구들이 모두 시내에 있다면 '편리'하게 시내로 갈 수 있는 교통 조건이 중요하다. 하지만 집이 시내를 다니기에 편하다고 대중교통수단이 자가용 구매 수요를 줄일 수 있는가? 그렇지 않다. 설사 시내 중심에 살더라도 차량을 하나 사는 것이 상대적으로 편하다. 교통이 편리해도 차를 사고 싶다는 동기는 변하지 않는다. 오히려 동기가 증가할 수도 있다. 또 교통이 편리하다고 평소 고정 지출 중 교통비용이 줄어들까? 이것도 꼭 그런 건 아니다. 비용은 탑승하는 교통수단에 따라 결정된다.

일반사람에게 편리한 교통의 장점은 대부분 '시간 절약'에 고정된다. 물론 건설업체는 이 점을 집값에 전가시킬 것이다.

시간 절약은 나쁜 것이 아니다. 하지만 중점은 구매자들은 편리함 때문에 추가된 비용을 종종 고려하지 않는다는 점이다. 예를 들어 교통요지에서 5분 거리인 A는 평당 200만 원에 20평이고 교통요지에서 10분 거리의 B는 평당 150만 원에 20평이다. 만약 20년간 거주할 계획이고 기타 환경조건이 거의 비슷하다면 A를 선택한 사람은 1,000만 원으로 매일 왕복 10분의 시간을 절약한 것이다. 20년이라면 7만 3,000분을 줄인 것으로 평균 1분 절약에 140원을 쓴 것이다. 어쩌면 어떤 사람에게는 매일 10분이 매우 중요할 것이다. 하지만 보통 집을 살 때는 **자신의 효용가치**를 자세히 따져 봐야 한다.

가장 명백한 예는 지하철 근처의 집이다. 수많은 중개업체가 이런 집을 가장 좋아한다. 지하철 근처의 주택 가격은 지하철에서 500m 밖의 비슷한 집보다 일반적으로 평당 10%~15% 더 비싸다. 여기에 지하철 이용자와 지하철이 가져온 소음 비용은 포함하지 않는다. 사실 집을 사기 전에 실제로 한 번 둘러보면 500m를 덜 가기 위해 1,000~2,000만 원을 더 쓸 필요가 없음을 발견할 것이다. 게다가 걷는 것은 건강에도 좋다.

정류장에서 가까운 곳의 집값이 비싼 것은 일리가 있다. 분명 인구가 모이는 곳은 상업용도에 적합하다. 만일 투자 목적으로 집을 본다면 입주자가 당연히 비싼 가격을 지불해야 부동산 소유자가 잃어버린 기회비용을 보상할 수 있다. 투자를 위해서라면 아마도 시도해볼 만하다. 그러나 실거주 주택이라면 다시 한 번 생각해야 한다.

핵심 포인트

일반 부동산 거래는 건물과 토지 가치를 구분하지 않는다.

'편리한 교통'에서 고려해야 할 것은 '몇 분을 절약'하느냐가 아니라 '중요한 지점에 도착하는 교통수단의 다양성 및 시간의 합리성'을 따져야 진정으로 그 지역의 가치를 정확하게 판단할 수 있다. 안 그러면 부동산 광고에 속아 넘어가기 쉽다. 사실 구미(歐美)지역은 지하철역 부근의 집은 상대적으로 가격이 싸고 시내에 집을 사려는 사람은 더더욱 적다. 문화 차이를 생각해 보면 광고의 현혹에서 벗어날 수 있다.

③ 오해3 – 연예인이 건물 산 지역은 부동산이 오른다

차별경제학은 시카고대학의 교수 게리 베커가 제시한 개념으로 사람들이 어떤 인상이나 편견으로 불공평한 경제 결과를 야기하는 것을 가리킨다.

건축업자, 중개업자는 부동산의 가치를 올리기 위해 지역의 이미지를 만들어 내고 타 지역과의 차별화에 따른 경제 효과를 만들어 내고자 한다. 즉 집을 파는 사람은 일종의 지역적으로 우월한 분위기를 만들어 내려고 시도한다. 이러한 효과는 부동산의 가격을 앞다투어 올리는 것 외에는 토지수익 또는 건축물 가치에 대해 전혀 작용을 하지 못한다. 바꿔 말해서 그들은 시도 때도 없이 부동산의 스타를 만들어 낸다. 연예인 누구누구가 여기 어디에 집을 샀다는 얘기 같은 것이다. 스타의 후광을 업은 지역은 물론 가격이 올라갈 수 있다. 제품 홍보에 인기 가수를 모델로 쓰면 가격이 오르는 것과 같다. 이런 이상한 현상은 부동산 시장에선 '문패효과'라고 부른다. 이 역시도 일종의 차별이다.

● 차별 경제학 : 시장이 서로 다른 개인의 특징(인종, 성별, 연령, 종교 등)에 따라 다른 기회를 제공하는 차별 현상으로 개인 또는 사회단체의 편견을 반영한다. 경제학 연구에서 차별은 경제에 영향을 끼치기 때문에 진실과 거짓을 구분해야 한다.

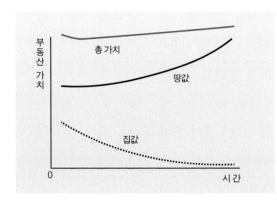

또 다른 차별의 수법은 '학군효과'라고 부른다. 많은 부동산 판매 광고에 '유명학군에서 가깝다'라는 표현이 나온다. 자식이 성공하기를 바라는 맹자의 어머니 같은 가장들은 자식에게 좋은 학습 환경을 바라며 집 근처에 좋은 학교가 있기를 바란다. 하지만 이런 마음은 업자들로 하여금 차별의 공간을 조작하게 만든다.

냉정하게 말해서 설사 좋은 학군에 집을 사더라도 과연 아이의 성적 또는 품행에 좋은 영향을 주게 될지는 모르는 일이다. 학군이 좋은 곳에 집을 산 후 부모는 더 비싼 교육비용을 지불했다고 여기지만 가정교육이야말로 아이의 학업과 품행의 기초임을 잊어버리고 교육의 책임을 학교로 미룬다. 좋은 학군이 가져온 도덕적 리스크로 결국에는 아이의 공부와 품행을 모두 향상시키지 못한다.

경제학 이론에 따르면 문패효과는 시장 메커니즘에 따라 가격이 원래의 균형을 찾게 된다. 왜냐하면 이것들은 외재적 단기 영향에 속하기 때문이다. 학군효과는 학교가 실체가 있는 공공건설에 속하기 때문에 확실히 토지가격에 어느 정도 영향력이 있다. 하지만 각 지역마다 학군이 있기 때문에 이론 상으로는 차별 가격이 있어서는 안 되지만 실제 상황은 그렇지 않다. 바로 토지 희소성의 중대한 특성이다. 간단히 말해 모든 토지는 공간상의 독점경쟁이다. 독점은 공급부족의 현상을 발생시킬 수 있으며 공급자는 종종 '당신이 사지 않으면 다른 사람이 살 것'이라는 마음가짐을 가지고 있다. 결국 공급자에게 현금의 압박이 있을 때나 가격이 정상적으로 내려갈 가능성이 있다. 다른 한편 정부도 적극적인 개입을 원하지 않아 항상 '시장 메커니즘을 존중한다.'라는 깃발을 흔들며 서로 납득한다.

차별경제는 업자가 속임수를 써서 광고로 소비자를 세뇌시킨다. 소비자로서는 마땅히 이런 차별경제의 영향에서 벗어나야 한다. 정부가 제대로 관리를 하지 못하는 상황에서는 근처의 거래 가격 및 최근 변화를 비교해 보고 이성적으로 분석해야 한다. 내가 제시 받은 가격이 차별 가격에서 참고한 것은 아닌지, 받아들일 수 있는 가격인지 한번 생각해 본 후 구매를 결정해야 한다.

잘못된 정보를 믿은 결과는 바가지를 쓰는 것이다. 가장 무서운 것은 많은 사람들이 집을 사면 원금은 보장받을 수 있다고 철석같이 믿으며 이후 집을 팔 때는 분명 이 가격보다 더 오르리라 기대한다는 것이다. 그래서 문패효과, 학군효과를 기대하며 토지 구입에 전 재산을 지불하고 마지막에 원망을 한다.

핵심 포인트
교통건설은 토지 가치에 영향을 미치는 핵심 요소다.

정보의 비대칭성을 없애는 데 시간을 들여라

집안의 경제와 관련돼 있는 대부분의 문제는 스스로 계산과 이해를 쉽게 한다. 대출이든 이후 인테리어 등에 돈을 쓰든 집을 사기 전에 우리는 심리적인 준비가 돼있다. 하지만 어떤 상황은 준비하려고 해도 막을 수가 없다. 때로는 집을 파는 사람이 정보를 감춰서, 때로는 자신의 지식만 믿고 똑똑히 규명하지 못해서다.

각국의 부동산 거래는 그들만의 규칙이 있다. 중국의 토지는 개인이 소유할 수 없으며 일본은 우대토지증세로 장기간 자가 주택을 소유하도록 독려한다. 대만은 사치세가 있다. 이런 게임 규칙은 수없이 많다. 이를 전부 이해하는 사람은 드물 것이다. 하지만 이해하기 어려운 정보들 또는 건축업자, 중개업자들이 우리에게 알려주지 않는 일은 모두 엄청난 살상력을 숨기고 있다.

정보의 비대칭은 폭리를 시도한다. 때문에 집을 사려는 사람에게 반드시 집값에 불리한 정보를 숨긴다. 특히 오래된 집일수록 이야깃거리가 많다. 새집도 마찬가지다. 예를 들어 많은 건설사들이 자신들이 RC 철골구조 등을 사용했다고 말하지만 사실 RC도 일반 소비자들은 절대 알지 못하는 여러 등급이 있다. 이렇게 의도적으로 은닉한 정보는 모두 구매자에게 부당한 비용을 지출하게 만든다. 개인의 정보력으로는 정보 비대칭의 열세한 상황을 역전시키기 어렵기 때문에 종종 법률 소송비용이 더 많이 들고 이를 감당할 수 없어 결국 집을 판 사람이나 중개상만 이득을 보게 만든다. 이런 숨겨진 집 구매 분쟁은 '시공 분쟁', '누수' 및 '계약 열람권' 등에서 가장 많이 나타난다.

이론적으로는 정보비대칭의 발생은 반드시 제도를 제정

해 쌍방이 모두 정보를 공개해야 한다. 최근 유행하는 실거래
가 등록제는 판매자의 터무니없는 가격 올림을 피하는 방법
이다. 그 밖에 집을 사는 표준 계약도 정보 문제를 줄일 수 있
다. 하지만 한국은 현재 정보비대칭의 법규가 아직 완전하지
못하다. 심지어 법관이 전문적으로 부동산 지식을 가지고 있
지도 않다. 구매자는 구매 전에 반드시 세부 항목에 대해 확
인을 해야 한다.

　다음의 분쟁 사례를 보자. A는 부동산 중개상이 1년 안에
누수가 생길 시 수리를 보장한다는 약속에 안심하고 집을 샀
다. 그러나 한 달도 안 돼 태풍 때문에 집 전체에 사람이 살
수 없을 정도로 누수가 생겼다. 부동산 중개상은 처음에는 수
리를 해주었다. 며칠 지나지 않아 갑자기 집에 누수가 다시
생겼다. 이번에는 중개상이 "우리는 분명히 당신 집의 누수
문제를 수리했습니다. 이번에 누수된 곳은 윗집 주인과 해결
하십시오. 이건 우리가 책임질 일이 아닙니다."라고 말했다.
A는 소비자보호원에 고소를 했고 결국 합의를 보았다.

　속담에 "악마는 세세한 곳에 숨어있다"고 했다. 이런 작은
일도 계약하기 전에 자세히 얘기하지 않으면 집을 산 후 적게
는 몇 달 많게는 몇 년, 심지어 평생을 괴롭힌다. 손실은 돈만
이 아니라 분쟁이 가져온 부작용이 가장 추정하기 어려운 비
용이다.

핵심 포인트
가장 흔하게 보는 구매 분쟁
은 시공분쟁, 누수 및 계약 열
람권에서 많이 나타난다.

3분 리뷰

오늘 배운 내용을 정리하며 점검해보세요.

1. 부동산은 건물과 토지 두 가지를 포함한다. 높은 집값은 인류 발전의 비극이며 토지의 희소성과 시장 경제의 특징이 잘 드러난다.

2. 토지의 가장 원시적인 가치는 토지를 파는 사람이 토지의 기회비용을 포기하는 데서 온다. 이것이 바로 토지 수익이다.

3. 일반 부동산 거래는 건물과 토지가격을 구분하지 않기 때문에 소비자는 스스로 판단할 수 있도록 충분한 정보가 필요하다. 다른 한편 자신의 수요를 심사숙고해야지 부화뇌동해서는 안 된다.

4. 주택은 실제 생산가치가 있는 곳이 아니다. 따라서 우리가 '땅값의 상승'을 기대할 때는 집값이 오른다든지 주변에 길을 낸다든지 공원을 만든다든지 등과 같은 소프트웨어와 하드웨어 시설이 땅값을 끌어올려주기를 기대하는 것이다.

5. '편리한 교통'에서 고려해야 할 것은 '몇 분을 절약하느냐'가 아니라 '중요한 지점에 도착하는 교통수단의 다양성 및 시간의 합리성'을 따져야 진정으로 그 지역의 가치를 정확하게 판단할 수 있다.

6.   건축업자, 중개업자는 건물의 가치를 올리기 위해 정성을 쏟아 지역의 이미지를 만들어 내고 차별경제의 효과를 증가시킨다.

7.   정보의 비대칭은 폭리를 시도한다. 때문에 집을 사려는 사람에게 집값에 불리한 정보를 숨긴다. 특히 오래된 집일수록 이야깃거리가 많다.

8.   정보비대칭의 발생은 반드시 제도를 제정해 쌍방이 모두 정보를 공개해야 한다. 최근 유행하는 실거래가 등록제는 판매자의 터무니없는 가격 올림을 피하는 방법이다.